신채식 저작집 Ⅳ

# 東아세아 문화와 漢字문화

신채식 저작집 Ⅳ

# 東아세아 문화와 漢字문화

申採湜 著

한국학술정보㈜

東아시아 문화는 그 문화적 전통과 독자적 문화성격으로 인해 세계 문명의 발전에 공헌바 가 크다. 흔히들 東아시아 문화의 성격을 漢字문화, 유교문화, 불교문화로 규정하여 서구의 물질문명에 대해 정신주의 문화 성격으로 정의하고 있다.

東아시아 세계는 황하문명을 시작으로 발전되어 오면서 東아시아 문화권을 형성하였다. 이 東아시아 문화권은 문화적 공통성을 가지고 있다. 漢字를 문명의 전달매체로 하고 儒敎와 佛敎 그리고 律令體制를 공통 分母로 하면서 발전되어 내려 왔다.

이 책에서는 먼저 宋代의 新儒敎(道學)의 종교적 성격을 살펴보았다. 우리가 잘 알고 있는 바와 같이 유교는 동아시아의 정치이념으로, 그리고 사회규범으로 거의 절대적인 위치를 유지하면서 내려왔다. 그러나 유교의 宗敎性에 대해서는 별로 관심을 갖지 않고 있다. 여기에서는 宋代의 新儒敎(道學)의 종교성을 검토하기 위해 朱子(朱熹)가 편찬한 四書集註의 성립배경을 분석하고 이를 기독교의 聖經(신약성경)과 불교경전의 편찬경위와 비교하면서 신유교(도학)에도 종교성이 포함되어 있음을 찾아보았다.

이와 함께 인도에서 시작된 佛敎가 중국에 전파되고 다시 동아시아 각국으로 퍼져나가면서 어떻게 변용되었는가를 살펴보았다. 특히 東아시아人의 현실주의 성향에 불교가 접목된 경위와 함께 불교가 來世觀을 갖지 못한 이 지역문화에 공헌하게 된 역사적 실체를 검토하였다.

그리고 東아시아문화의 기본 요소라고 할 수 있는 漢字에 대해 생각해 보았다. 漢字는 중국에서 만들어지고 중국과 언어를 달리하고 文字를 갖지 못한 주변 민족국가에 전파되어 서로의 문화전달을 가능하게 하였다. 東아시아 세계에서 漢字가 없었다면 유교와 불교, 율령체제는 역사적 지속성을 가지고 발전하기는 어려웠을 것이다. 따라서 漢字의 수용 여부는 東아시아 文化의 공동구역으로 들어가느냐 못 들어가느냐의 갈림길이 되기도 하였다.

東아시아 세계에서는 古代로부터 여러 민족이 나타나 부족국가와 민족국가 또는 대제국을 건국하였다. 그런데 文字가 없던 각 지역에서 漢字의 수용여부가 각국의 민족문화를 발전시킬 수 있느냐 그렇지 못하느냐의 관건이 되었다. 한자의 수용은 민족문화에다 外來文化를 접목 할 수 있느냐, 없느냐의 문제로서 이것은 민족문화 창달능력과 직결되는 것이기도 하다. 東아시아 세계에서 유교, 불교, 율령체제는 이 漢字를 전달수단으로 하여 각국으로 퍼져나갔기 때문에 한자의 수용여부는 곧 바로 東아시아문화의 수용능력과도 직결되었다.

東아시아 문화의 4대 문화요소가 각국에 전파되면서 각국의 민족적 고유문화에 접목되는 과정에서 각 민족이 가지고 내려오던 고유문화와 융합될 때 각 민족문화는 원형 그대로가 아니라 변용되면서 발전하였다. 여기에 東아시아 각국의 문화적 특성을 찾을 수 있다.

東아시아 세계의 또 다른 특성은 漢字를 이용한 방대한 史書가 편찬되었다. 司馬遷의 史記는 이 지역의 역사편찬과 역사의식에 결정적인 영향을 미치고 내려왔다. 이에 따라 한국의 二世교육을 위해 전통적으로 내려온 역사의식이 어떻게 형성되었고 역사학 연구와 역사교육이 어떤 관계를 가지고 상호 보완해 나가야 하는가를 생각해 보고 특히 중고등학교 역사교육의 지침이 되는 한국 역사학 및 역사교육과정의 문제점을 검토하였다. 한국의 역사교육과 밀접한 관계가 있는 日本의 近代的 史學이 어떤 과정을 거쳐 성립되었는가에 대해서 검토하였다.

# |목 차|

# 제2부 역사학 연구와 역사교육

# 제3부 漢字와 東아시아민족의 흥망

# 제 1 부
# 東아시아 文化論

# I. 東아시아문화의 성격과 구조

## 1) 東아시아 문화의 4대 요소

東아시아 역사무대는 중국을 비롯하여 한국, 일본, 몽골, 만주, 티베트고원, 월남 등 여러 지역을 포함한다. 이 지역은 아시아에서 인도를 중심으로 한 남아시아세계와 이슬람권의 서아시아세계와 구분하여 東아시아 세계라고 한다.

이와 같은 동아시아 세계가 성립되어 문화적 특성을 갖출 수 있게 된 것은 이 지역에 흩어져 있는 여러 나라들이 상호 밀접한 관련을 가지고 역사를 창조하며 주변의 이웃나라와 정치, 경제, 문화적 관계를 맺고 내려오면서 하나의 문화권을 형성한데서 비롯된다. 東아시아 세계의 형성과정과 문화적 성격형성에 주목되는 역사적 사실은 먼저 중국 대륙으로부터 정치·군사적 파도가 주변국에 밀려오고 그에 수반하여 문화적 파장이 뒤를 따른다는 것이다. 특히 한국역사의 전개과정에서는 이러한 일이 더욱 확실하였다.

그러면 이와 같은 동아시아세계의 문화는 어떤 특성을 가지고 있는가에 대해 살펴보자.

먼저 들 수 있는 것은 동아시아문화는 黃河文明의 발생과 발전을 기반으로 하여 형성되었다는 사실이다. 黃河의 中流域에서 일어난 중국문명은 점차 그 영역을 확대하여 전 중국으로 퍼져 나갔다. 이 黃河文明의 발전과정에 수반하여 이들 문명의 영향은 다시 중국 주변의 여러 나라에 전파되었으며, 이 과정에서 중국문명을 중심으로 하는 東아시아文化圈이 형성되었다. 이와 같은 동아시아문명권의 형성과정에는 중국 이웃에 있는 여러 민족국가가 각기 지니고 있는 독자적 문명의 토대 위에 다시 황하문명을 받아들여 自律的으로 민족문화의 성장을 이루어 나갔다는 역사적 특성을 가지고 있다.

다음으로 東아시아 문화권은 문화적 공통성과 특수성을 지니고 있다는 사실을 들 수 있다. 그것은 漢字를 文明의 전달매개체로 삼고 儒敎와 佛敎 그리고 律令制를 공통의 分母로 삼고 있다는 점이다. 文字는 人類가 文化活動을 하는 근간이 되는 매체로써 文字의 有無는 역사시대와 先史시대를 구분하는 분수령이 된다는 사실을 우리는 잘 알고 있다. 漢字는 中國에서 만들어지고 사용되었을 뿐 만 아니라 중국과 언어를 달리하고 文字사용을 알지 못하는 주변 여러 나라에 전파되어 東아시아세계가 서로의 文化전달을 가능케 한 문명전파 수단의 역할을 하였다.

인류문명의 발전에 文字의 역할이 중요하다는 사실은 재론의 여지가 없다. 東아시아세계에 있어서도 文字를 갖지 못한 각 지역에서 漢字를 수용하느냐 못하느냐에 따라 각국의 民族文化가 조화롭게 발전하였는가, 나아가 동아시아 문화권의 일원으로 높은 文化 수준을 창조, 유지하고 文化민족으로 나아갈 수 있느냐 그렇지 못하느냐의 관건이 되었다. 다행이 우리민족은 東아시아세계에서 다른 민족에 앞서 漢字를 수용하여 이를 민족문화발전에 접목시켰을 뿐 아니라 이웃 日本에 전파함으로써 日本으로 하여금 동아시아 문화권에 진입할 수 있도록 도와주었다.

그리하여 유교·불교·율령제도는 이 漢字를 전달수단으로 하여 동아시아 세계에 확대되고 공통의 문명요소로 확고한 위치를 정립하게 되었다. 유교는 춘추시대의 孔子의 가르침에서 비롯되어 漢代에 이르러 國敎化되었고 이후 중국 왕조의 정치이념으로 확립되었으며 주변 여러 민족, 특히 한국, 일본에 전파되어 국가의 정치·사회윤리사상으로 정착되었다. 불교는 인도에서 시작되어 중앙아시아를 거쳐 중국에 전파되어 中國化하였고 다시 한국과 일본, 베트남으로 전래되어 이 지역의 정신문화에 영향을 미치게 되었다. 불교는 종교로서 뿐만 아니라 건축, 조각, 그림 등 불교미술 발전에도 많은 영향을 주었다. 끝으로 律令制는 皇帝를 정점으로 국가를 운영하는 정치체제로써 한국, 일본, 베트남에서 채용되어 東아시아 세계에 공통된 정치체제가 되었다.

흔히들 西歐文明을 물질적 또는 기술적(실질적)인 것으로 성격지운다. 이에 비해 동아시아의 文化的 성격은 律令制를 제외하면 유교, 불교, 한자 등이 모두 성신석인 문화요소의 성격이 상하다고 보고 이에 따라 동양문화를 정신주의적인 것으로 파악하기도 한다.

그런데 여기에서 간과해서는 안되는 것은 동아시아문화의 4대 문화요소(한자, 유교, 불교, 율령제)가 각국에 전파·수용되면서 각국의 민족적 고유문화에 접목되는 과정에서 각 민족의 고유문화와 융화되는 때 원형 그대로가 아니라 變容(변용)되었다는 사실이다. 예를 들면 한국, 일본, 베트남은 4대문명의 요소를 원형 그대로 받아들인 것이 아니라 自國文化에 맞추어 변형시켜 수용하였으며 이러한 變容·受容이 바로 이 지역의 독자적 민족문화를 유지하고 발전시킬 수 있는 힘이 된 것이다. 여기에 東아시아文化圈의 文化的 共通性과 함께 문화의 다양성, 특수성의 구조적 특성을 파악할 수 있다.

## 2) 東아시아문화의 역사무대

18세기 이후 유럽 열강이 東洋에 진출할 때에 東洋 사람들은 이를 西洋이라 하였다. 이 西洋에 대칭되는 지역을 동양이라고 호칭하면서 일반화 되었다. 그러나 중국에서는 東洋이란 용어는 이미 宋末・元初에 사용되었는데, 東洋이란 말은 지리적 지식의 확대에 따라 변화하였다.[1] 明나라 때에는 동양에 대한 구체적인 범위가 제시되었으니, 지리적으로 南中國海의 루손섬으로부터 올라오는 항로의 연안 여러 나라를 東洋이라 하였다. 이에 대해 인도차이나 반도의 서쪽지역으로부터 그 항로에 연해 있는 여러 나라를 西洋이라 하기도 하였다.

역사적으로 볼 때 동양세계는 넓은 범위의 동양과 좁은 범위의 동양으로 구분한다. 넓은 범위의 동양은 중국의 황하문명 지대, 인도의 인더스문명 지대 그리고 서아시아의 티그리스・유프라테스 강 유역의 메소포타미아문명 지대를 포괄하는 아시아[2]전역을 말하며 좁은 범위의 동양은 중국의 황하문명을 중심으로 하는 동아시아세계를 의미한다.

동아시아문화가 전개된 東洋은 넓은 뜻의 東洋이 아니라 황하문명권을 출발점으로 하는 동아시아세계를 말하며, 여기에서는 구체적으로 중국과 몽골, 만주 그리고 한반도, 일본 및 월남의 일부를 포함하게 된다.

아시아세계는 고대문명의 3대 발생지가 있고 이들 3대 문명의 발생

---

1) 宋代의 인도양 항해기록인 『嶺外代答』과 元代의 『島夷志略』에는 東洋은 자바섬과 필리핀 방면을, 西洋은 南인도 방면을 지칭하였다. 明代에 들어와서 鄭和에 의한 8차의 대항해에 의해 중국인의 항해 범위가 아프리카 동쪽 해안까지 확대되면서 西洋의 호칭은 인도양 일대를 포함하였다. 明末에 張燮이 편찬한 『東西洋考』에서의 東洋은 중국 항구를 떠난 배가 대만, 필리핀, 말라카섬을 航海하는 항로에 연해있는 지방을 가리켰다.

2) 아시아란 용어는 본래 서양고대의 아시리아語 「해가 뜬다」라는 의미의 아수(assu)에서 유래하는데 아시리아인은 유라시아대륙의 동반부의 우랄산맥 동쪽을 지칭하였다. 또 오리엔트(東方)라는 말은 라틴어의 (해가) 떠오르다(oriri)에서 파생한 명사 東方(oriens), 해가 뜨는 땅(orienten)에서 유래하며 로마인은 이태리반도의 東方을 오리앤스라 하였다. 지리적으로 中近東(middle east)지역을 가리킨다.

지대는 문명의 교류를 통하여 서로 밀접한 관련을 갖게 된다. 그러나 이러한 문명의 교류는 고대세계에 있어서는 그리 빈번하게 이루어지지 못하였다. 황하문명을 기반으로 하는 좁은 의미의 동아시아 문명세계는 일찍부터 서로 관계를 가지면서 동아시아문화권을 형성하였다. 이러한 동아시아 문명의 전개과정에서 중요한 요소로 작용한 것이 한자를 비롯한 유교와 불교 그리고 율령제체이다.

여기에서 다루고자 하는 東洋史의 중요한 역사 전개 과정은 각 지역의 독자적인 민족문화와 이러한 민족문화를 바탕으로 하면서도 동아시아 문화권의 기본 요소가 상호 교류를 통하여 역사발전에 어떤 삭용을 하면서 東아시아세세를 형성·발전시켜 나갔느냐에 초짐을 놓았다.

### 3) 東아시아문화상의 南·北 대립

동아시아 문명세계는 그 지역적 특성에 다라 북방의 유목세계와 남방의 농경사회로 크게 나눌 수 있다. 이러한 양대 문명 세계는 고대로부터 끊임없는 대립과 항쟁을 반복하면서 동아시아문화를 성장 발전시켜 왔다. 지금도 중국을 찾는 많은 관광객이 반드시 가는 곳이 있다. 그곳은 만리장성이다. 만리장성은 남쪽의 농경민족인 한민족이 서북쪽에서 쳐들어오는 북방 유목민족의 침입을 막기 위해 쌓아 놓은 만리가 훨씬 넘는 거대한 역사유적이다.

동아시아의 역사는 南·北 民族의 끊임없는 투쟁의 역사이다. 그러한 역사전개는 南北의 대립을 주축으로 하였고 중국의 힘이 강하여 북방민족이 남으로 내려오지 못할 때에는 그 파장이 동서로 쏠리기도

하였다.

고대로부터 만리장성을 경계로 하여 東아시아 역사 무대에서 남북민족의 각축전을 보면, 진·한시대의 漢族(한족)과 흉노족, 위진남북조시대의 5호(흉노·선비·저·갈·강)의 화북진출과 漢민족의 강남이동, 그리고 수·당시대의 돌궐과 위그루족의 활약에 이르기까지 6세기말까지의 남북의 대결은 북방민족의 공세에 대해 漢민족이 수세에 몰리면서도 팽팽한 대결국면을 유지해 내려왔다. 그런데 6세기말 수나라의 중국 통일(589)과 이어 唐의 건국(618)과 중국의 재통일은 지금까지 수세에 놓여 있던 남북의 균형이 일변하였다. 그것은 수양제와 당태종에 의한 적극적인 대북방정책에서 비롯되었다. 북방의 돌궐족을 제압하기 위해 수·당제국은 돌궐과 연합하여 수·당을 위협하던 고구려원정에 나서게 되었다. 수·당의 고구려원정은 돌궐족을 제압하기 위한 한민족의 국력을 총동원한 군사행동이었으나 수나라는 이 원정의 실패로 건국한지 불과 30여년 만에 멸망하였고 당 태종은 수나라의 전철을 밟지 않기 위하여 고구려원정을 접을 수밖에 없었다.

비록 당 태종의 고구려 원정은 성공하지 못하였으나 그의 아들 고종시대에는 백제와 고구려를 멸함으로써 고구려와 돌궐의 연합을 완전히 차단하였고 북방민족에 대한 적극적인 공세를 취할 수 있게 되었다. 이리하여 당은 광대한 동북방의 정복지에 6도호부를 설치하고 羈縻(기미)정책으로 북방민족을 복속시켰다.

그러나 당의 기미정책은 지금까지 동아시아의 선진문화에 접촉할 수 없던 북방의 유목민족에게는 민족적으로 발전할 수 있는 좋은 기회를 제공하여 주었다. 그 위에 한민족의 지배 하에 있던 북방민족은 차츰 민족적인 자각의식이 싹트면서 여러 부족으로 흩어져 싸우던 부족사회가 강력한 지도자의 출현을 계기로 민족을 기반으로 한 정복왕조로 발전할 수 있는 계기를 마련하였다.

당나라가 멸망하는 10세기 초((907)를 시작으로 東아시아세계에는 큰 변화가 일어났다. 특히 남북관계에서 지금까지 볼 수 없던 변화가 나타나고 있으니 당나라의 지배 하에 있던 북방민족 가운데 요하강 근방에 있던 거란족은 야율아보기의 지도하에 민족적 단결을 이루어 역사상 처음으로 遼(요)를 건국하였다.

이 당시 중국은 당나라가 망하고 5대의 분열을 계속하고 있었고 5대를 통일한 宋은 문치주의 정책으로 군사력은 약하여 북방민족에 맞설 수 없는 상황에 놓여 있었다. 이리하여 거란은 만주의 발해를 멸하고 남으로 고려를 침공하고 宋을 위협하여 漢族(한족)을 압박하였다.

거란에 이어 만주의 여진족은 阿骨打(아구타)가 여진부족을 통일하고 金나라를 세워 중국본토의 절반을 차지하면서 한민족을 강남으로 몰아내었다. 이때 南宋은 金과 굴욕적인 화의를 맺고 중국영토의 절반을 金에게 내어주었다.

거란족의 요나라와 女眞족의 金나라는 만리장성의 東北 지방인 만주에서 발전한 국가로 이로 인하여 지금까지 漢族(한족)이 대비하고 있던 만리장성의 방어선이 동북쪽으로 이동하게 되었다. 이러한 방어선의 변화가 원점으로 다시 환원된 것은 13세기에 나타난 몽골족의 진출이다. 징기스칸의 몽골부족통일은 동아시아 역사상 처음으로 한민족이 북방의 유목민에게 전 중국을 내어 주고, 그 후 漢族(한족)은 그들의 지배 하에 들어가면서 동아시아세계를 주도하는 華·夷의 위치가 역전되었다. 뿐만 아니라 몽골제국이 유럽으로 진출하고 서아시아 지역의 석권으로 四汗國(사한국)을 수립하면서 동아시아세계가 서아시아와 유럽을 재패하는 세계역사의 큰 변화를 가져왔다.

明나라에 이어 만주족에 의한 淸의 중국지배는 만리장성을 두고 고

대로부터 내려오던 南北의 대립이 북방의 몽골계가 아닌 東北의 퉁구
스계통인 만주족에 의한 승리로 끝맺게 된다. 몽골지배를 극복한 明은
北虜南倭(북로남왜)의 외환에 시달리고 있었으므로 북로(몽골)에 대
한 방비는 강화하였으나 동쪽의 만주에 대해서는 별다른 대책을 마련
하지 못하였다.

만주족은 흥안령산맥의 동쪽 만주평원에 흩어져 생활하였는데 그들
의 거주지는 삼림지대로 수렵생활을 하였다. 따라서 유목민에 비해 정
착성이 강하여 차츰 농경기술을 익히게 되면서 유목민 보다는 높은
생활수준을 유지할 수 있었다. 淸의 중국 지배는 그 이전의 北方민족
의 漢人지배 보다 차원이 높다. 그들보다 문화가 높은 漢人을 복속시
키기 위하여 한인을 외관상 만주인으로 만들기 위해 辮髪胡服(변발호
복)을 강요하여 성공하였다. 또한 한인의 문화적 우월성에 대한 대비
책으로 문화적 강압책(文字의 獄)과 회유책으로 滿漢倂用(만한병용)
정책을 취하여 한인을 회유하였다. 이러한 고도의 문화정책을 취하면
서 300년 가까이 한인을 통치하였음에도 불구하고 종래에는 漢人에
同化되어 만주족은 동아시아의 역사 무대에서 사라졌다.

이렇게 漢人과 북방민족의 대립은 오랜 기간 동안 계속되었고, 淸
제국의 멸망으로 漢人의 높은 文化的 同化力은 결국 북방민족의 존립
을 불가능하게 하였다. 이와 같이 東아시아의 南北民族 대립은 유럽史
의 그것과 비교할 때 그 성격에 큰 차이를 찾을 수 있다.

## 4) 유럽사회의 근대적 발전과 동양의 정체

인류의 역사는 세계 4大文明을 시발점으로 발전되어 왔다. 이 4대 문명 가운데서도 黃河文明을 기반으로 하는 동아시아문명은 다른 문명지대에 비해 결코 뒤떨어지지 않는 높은 문명을 창조하면서 세계문화 발전에 공헌하여 왔다. 그리하여 유럽세계에서 르네상스운동이 일어나는 14, 15세기 이전까지는 동양사회가 세계 문명을 선도하면서 문화적으로 높은 수준을 유지하여 왔다. 그 근거로서 제지법을 비롯하여 화약, 나침반, 인쇄기술의 발명과 그것이 유럽으로 전파되어 문예부흥을 촉발하고 지리상 발견을 가능케 한 원동력을 제공해 준 것은 잘 알려져 있는 사실이다. 서구중세의 정신세계를 지배하던 기독교(가톨릭교)는 르네상스와 종교개혁운동으로 神中心 사회에서 人間中心社會로 전환되었다. 이것은 神중심의 헤브라이즘에서 인간 中心의 헬레니즘으로 복귀함을 의미한다. 이를 바탕으로 서유럽중세사회의 봉건질서는 무너지고 인간중심적 사고 위에 인간능력의 극대화를 추구하게 되고 인간의 창조력을 앞세운 근세 서유럽사회가 출현하여 아시아 사회를 추월하였다.

서유럽사회가 이렇게 중세 봉건사회를 탈피하고 근세 시민사회로 발전하는 격변기를 마지한데 비하여, 동양사회는 여전히 황제독재체제와 부패한 관료에 의한 전근대적 봉건사회가 지속되었다. 따라서 시민계층이 형성되지 못하고 시민의 자율적 창조력을 끌어내지 못한 채 세계사의 발전에서 뒤쳐지게 되었다.

그 위에 서유럽사회는 라틴족이 주도하는 고대 로마제국으로부터 게르만족이 주도하는 중세 사회로 접어드는 대전환점을 맞이하면서 역사적 발전을 이룩하였다. 그에 비하여 동양 사회는 한민족이 주도하

는 당송사회로 부터 북방민족이 주도하는 정복왕조(거란(요), 여진
(금), 몽골(원), 만주(청))로 전환되었다. 이들 정복왕조는 군사력을
바탕으로 동아시아세계를 지배하였다. 그러나 그들의 문화수준은 동아
시아사회를 이끌어 나아갈만한 지적 창조력을 발휘하지 못하였다. 정
복왕조의 지적능력은 정치군사적으로 漢族(한족)을 정복하였으면서도
문화적으로 오히려 정복당하는 결과를 가져왔고 이러한 현상은 자연
히 동아시아 사회 발전에 발목을 잡았다.

서유럽열강이 세계로 진출하는 18세기 이후의 아시아세계를 이끌어
간 것은 불행하게도 문화수준이 높은 南方의 농경민족이 아니라 무력
을 앞세운 북방민족이었다. 이것은 아시아세계의 역사적 불행이라 하
겠다. 중국에서는 한민족을 대신하여 만주족의 청나라가 동아시아사회
를 지배하였고 인도에서는 북방에서 내려온 몽골의 후손인 무굴족의
무굴제국이 인도에 군림하였으며 서아시아에서는 북에서 내려 온 투
르크족의 오스만제국이 이슬람세계를 정복하여 이들을 지배하였다. 청
제국, 무굴제국, 오스만제국은 다같이 북방의 유목민으로서 그들의 강
압적인 원주민지배는 무력을 앞세운 것이기 때문에 그 한계를 드러내
게 되었다. 따라서 원주민의 협조를 얻지 못하였고 결국 아시아세계는
유럽 열강의 침략에 아무런 대비도 세우지 못한 채 무너지고 말았다.

그 위에 지리상 발견 이후 서유럽사회가 바다에 눈을 돌려 해외로
진출한데 비하여 동아시아사회는 바다로 나아가는 것을 금지하는 海
禁(해금)정책을 취하였다. 이로 말미암아 동아시아사회의 국민적 에너
지는 국내의 사회모순에 집중되었고 농민 반란으로 폭발하여 그 힘을
허비하고 말았다.

18세기 이후의 세계사는 유럽 열강의 아시아, 아프리카 침략으로
점철되었고 이러한 과정에서 아시아문화의 우월성은 잠식되고 제국주

의 열강의 침략전쟁을 미화하는 이른바 植民地史觀(식민지사관)이 이 시대의 시대사조로써 東아시아사회를 매도하였다. 동양의 유교나 한자 문화는 마치 아시아 후진성의 대명사처럼 매도되었고 그 영향을 받아 아사아인 스스로가 東洋文化를 비하하는 사태가 전개되었다. 많은 지 식인이 孔子 및 유교에 대한 신랄한 비판을 서슴없이 가했고 한때 유 교문화와 한자를 버려야 근대화가 이루어진다는 주장이 설득력을 갖 기도 하였다.

## 5) 東아시아문화의 발전적 요소

### ① 東아시아人의 현실주의 성향과 동아시아사회의 발전

東아시아 세계의 장래에 대하여 이를 발전적인 것으로 볼 수 있는 여 러 가지 근거를 東아시아국가의 국민성과 전통문화에서 찾을 수 있다.

먼저 들 수 있는 것은 중국인을 비롯하여 한국인, 일본인, 몽골인, 월남인 등이 모두가 현실주의적인 국민성을 지니고 있다는 사실이다. 서아시아의 아랍인이나 남아시아의 인도인들은 來世志向性(내세지향 성)이 강하여 종교가 현실생활을 지배하였다. 그들은 종교에 몰두한 나머지 현실생활은 다만 來世(내세)를 위한 준비 단계로 생각하고 있 다. 인도에서는 고대로부터 브라만교, 불교, 지나교, 힌두교, 이슬람교 등 무수한 종교가 발달하였고 아랍권에서는 이슬람교가 아랍세계의 사회생활뿐 아니라 정치까지도 지배하고 있다. 이리하여 남아시아나 서아시아 세계에서는 종교가 인간의 현실 생활을 완전히 구속하고 있 기 때문에 정치는 물론 경제와 사회문화가 발전하지 못하고 있는 실 정이다.

이에 비하여 동아시아인의 긍정적인 현실주의 사고는 건실한 東아시아사회를 발전시켜 왔다. 이런 현상은 장래에도 계속되어 나갈 것이다. 그 대표적인 실례로 그것은 東아시아에서 유럽이나 서아시아처럼 종교전쟁을 찾아 볼 수 없다는 점이다. 우리들이 잘 아는 바와 같이 유럽세계는 종교전쟁으로 얼룩진 역사이다. 십자군전쟁을 비롯하여 종교개혁에서 시작된 신구교도의 전쟁, 그리고 기독교세계와 이슬람세계의 끊이지 않는 싸움이 지금도 계속되고 있다. 그러나 東아시아인의 현실주의적 종교관은 이 지역의 과거 역사에서 종교대란을 찾아 볼 수 없고 이것은 미래에도 계속될 것이다.

## ② 東아시아人의 현실주의와 유교윤리의 가치

東아시아의 미래를 발전적으로 볼 수 있는 것은 이러한 동아시아人의 현실주의 성격을 그대로 반영한 유교주의 문화가 장차 동아시아세계의 발전의 원동력으로 활용가능하다는 사실이다. 율령체제를 근간으로 하는 황제 지배체제하에서는 유교는 황제의 專制(전제)체제를 유지하는 정치이념으로 이용되어 왔다. 그러나 노인이 젊은이를 지배하고 남성이 여성을 속박하며 관료가 인민을 노예시하는 봉건적 사회풍조는 황제지배체제의 붕괴와 함께 막을 내리게 되었다. 다가오는 미래사회에서는 유교의 도덕가치는 차원을 달리하면서 그 힘을 발휘할 것이다.

제2차 세계대전의 종결로 식민지 지배 하에 있던 아시아 각국이 독립하고 동아시아세계의 괄목할만한 발전으로 과거 유교문화권으로 정체되어 오던 한국, 일본, 대만, 홍콩은 동양의 4마리 용이라는 찬사를 듣게 되었다. 유교는 현세를 긍정하는 현실위주의 사상을 바탕으로 하고 있다. 유교의 현실위주 사상은 現世(현세)가 前世(전세)에서 來世

(내세)로 넘어가는 과도기적인 의미가 아니라 현세 그 자체가 중요한 삶의 의미를 갖는 것이다. 지옥의 개념이 없고 현세가 인간의 노력이나 마음가짐에 따라서는 理想鄕(이상향)이 될 수 있다는 것이다.

유교가 지향하는 또 하나의 덕목은 家庭을 중요시하는 가족주의라는 사실이다. 인류의 역사가 시작된 이래 가족처럼 중요한 공동체는 없고 가족생활은 바로 인류문명 발전의 원동력이 되어 왔고 앞으로도 지속될 것이다. 가정이 파괴되면 인류의 미래는 붕괴되고 또한 가족생활에 대처할 다른 공동체는 찾기 어려울 것이다.

유교는 개인이나 사회, 민족이나 국가에 앞서 가족을 유지하고 가속의 도덕률을 상소하고 있나. 孔子가 그토록 강조하고 있는 孝의 덕목은 바로 가족과 가정을 안정적으로 유지하려는데 있었다. 秦(진)의 六國統一로 法家主義가 유교주의를 지배하면서 孝보다는 忠을 더 강조하였고, 漢代 이후 皇帝支配體制(황제지배체제)가 정착되면서 忠을 孝 보다 우선적인 덕목으로 강조하게 되었다. 孔子의 言行을 많이 담고 있는 『論語(논어)』에서는 孝道의 중요함을 가장 많이 이야기 하고 있다. 이는 초기 儒教시대에 孔子가 忠보다는 孝를 훨씬 가치 있는 德目(덕목)으로 본 것으로써 家族主義가 人間生活의 기본임을 강조한 것이다.

유교사상의 근본을 전제군주제에다 접목시키지 않고 가족제도와 사회발전의 기본원리로 활용하게 되면 미래사회의 발전에 이보다 더 훌륭한 사회윤리덕목은 없다고 본다.

## 6) 東아시아 문화 속에서의 한국

### ① 동아시아의 역사 전개와 한국

동아시아 문화권에서 한국처럼 이 지역의 정치와 문화에 밀접한 관계를 가진 나라는 없다. 일본은 섬나라이기 때문에 근대 이전에는 한국을 통하여 대륙 문화와 접촉할 수 있었으므로 대륙의 역사전개와는 거리가 먼 위치에 있었다. 만주와 몽골지역도 그들의 기본생활이 유목생활 수준에 있었기 때문에 중국대륙의 문화적 영향은 소원할 수밖에 없었다.

중국의 역사 전개가 한반도에 결정적인 작용을 하는 실예를 두 나라의 관계에서 살펴 볼 수 있다. 중국 대륙에 통일 제국이 출현하면 그것은 바로 한반도의 위기로 작용하는 것이 韓中관계의 실상이다. 漢帝國의 출현이 漢四郡 시대를 열었고, 隋唐의 통일제국이 백제, 고구려의 멸망이라는 비극을 가져왔다. 정복왕조 遼·金·元·淸의 등장으로 한반도는 그들의 침략을 받았다.

이렇게 한반도는 漢민족의 통일제국(漢·隋·唐)과 북방민족(정복왕조)의 침입올 받으면서 東아시아文化圈의 일원으로 고유문화를 보존하고 내려왔는데 이것은 우리민족의 저력으로 평가된다. 東아시아세계에서 고대의 漢帝國과 雌雄(자웅)을 다투던 흉노족, 남북조시대 화북에 진출한 5호(선비, 흉노, 저, 갈, 강), 그리고 정복왕조를 세운 거란, 여진, 몽골, 만주족은 지금은 모두 동아시아의 역사 무대에서 사라졌다. 단 몽골은 2백여만 명이 남아 있다. 더구나 몽골의 원나라와 만주의 청나라는 전 중국을 정복하고 漢人 위에 군림하면서 東아시아세계의 패자의 위치를 확보하였으나 문화적으로 漢人에 동화되어 민족

자체가 자멸하였다.

이에 비하면 우리민족은 東아시아 역사전개의 전면에서 대륙으로부터 몰아치는 정치군사적 압력에 시달려 오면서도 동아시아 문화권의 문화적 요소를 소화하여 민족문화발전에 융화시킨 것은 민족문화의 보존능력과 외래문화의 수용능력의 우수성을 입증한 것이다.

일찍이 토인비는 그의 『역사의 연구』에서 인류문명의 발전을 설명하여 挑戰(도전)에 대한 應戰((응전)이 문명발전의 원동력이라고 간파하였다. 중국의 북방 정복왕조를 건설한 거란, 여진, 몽골, 만주족은 한문화의 도전에 적절한 응전을 하지 못하였기 때문에 전멸한 반면, 우리는 한문화의 도진을 슬기롭게 응전하여 민족문회를 보존할 수 있게 된 것이고 이러한 저력은 미래에도 그대로 계속될 것이다.

## ② 東아시아문화의 미래와 한국

한국은 동아시아의 역사전개와 밀접한 관계를 가지고 내려왔으며 장래에도 그러할 것이다. 특히 한국은 동아시아세계의 형성과 발전에 중요한 몫을 하면서 이 지역의 문화발전에 기여한 공로가 적지 않다. 그러나 한반도의 역사는 그 문화적 공헌에도 불구하고 동아시아역사의 전개 과정에서 끊임없는 도전과 함께 시련을 겪어 왔다.

동아시아의 역사전개에서 나타나고 있는 韓族의 시련은 단순히 한국만의 시련으로 그치지 않고 그 파장이 동아시아의 전체에 깊은 영향을 주고 있음을 살펴 볼 수 있다.

먼저 동아시아세계의 형성은 漢(한)제국의 성립에서 시작된다. 한 武帝(무제)에 의한 유교주의 채택과 漢字의 완성 그리고 황제지배체제에 의한 律令국가형성으로 동아시아세계의 기초가 마련되었다. 그러나 이 와중에 漢武帝(한무제)의 동방원정으로 위만조선은 멸망하고 한사군이 설치됨으로써 우리민족의 역사적 수난은 시작되었다.

다음으로 수·당제국의 출현은 東아시아문화권의 완성을 가져왔다. 그러나 수의 고구려원정, 당제국에 의한 백제, 고구려의 멸망으로 한반도는 또 한번의 큰 시련을 겪게 되었다.

10세기 초 당제국의 멸망과 정복왕조의 출현은 동아시아의 역사전개를 구조적으로 바꾸어 놓았다. 漢族(한족)이 주도하던 동아시아세계는 거란족, 여진족, 몽골족 그리고 만주족이 이 지역에 군림하면서 漢(한)족을 그들의 지배 하에 종속시켰다. 뿐만 아니라 한반도는 거란의 3차에 걸친 침입, 금나라의 압박 그리고 원제국에 의한 6차의 침입으로 말할 수 없는 고난을 겪었다. 명나라에 이은 淸제국의 등장은 한반도에 또다시 호란의 수난을 가져왔다. 또한 그 이전에도 일본의 침입을 받아(임진왜란) 민족적인 수난은 더욱 심화되었다.

근세에 들어와서도 한국 민족의 고통은 계속되었다. 특히 청일전쟁의 결과 일본의 승리는 동아시아세계의 질서를 바꾸어 놓았다. 중국을 대신하여 일본이 이 지역의 주도권을 행사하면서 한반도를 정복하고 동아시아세계에 환난의 역사를 가져왔다. 일본이 중국을 제치고 東아시아세계의 국제질서를 장악한 것은 그 당시의 일본인으로서는 그것이 동아시아세계 뿐만 아니라 일본 스스로에게도 얼마나 무서운 불행을 가져오게 될 것인지는 미처 알지 못하였다. 결국 일본의 한반도 병합은 제2차 세계대전의 패망이라는 무서운 대가를 치르게 된 것이다.

한반도의 역사는 동아시아세계의 형성 과정에서부터 현재에 이르기까지 끊임없이 상호 관계를 갖고 내려왔다. 여기에서 주목되는 사실은 한반도의 시련은 곧 바로 東아시아세계의 시련에 접목된다는 것이다. 한반도가 외세의 침략을 받거나 타국에 의해 점령당하는 것은 그대로 동아시아세계의 격변과 직결되어 왔다. 따라서 미래에 있어서도 한반도의 평화와 안정은 동아시아의 평화와 안정을 위한 버팀목이 된다는 사실을 확신하게 된다.

20세기의 세계사에서 인류가 경험한 무서운 사실은 양차(1차, 2차)에 걸친 세계 대전의 참화이다. 산업혁명 이후 쌓아 올린 서구 문명에 대한 깊은 회의와 함께 기술혁명의 발전이 몰고 온 가공할 결과에 대해 깊은 우려를 갖게 되었다.

또한 서유럽 자본주의의 발전에서 시작된 제국주의 열강의 식민지 지배가 아시아, 아프리카 등 각 지역의 인민을 도탄으로 몰아넣는 비극적인 역사도 체험하였다. 자본주의의 발전과 그 모순에서 파생되는 여러 가지 사회경제적 병폐로 인하여 장차 자본주의 사회가 막을 내리고, 마르크스의 유물사관에 의한 공산주의 사회가 인류에게 유토피아를 제공할 것이라는 꿈을 많은 지식인과 노동자들이 믿었다. 이를 근거로 러시아에서는 볼셰비키 혁명에 의한 공산주의 국가가 출현하였고, 그 영향은 전 세계에 노도처럼 전파되어 나아갔다. 그러나 공산주의에 의한 유토피아의 도래는 환상에 불과하였고, 그 결과 러시아를 비롯하여 세계 각 곳의 공산주의 사회가 무너지는 실상을 20세기의 역사에서 우리는 직접 똑똑히 보았다. 공산주의 세계가 그 종말을 고한 것은 20세기가 체험한 값비싼 역사적 교훈이라 아니 할 수 없다.

또한 세계사를 주도하고 온 서구 기독교 세계에 대해 이슬람문화권의 아랍세계가 기독교문화에 대한 배타주의에 빠져 이들 양대문명세계는 지금도 앞이 보이지 않는 처절한 전쟁을 지속하고 있는 것이 오늘의 현상이다.

# Ⅱ. 宋代 新儒教(道學)의 宗敎性에 관하여

## 1) 儒敎經典(유교경전)의 종교성

세계 3대 종교는 다 같이 그 종교적 성격을 규정하고 각 종교가 신
성하게 생각하며, 교인들이 믿는 經典이 있다. 예컨대 불교의 大藏經,
크리스트교의 聖經(舊約, 新約), 이슬람교의 코란을 꼽을 수 있다. 유
교의 경전, 즉 五經과 四書도 다른 종교의 경전과 비교하여 볼 때 종
교적 경전으로써의 위상은 충분히 그 조건을 갖추고 있다고 본다.

여기에서는 유교의 종교성 여부에 대한 논의는 접어두고 다만 종교
에 있어서 경전이 차지하는 가치에 문제의 초점을 맞추어 타 종교(불
교, 기독교, 이슬람교)의 경전과 유교경전의 중요 가치를 살펴보고자
한다. 3대종교에서 경전이 갖는 중요성은 절대적이므로 이들 경전과
유교 경전의 중요 가치를 가늠해 볼 때 결코 五經이나 四書가 처지지
않는다고 생각한다.

그런데 유교의 경전을 논함에 있어 五經과 四書는 그 성격이 다르
다. 唐代까지 訓詁學이 주류를 이루었던 유교는 그 중심이 五經에 집
중되었고 『五經正義』는 말하자면 국가권력이 오경에 대해서 절대적
지지를 한 것으로 볼 수 있다.

그러나 宋代에 들어와서 唐代까지 중시하던 五經에서 벗어나 四書
에 초점을 맞추고 이 四書를 가지고 유교의 본질을 파악하려 한 이른
바 新儒敎(道學)의 등장은 중국의 사상과 학술교육면에서 대단한 변화
라고 생각된다.

朱子(朱熹)에 의해 私撰된 『四書集注』는 『五經正義』가 국가권력의

비호 아래 勅撰된 것과는 대조를 이룬다. 그것은 『五經正義』가 황제의 칙명에 의해 편찬되었을 뿐 아니라 과거시험의 필수교재로 채택되었음에도 불구하고 唐帝國의 쇠퇴와 더불어 그 권위를 상실하였다. 이에 반해 『四書集注』는 私撰되고 주자학이 僞學으로 몰리고 국가권력으로부터 심한 박해를 받았음에도 불구하고 이후 중국의 사상계는 물론 東아시아 각국에 큰 영향을 미치면서 발전해 나간 점이 좋은 대조를 이룬다.

세계의 4대종교 상에서 종교창설자가 석가모니, 예수, 마호메트, 그리고 공자라고 할 때 이들을 같은 위치에 놓고 비교할 수 있는 근거는 이들과 관계가 깊은 경전을 도외시할 수 없다. 그런데 이들 四聖과 관계를 갖고 편찬된 경전은 그 편찬 경위에 유사성을 가지고 있다. 즉, 석가모니의 涅槃(열반) 후 편찬된 大涅槃經典은 불교경전의 핵심을 이루고 있지마는 이는 석가모니가 입적한 후 만들어진 說敎集이다. 그 속에는 석가모니가 說破한 敎說 이외에 다른 내용이 많이 포함되고 있다. 한편 예수그리스도의 언행은 十二使徒에 의해서 福音이 되어 이른바 使徒行傳으로 성경의 중요한 부분을 이루고 있다. 이슬람교의 코란경전은 알라신의 계시로써 코란은 마호메트의 사후 그의 후계자(칼리프)에 의해서 편집된 것으로 그 내용은 經典부분, 律法부분, 歷史 서술 등으로 구성되어 있다. 이들 경전과 유교의 四書는 편찬된 경위에 유사함이 있고 四書 중에서도 孔子와 그의 72師徒와의 문답집이라 할 수 있는 『論語』는 특히 타 종교의 경전과 편찬경위가 유사하다.

宋代에 들어와서 五經을 제치고 四書가 유교경전의 중심부에 들어선 것은 유교의 종교성과 관련지어 생각할 수 있는 중요한 대목이다. 왜냐하면 五經은 孔子 이전의 '先王之道'(堯·舜·禹·文王·武王·周公)를 孔子가 정리한 것임으로 孔子의 직접적인 사상이라고 할 수 없

다. 이에 반해『論語』는 孔子와 그 제자의 問(論) 答(語)集이기 때문
에 기독교나 불교 경전과 비교가 가능하다. 이런 의미에서 유교의 종
교성을 말할 때 五經보다 四書가 큰 의미를 갖는다고 생각하는 것이
다. 五經은 기독교의 구약성경에 비교된다면 四書는 신약성경에 비유
할 수 있지 않을까 한다.

세계의 3대종교에서 경전을 신성시한 것과 같이 중국에서도 유교경
전은 매우 신성시되어 일반 서적과는 달리 특별한 대우를 받고 내려
왔다. 예컨대 淸代 乾隆시대에 편찬된 四庫全書에는 經部에 들어있는
도서는 유교경전의 원문이 아니고 그 註釋書(주석서)이다. 또한 四庫
全書의 總目提要에도 經典의 본문이 아니라 註釋書를 싣고 있다. 이것
은 유교경전과 그 성격이 다른 도서(史, 子, 集)를 경전과 동격으로 놓
을 수 없는 경전에 대한 종교적 신성함을 배려한 것으로 해석하는 학
자가 많다. 이민족 왕조인 淸朝, 그것도 황제 독재권력이 발달한 乾隆
시대에 유교경전에 대한 배려가 이런 상태라고 하는 것은 유교의 종
교성이나 신성성함에 대해 사상적인 중요성이 그 배경에 있는 것으로
생각된다.

유교경전에 대한 신성시는 淸代에 한하지 않고 고대로부터 내려오
는 전통이었다. 따라서 유교경전에 대해 비판과 공박을 하고 이설을
제기할 수 있는 것은 경전의 해석(注疏)에서만 가능한 것이고, 經文에
대한 논란은 금지되어 왔다. 閻若璩(염약거)가『尙書古文疏證』을 편찬
하여 古文尙書의 위작임을 주장하여 사람들을 놀라게 한 것은 淸朝의
쇠퇴와 함께 유교적 권위가 쇠락하기 시작한 시기의 일이다.

四書를 중심축에 두고 전통적인 유교(五經中心)에서 宋代의 신유교
로 변천된 道學의 내용에서 다시 종교적 윤리와 사회적 규범을 발견
할 수 있다. 格物・致知・誠意・正心・修身・齊家・治國・平天下를 내

세운 『大學』 八條目의 도학적 해석과 理氣二元論的 宇宙論은 인간의 본성과 우주의 이치를 종교철학적으로 격상시킨 것이다. 뿐만 아니라 人性論과 理氣論의 궁극적 실행목표는 개인의 내부에서 이와 같은 도덕적 가치와 대자연적인 우주관을 완결시킴으로써 종결되는 것이다.

개개인의 내면에서 시작하여 개인, 가족, 친족, 지역사회, 국가, 천하(세계)로 확대되어 나가면서 끊임없이 외부세계로 그 가치를 움직여 나가야 한다는 데 종교적 眞善의 추구와 일치한다. 이와 아울러 종교 내용에 필수적으로 담아야 하는 인간에 대한 배려와 함께 人性觀, 自然觀, 宇宙觀 그리고 世界觀을 기본사상으로 담고 있다는 점에서 신유교(도학)는 종교적 충분조건을 깃추있다고 본다.

이러한 의미에서 신유교에는 세계3대종교가 가지고 있는 종교적 경전과 함께 이들 종교에서는 찾을 수 없는 또 다른 심오한 사상성이 존재한다. 이런 시각으로 볼 때 신유교에는 타 종교와는 다른 차원의 종교성이 있다. 다시 말해 일반 종교와는 성격을 달리하는 또 다른 의미에서의 종교성을 생각할 수 있다는 것이다.

## 2) 新儒教(道學)의 발전 배경

宋代(北宋, 南宋)의 정치와 사회 · 경제는 그 이전 시대와는 확연히 구분되는 시대적 특성을 가지고 있다. 이에 따라 교육과 학술 등 문화 전반에 걸쳐 차별성이 부각된다. 송대적 특성을 흔히들 唐宋變革으로 강조하면서 중국사에서 송대의 중요성이 제기되고 있는 것은 널리 알려져 왔다. 그런데 중국사 발전과정에서 특히 송대적 성격을 말할 때 가장 핵심적 요소가 바로 新儒教(道學 · 宋學 · 朱子學)이라 할 것이다.

송대 신유교가 발전하게 된 배경을 보면 대체로 다음과 같이 설명된다.

먼저 사회의 변화와 함께 학문과 교육의 확대를 꼽을 수 있다.

唐代까지 사회의 지배계층이었던 귀족층이 唐末 五代를 거치면서 몰락하고 새로이 서민 계층이 사회의 지배층으로 등장하였다. 이들을 사대부라고 하는데 사대부는 지식과 교양을 습득하고 科擧에 의하여 官人으로 출세하면서 지배계층이 되었다. 따라서 송대의 사대부는 科擧 준비를 하는 讀書人과 科擧 시험에 합격한 관료 그리고 科擧 준비를 경제적으로 뒷받침하고 있는 지주층의 삼위일체적 성격을 띠고 있다. 그러므로 지식과 교양을 바탕으로 과거시험을 통하여 지배층을 형성하게 된 송대의 사대부는 그 이전의 귀족계층과는 다른 새로운 계층이다. 사대부 서민사회는 문벌 대신 능력이 중시되는 능력주의시대이고 아울러 지식의 대중화, 서민화가 가능하게 되었다. 이에 따라 唐代까지 지식과 학문을 독점하고 있던 극소수의 귀족계층 대신에 서민 사대부계층이 지식과 학문에 진력함으로써 귀족층에 독점되어 있던 학문이 서민사회로 확대되면서 송대 신유교 발전의 계기를 마련할 수 있었다.

다음으로 인쇄 기술의 발달을 꼽을 수 있다.

송대 서민사회의 출현과 사대부의 학문과 교육참여는 바로 인쇄기술의 발달과 도서의 대량보급으로 가능하였다. 이에 따라 유교와 불교 등 사상과 학문에 대한 새로운 지식의 습득과 자유로운 비판의식이 신유교(도학) 발전의 계기를 마련하였으니 송대의 독서인과 학자들은 중국 역사상 처음으로 좋은 문화환경에서 학문활동을 할 수 있었다.

孔子가 그의 제자들과 문답을 한 『論語』나 석가모니의 說敎集인 涅槃經(열반경), 그리고 예수의 언행이 사도들에 의해 정리된 복음은 孔

子, 석가모니, 예수가 직접 기록한 것이 아니다. 이에 비하면 朱熹의
『四書集注』를 비롯한 방대한 신유교(도학)에 대한 저술은 모두 그 주
희 자신의 손으로 정리되고 그의 제자에 의해 인쇄출판된 것이다. 중
국의 출판문화는 송대를 시작으로 하여 발전하였는데, 도서출판의 질
과 양에서 송대는 획기적인 전환점이 되는 시대이다. 그런데 도서출판
을 위한 인쇄술은 제지기술, 문방구류, 그리고 木活字와 활판인쇄의
기술이 뒷받침되어야만 가능하였는데 송대는 이러한 것이 복합적으로
연계되면서 발달하였다.

송대 활판인쇄술의 발명은 仁宗의 慶曆年間(1041~1048)에 畢昇(필
승)이 처음으로 膠泥活字(교니활자)를 발명한 데서 비롯된다. 교니활
자는 다량의 서적출판에 편리하게 이용되었고, 다시 목활자로 개량되
어 활판인쇄기술의 발전에 직접 작용하게 되었다. 그 결과 11세기(북
송중기)에 종래와는 비교가 안 되는 대량의 도서가 출판되었는데, 정
부는 유교의 경전을 비롯하여 역사서, 철학서, 법전과 자연과학에 관
한 서적(농업, 의학, 수학, 병법)을 다수 출판하여 중앙과 지방의 관청
에 보급하였다.

이와 같은 도서출판은 제지기술의 발전과 밀접한 관계가 있다. 宋
의 제지업의 중심지를 보면 成都의 蜀箋, 蘇州의 彩箋, 宣城의 宣紙가
유명하고 建州 建陽에서 만든 草紙와 四川의 廣都紙, 湖北의 蒲圻紙,
江西 撫州의 草抄紙 등 다량의 인쇄용지가 생산되었다. 抗州에는 유명
한 인쇄소가 20여 곳이나 있었는데 陳氏의 인쇄소에는 인쇄공(刻工)을
수십명을 두고 唐代 이래의 문집과 소설을 100여 종이나 인쇄하였다.
특히 四川 지방의 蜀本과 江南의 福建本은 우수한 板本으로 국내는
물론이고 해외에도 널리 알려졌다.

또한 신유교(도학)발달에 사상적으로 영향을 준 것이 불교사상이다.

일반적으로 송대는 신유교가 각광을 받으면서 불교사상이 그늘에 가려진 느낌을 주고 있으나 실제로 불교사상은 송대에 있어서도 일반 서민은 물론 사대부, 관료 등 지배계층에 큰 영향을 주고 있다. 宋의 太祖는 불교의 보호에 나서 화북지방의 황폐한 寺院을 중수하며, 민간인이 승려가 되는 것을 장려하고 아울러 印度에 구법을 하도록 하였으며, 대장경 간행사업을 추진하였다. 太宗도 역경전법원을 설치하여 불경을 출판하도록 하고 贊寧에게 『宋高僧傳』과 『大宋僧史略』을 편찬시켰다. 송초의 이러한 불교보호정책으로 眞宗시대에는 승려가 45만인에 이르고 불교의 세속화가 가속화되었다. 이리하여 僧尼는 金錢으로 師號를 구입하고 사원은 부호와 관리의 구복과 공덕을 기리는 공덕사찰로 타락하여 불교가 三冗之弊의 하나로 지탄의 대상이 되기도 하였다.

이러한 불교의 세속화에 대해 宋 중기 이후의 사상계에서는 신유교와 불교의 禪宗이 사상계를 지배하게 되고 사대부·지식인도 禪宗을 신앙하며 포교에도 힘을 쏟았다. 그 결과 坐禪을 주로 하는 居士佛敎가 성하게 되었다. 유학자이며 정치가인 楊億은 참선을 위한 『景德傳燈錄』을 저술하였다. 또 范仲淹과 歐陽修, 富弼, 王安石, 蘇軾 등도 禪宗의 원리를 터득하였으며, 재상 文彦博은 승려와 일반민중 10만인을 모아 염불결사를 조직하였다. 이와 같이 송대의 유명한 정치가나 유학자들은 불교 특히 禪宗의 심오한 원리에 깊은 관심을 지니고 있었고 그 결과 선종사상이 신유교(도학)에 영향을 주게 되었다. 송대 학교교육에서도 불교, 특히 선종의 영향이 컸다. 선종을 신앙하던 사원에는 청규를 만들고 많은 승도가 공동생활을 하는데 이 청규에 의해 일상생활을 규제하였다. 송대의 학교교육에는 아직 학생이 지켜야 할 규칙이 없었다. 范仲淹이 知蘇州가 되어 州學을 세워 교수로 胡瑗(安定 先生)을 초빙하였을 때 胡瑗이 처음으로 학규를 만들었는데 이것은 불교의 청규를 본 딴 것이다. 그 후 중앙에 태학을 건립하고 학규를 정할 때도 선종사원의 청규를 가져와 학규로 하였다.

한편 이와 같은 불교의 보급은 과거시험을 준비하고 있는 독서인의 교양에도 불교사상이 영향을 주고 독서생활을 지배하게 되면서 과거시험의 답안지에 불교적 색채가 문장에 함축되고, 선종사상이 많이 이용되었다. 이에 따라 북송 후기로부터 남송 초기에 걸쳐서 과거시험 문장에 불교적 문체를 원용해서는 안 된다는 금령이 반포되기에 이르렀다. 북송의 哲宗, 徽宗, 남송시대에는 高宗, 孝宗 등 4대에 걸쳐 불교적 문체가 과거시험 답안지에 나타나는 것을 엄금한 것이 그것이다. 그러나 불교의 禪語가 쉽게 고쳐지지 않는 것을 보면 불교사상은 사회각계에 영향을 주었고 특히 신유교에 큰 영향을 미치고 있음을 알 수 있다.

이 밖에 古文의 부흥이 신유교(도학)발달에 중요한 작용을 하였다고 생각된다.

六朝시대로부터 唐代에 걸쳐 유행한 문체는 이른바 四六駢驪體이고 이 문체는 문장의 기교를 특징으로 하는 것이다. 唐代에는 과거시험의 進士科로 인하여 詩文이 유행하였다. 그런데 이들 四六駢驪體나 詩文은 사상을 자유롭게 표현할 수 없는 제약이 있다. 그러나 唐中期 이후 古文이 復興되면서 漢代의 散文體로 文章이 變化되었는데 韓愈, 柳宗元이 그 대표적 인물이다. 蘇軾(東坡)은 古文은 韓愈, 柳宗元으로부터 일어났고, 이들은 八代의 쇠퇴한 문장을 일으킨 인물이라고 평하고 있다. 따라서 唐代 후기에서 시작된 古文 부흥은 송대에 들어와서 이른바 唐宋八大家로 일컬어지는 문장가를 배출하기도 하였다. 이와 같은 古文은 자유로운 사상과 학술 표현을 하게 되어 신유학 발달을 촉진하게 되었다.

끝으로 생각할 수 있는 것이 송대의 자유로운 사회분위기 속에서 지식층의 비판의식 고양과 함께 끊임없이 이민족에 시달림을 받은 결과 국수주의적인 사상경향이 뚜렷이 나타난 것도 신유교(도학) 출현의 중요한 배경이 되었다. 六朝·隋唐의 문화는 胡漢的 이중성과 국제적 성향으로 인해서 이국적 색채가 짙게 내포되고 있다. 그러나 송대의 서민은 지식과 교양을 갖기를 원하였고 부민은 다투어 자제교육에 열을 올리게 되었다. 이에 따라 서민의 자신감은 정치와 문화면에 자기 주장을 하게 되면서 전통적인 중국문화 특히 五經중심의 유학에 대해 비판과 함께 새로운 자기 시각을 발견하게 된 것도 신유교발전의 계기라고 생각된다.


## 3) 五經과 四書의 위상변화와 新儒教

유교가 국교의 지위에 올라간 것은 漢 武帝에 의한 太學의 설치와 태학 내의 五經博士를 둔 것에서 비롯된다. 漢代는 五經(詩, 易, 書, 禮, 春秋)을 최고의 경전이라고 하였다. 여기에서 禮는 儀禮이고, 春秋는 公羊傳이 사용되었는데 公羊傳은 經이 아니고 春秋經에 대한 해석에 불과하다. 春秋左氏傳, 春秋穀梁傳의 경우도 마찬가지다. 春秋三傳은 漢代 이래의 春秋學의 기본적 문헌이고 易·書·詩·禮記와 합하여 이른바 五經이 유학의 전통적인 중요 경전으로 존중되었다. 後漢시대에는 이들 경전의 訓詁가 발전하였고 魏·晉·南北朝에는 義疏가 첨가되면서 隋唐시대에는 五經의 해석서가 다수 출현하게 되었다.

중국을 통일한 唐은 경전의 해석을 통일하기 위하여 太宗 때 顔師古에게 명하여 五經正文을 고찰하여 기본을 만들고, 孔穎達 등에게 五

經에 대한 여러 註釋書를 취사선택하여 『五經正義』를 편찬케 하였다. 즉 周易은 王弼・韓康伯의 註, 尚書는 孔安國의 註, 詩經은 毛萇・鄭玄의 註, 禮記도 鄭玄의 註, 春秋는 左氏傳 杜預의 註로 정하였다. 『五經正義』는 지금까지 오경에 대하여 여러 갈래로 해석되어오던 학설을 통일하였고, 과거시험에도 『五經正義』에 기초한 답을 써야 합격이 보장되었다. 『五經正義』는 국가권력이 유교경전의 訓詁를 통제한 것이므로 유교를 황제의 지배하에 놓은 학술적인 뜻이 있다. 그러나 唐帝國의 쇠퇴와 함께 唐 후기에는 『五經正義』에 대한 비판이 나타나 啖助가 『春秋集傳』을 저작하여 春秋左氏傳이 左丘明의 저작이 아니라고 주장하였다. 그의 제자 趙匡은 『春秋集傳纂例』를 지어서 신유학의 신구가 되었다.

송대에 와서 중요시된 四書(論語, 孟子, 大學, 中庸)도 漢・唐代에는 經이 아니고 傳으로 취급되었다. 그런데 經과 傳은 확연히 구분되는데 經은 孔子 이전 시대의 고전을 孔子가 편찬한 것이다. 다시 말해 經은 孔子 이전 '先王의 道'이고, 중국 고대의 이상적인 시대에 있었던 '先王의 道'를 孔子가 선택하여 다시 정리한 것이다. 그러나 傳은 孔子 그리고 孔子의 弟子 및 유학자에 의해서 經에 대한 해석을 가한 것이므로 漢唐代는 經보다 傳의 권위가 낮게 취급되었다.

漢代에 五經을 신성한 경전으로 취급한 이상 오경중심 유교는 바로 '先王의 道' 중심이고, 孔子는 '先王의 道'에 대한 소개자, 전달자에 불과하다. 따라서 漢代에 오경을 태학의 전문과목으로 하여 유학을 국학으로 정하였다고 해도 엄격히 말해서 孔子의 위치는 그리 높은 것은 아니다. 그것은 漢代의 유학은 五經을 주로 하는 학문이고 이 五經은 先王에 관한 道를 설명한 것이고 고대 先王의 업적을 漢나라 황제가 계승한다는 뜻이 강하기 때문에 유교상 孔子의 위치는 대단한 것이

못되는 것이다.

孔子가 五經을 정리하였다고 하지만 五經을 孔子가 어떻게 해석하였는지 알 수 없다. 孔子가 저술하였다는 春秋經은 魯나라의 역사서로서 정치의 선악을 포폄하기 위해 孔子가 역사 기록을 선택하여 편찬하였다고 하지만 그것도 어느 부분을 포폄했는지 알 수가 없고 다만 春秋三傳으로 春秋經의 대략을 파악할 뿐이다. 孔子의 지위를 격상시킨 것은 公羊傳을 가지고 春秋經을 해석하는 일파가 孔子를 소왕으로 격상시킨 例가 있으나 公羊家의 孔子 격상은 사적인 것으로 조정에서 채용된 것은 아니다. 후한시대에 태학에 先聖과 先師를 모실 때 비로소 先聖은 周公, 先師는 孔子로 정하였는데 孔子가 이때에 周公과 동격으로 취급된 것이다.

이렇게 볼 때 한대에는 유학이 국학으로 채택되었다고 하지만 孔子의 위치는 높게 취급된 것이 아니다. 孔子 대우가 달라지기 시작한 것은 晉代에 先聖을 孔子, 先師를 顔回로 모신 것에서 비롯되며 이것은 唐代에까지 계속되었다. 孔子를 제사지내는 의식도 孔子廟에 位牌를 설치하고 孔子像을 안치한 것은 北齊에서 시작되었는데 이것은 절에서 釋迦牟尼像(석가모니상)을 本尊으로 모시고 있는 것을 본 딴 것이다. 이에 따라 孔子는 불교의 석가모니와 같은 위치를 차지하게 되었고 숭배의 대상이 되었으며 유교는 先王의 道라기보다는 孔子의 敎라고 하는 종교적 위치를 갖게 된 것이다.

이와 같은 孔子에 대한 위상변화는 유교경전에 대해서도 영향을 주었다. 孔子가 유교의 중심위치에 놓이면서 사람들의 숭배를 독점하게 되고 古代의 聖王(先王)의 위치는 내려가게 되었다. 이에 따라 先王의 道를 說明하고 있는 五經도 그 권위가 점차 떨어질 수밖에 없었다. 宋代에 四書가 중요시된 것은 유교사상에서 커다란 변화가 아닐 수 없

고, 五經에서 四書로의 위상변화는 訓詁學에서 朱子學으로의 변화라고
하는 학술적인 성격보다 더 중요한 의미를 갖는 것이다.


### 4) 新儒敎(道學)의 종교적 성격

송대의 신유교(도학)의 종교적 성격을 표시하는 중요한 자료는 『宋
史』道學傳이다. 正史인 『宋史』에는 宋代學者의 전기를 모은 열전이
두 곳 있다. 儒林傳과 道學傳이 그것이다. 儒林傳은 宋史 이전의 正史
에도 있으나 道學傳은 『宋史』에만 있는 독특한 열전이다. 道學傳 서문
을 보면 道에 대한 설명과 함께 道와 道學이 유교 상에서 갖는 종교
적 성격을 제시하고 있다. 즉

> "道學이라는 명칭은 옛날에는 없었다. 三代盛時에는 천자는 道로써
> 政敎를 행하고, 文臣과 百官有司는 道로써 직업을 삼았다. 또한 학교의
> 師弟는 道를 가지고 강습하였다. 四方의 백성은 날마다 道를 사용하였
> 으나 그 뜻을 알지 못하였다. 文王 · 周公이 沒한 후 孔子는 德이 있었
> 으나 지위가 없었기 때문에 이 道를 세상에 펼 수가 없었다. 그리하여
> 물러나 弟子들과 禮 · 樂을 정하고 법전을 밝히고 詩書를 刪定하며 春
> 秋를 편수하고 易象을 讚하여 聖人의 道를 밝혀 無窮토록 하였다. 故
> 로 孔夫子야말로 堯 · 舜보다도 현명함이 깊다(遠)고 할 것이다."

라고 서술하고 있다. 여기에서 주목되는 것은 '道學'은 없고 다만 道가
있을 뿐이고 孔子가 나타나서 先王의 道를 정리하였으니 孔夫子는
堯 · 舜보다 더욱 현인이라고 주장한 대목이다. 이어서

"孔子가 沒하자 曾子가 홀로 傳을 계승하여 子思에게 傳하고 孟子에
이르렀다. 그러나 孟子가 沒하자 이를 傳할 수가 없게 되었다. 兩漢 이
후에는 儒家들이 道에 대하여 論하였으나 모두가 正常하지 못하고 異
端邪說이 起乘하게 되었다."

고 하여 漢代 이후 唐代까지의 訓詁學의 가치를 인정하지 않고 이단
사설이라고 혹평을 서슴지 않고 있다. 이어

"천여년이 지난 宋中期에 周敦頤가 聖賢不傳의 학문을 일으켜 『太
極圖說』, 『通書』를 지었고 陰陽五行의 이치를 究明함으로써 天命과 人
性을 밝혔다. 張載는 『西銘』을 지어 理一元을 주창하여 道의 원리가
天에서 나온다는 것을 확연히 밝혔다. 仁宗의 明道 初年에 程顥, 程頤
가 周子로부터 학문을 배워 『大學』, 『中庸』의 二篇을 정리하고 『論語』,
『孟子』를 이에 병합하였다. 그리하여 위로는 帝王으로부터 아래로는
初學者에 이르기까지 이들 四書를 읽게 하였다. 宋이 南渡하자 新安의
朱熹는 程氏의 正傳에 새로운 학문을 더하여 格物致知를 세우고, 明善
誠身을 근본으로 하였다. 여기에 와서야 비로소 詩書六藝의 文과 孔孟
遺言들이 그동안 秦火에 顚錯하고 漢儒에 의하여 支離하며 魏晉六朝에
서 幽沈되었던 것이 宋代에 이르러 찬연히 빛나게 되었고 秩然으로 그
위치를 갖게 되었다. 이것이야말로 宋儒의 學이 諸子를 물리치고 곧바
로 孟子에 접할 수 있게 된 것이 아닌가."

라고 道學傳 서문을 맺고 있다.

道學傳 서문은 중국 유학사의 전개과정에 대해 宋 이전의 유학의
존재를 철저히 부정하였고 다만 孔子가 유교의 진정한 창시자이고 이
를 계승한 聖賢이 曾子, 子思, 孟子로 이어지고 맹자 이후 천여 년 간
단절되었던 것을 송대에 이르러 계승 발전시켰음을 강조하고 있다.

道學傳에는 朱子를 중심으로 송대 신유교(도학)의 발전에 기여한

인물들을 기재하고 있다. 道學傳의 첫머리에는 『太極圖說』을 지어 朱子學을 연 周敦頤와 다음으로 朱子에게 큰 영향을 미친 程顥, 程頤를 싣고 있고, 그다음으로 朱子와 그 제자로 되어있다. 朱子를 비롯한 송대 도학자들이 특히 강조하고 있는 것은 원시유교에서 漢·唐의 訓詁學에 이르기까지는 유학자의 임무는 先王으로부터 傳해 내려오는 道(道學이 아니다)를 그대로 지키고 道를 실천하는 것에 의하여 완전한 인격을 체득하는 것으로 생각하였다. 이 道는 선왕으로부터 시작되어 같은 성인인 孔子에 의하여 천명된 人道인 것이다. 孔子는 하늘에 있는 天道를 지상으로 가져와서 聖人의 道(人道)에 융합시킨 위대한 유교의 시조로 보았다.

그러나 신유교(도학)에서는 太極圖說, 理氣二元論, 人性論 등을 가지고 이 성인의 道를 다시 天上의 道로 격상시킴으로써 道의 본질에 종교성을 부여하여 도학으로 발전시킨 것이다. 이렇게 볼 때에 先王도 孔子도 道의 창시자가 아니고 祖述者에 지나지 않는다. 先王이나 孔子에 의해 발견된 道가 송대의 신유학에 의하여 비로소 道學으로 발전한 것이다.

이것을 불교에 비유하면 五經을 중심으로 한 唐代까지의 유교는 원시불교적이고 經과 律 중심이었다. 그러나 신유교(도학)는 송대에 와서 大乘的으로 발전되어 經과 律 외에 論이 중요한 지위를 차지하게 되었다고 할 수 있다. 원시불교는 經에 의하여 믿는 마음을 얻고 律에 의하여 戒를 지키면 불교도로서의 역할은 다하는 것이다. 그러나 대승불교에서는 그 위에 論이 추가되었다. 그리고 이 論으로 지혜를 연마하고 외부로부터의 비난에 대항하고 또 佛法의 진리를 전파하지 않을 수 없었다. 다시 말해 經과 律과 論의 三藏(삼장)에 통달하여야 비로소 불교의 大德에 도달하는 것이다.

이와 같은 불교의 전개과정을 유교의 발달 과정과 비교해 보면 五經은 先王시대로부터 내려오는 경전으로 불교의 經部이고 禮가 불교의 律部에 해당한다. 특히 易經에는 우주론이 있으며, 禮의 부록이라고 할 수 있는 禮記와 春秋三傳은 人性論을 포함하고 있는데 대체로 철학적인 부분으로 불교의 論部에 비유된다. 불교가 論部를 보완함으로써 비로소 三藏이 구비된 것과 같이 유교도 論部의 보완에 의하여 字句에 얽매이던 五經儒學에서 宇宙의 원리와 인간의 性情을 논하는 종교적 경전을 갖게 되고 이것이 곧 송대 신유교(도학)이라 하겠다.

신유교의 論部는 『論語』와 『孟子』로 보강한 것이다. 『論語』는 經典에 준하는 대우를 받았다. 그러나 경전으로 인정되지 못하고 있던 『孟子』를 함께 경전으로 승격시켰다. 이에 따라 『論語』와 『孟子』는 철학적인 내용이 결여되어 있는 五經의 결함을 보완하였다. 人性論과 함께 필요한 부분이 우주론이다. 易은 우주론적이지만 본래 占卜으로 사용하였기 때문에 철학적인 진리는 포함하지 않고 있다.

周敦頤의 『太極圖說』에 대해 朱子는 이를 중하게 생각하여 그 圖解를 지었고 인간을 소우주라고 보았다. 朱子는 이 소우주는 無念無想, 즉 太極으로써 無極상태에 놓이게 되면 다만 天으로부터 받은 性의 상태인데 이때는 善도 惡도 없다고 보았다. 그러나 거기에 시간을 부여하면 운동이 일어나서 善과 惡으로 갈라지는데 善은 中庸에 따르는 사상동작이고, 惡은 中庸에 반하는 것이다. 天으로부터 주어진 性은 中庸을 요구하지만 그러나 그 행동이 中庸에 반하는 것은 氣質의 性 즉 욕망에 의하여 왜곡된다고 보았다. 욕망 그 자체는 결코 惡이 아니지만 욕망이 中庸을 따르지 않고 天賦的인 性까지도 왜곡하여 발동하는 데서 惡이 나타난다는 것이다. 여기에서 善人이 되기 위한 수양은 天賦的인 性에 의하여 氣質의 性의 잘못을 敎正하게 된다는 종교철학적인 설명이 가능해진다.

이상과 같은 이론에 의하여 우주와 人性과의 관계가 설명되며 그 증거를 『論語』와 『孟子』 그리고 『禮記』 가운데 『中庸』과 『大學』 2篇에서 구하였으니 신유교(도학)의 四書이다. 五經에 대신하여 四書가 존중되었다고 하는 사실은 四書의 중심을 이루는 『論語』의 주인공인 孔子의 지위가 선왕보다도 높아졌다는 것을 의미한다. 그런데 이와 같은 논리를 더한층 강화한 것이 孔子 이후 다시 道를 깨달은 사람이 朱子(朱熹)이고 朱子는 孔子에 의해 발견한 道를 도학으로 발전시킨 점에서 孔子보다도 더 위대하다고 판단한 것이 宋代 도학자의 생각이다.

이리하여 『宋史』에서 儒林傳 외에 道學傳을 만든 것은 朱子의 대입을 종교적인 위치로 격상시키기 위한 것이었다. 朱子는 『論語』와 『孟子』의 集注를 만들고 『大學』과 『中庸』에는 章句를 붙였는데 後世에 이것을 『四書集注』라고 하였다. 종래의 訓詁學에 있어서는 그 研究法은 演繹的이고, 經이 있으면 傳을 붙이고 다시 傳에다 注를 달고 다시 疏를 더하였다. 이 과정에서 五經 본문의 전체적 의미는 많이 퇴색하는 경우가 있다.

이에 반하여 新儒敎 이후는 經의 本文의 뜻을 해석하기 위하여 귀납적 방법을 쓰고 있는데 字句의 의미는 그리 중요하지 않다. 그러므로 해석학적으로 타당하지 않는 註釋(주석)도 나타나게 된다. 漢武帝가 대학에 五經博士를 두어 유학을 국교화한 것은 유학을 국가권력의 통제하에 두면서 유교를 어용화하여 국가통치를 위한 학문(유학) 수단으로 만들고 이에 따라서 원시유교는 전적으로 교육을 위한 학문이었다. 그러므로 漢代에 있어서 유교가 국교와 같은 지위를 갖게 되면서 유학은 정치학으로 해석되는 경향이 강했다. 訓詁學에 사상이 있다고 한다면 그것은 유교를 정치철학으로 이해한 것이다. 唐 太宗이 『五

經正義』를 편찬시킨 것이나 漢의 武帝가 대학에 五經博士를 둔 것 등은 유학의 어용화라는 점에서 볼 때에 별로 다를 바가 없다.

그러나 신유교(도학)가 나타남으로써 유교는 정치철학적인 학문에서 우주론과 인성론을 바탕으로 하는 종교론으로 발전하였고 여기에서 종교경전의 성격을 충분히 갖추었다고 생각한다. 이와 같은 의미에서 신유교(도학)는 경전상으로 볼 때 종교성이 강하다. 뿐만 아니라 중국인의 의식이 현실주의적인 민족성향이 강하고 내세에 대한 기대를 별로 갖지 않는 현실성과 물질주의적인 樂天性으로 인하여 신유교가 종교로 더 발전하지 못하였다고 생각된다.

## Ⅲ. 東아시아문화와 불교 – 중국불교발전의 시대적 성격

### 1) 동아시아문화에 미친 佛敎의 공헌

동아시아 문화의 4대 요소는 漢字를 비롯한 유교, 불교, 그리고 율령국가체제이다. 이 가운데 한자와 유교, 율령국가체제는 중국에서 창시되고 발전하여 동아시아 각 지역으로 전파되면서 동아시아 문화권의 기본요소가 되었다.

그러나 佛敎는 이와는 그 성격이 전혀 다르다. 불교는 외래문화가 중국에 유입되어 발전하였다는 데에 주목해야 한다. 잘 아는 바와 같이 불교는 인도의 석가모니에 의해 창시되어 서역을 거쳐 4세기 초에 중국에 전파되었다. 이렇게 전래된 불교는 중국은 물론 동아시아 각국 (한국, 일본, 만주, 몽골, 월남)문화 발전에 기여한 바는 크다. 불교가 동아시아 문화에 미친 중요한 공헌을 살펴보면 다음과 같은 몇 가지로 정리할 수 있다.

첫째, 불교는 동아시아 세계의 여러 민족에게 來世觀을 일깨워 주었다는데 중요한 공헌을 꼽을 수 있다.

불교가 들어오기 전까지는 동아시아人의 현실주의적 사고는 종교에 대해 별로 관심이 없었다. 黃河文明을 만들어 낸 中國人의 정신세계를 지배한 것은 유교적 사고방식이고, 유교에 의해 현실생활이 지배되었고 유교의 원리가 국가통치의 기본원리로 자리를 잡게 되었다.

그러나 위진남북조의 혼란한 시대에 접어들면서 중국인은 인간의 죽음에 대해 생각하기에 이르렀다. 불교 전파 이전의 동아시아에서는 인간이 죽은 후의 來世에 대해서는 아무런 지식이 없었다. 불교를 통하여

輪回三生사상을 깨닫게 되었고 前生에서 現生으로 그리고 죽은 후에 來世가 있음을 믿게 되었다. 극락과 지옥을 알게 되면서 죽음의 공포에서 벗어날 뿐 아니라 현세의 고난과 함께 선악의 행동은 다음 내세에 영향을 준다는 믿음을 갖게 만들었다. 現實世界 밖에 모르던 東아시아 人에게 前生이 있고 죽은 後의 來世가 온다는 불교의 윤회사상은 동아시아人의 정신세계에 새로운 우주관과 종교관을 열어 놓았다.

둘째, 불교는 동아시아세계의 건축과 불교예술에 큰 공헌을 하였다. 불교가 중국에 들어오기 이전에 중국의 건축물은 외적의 침략과 도성의 방비를 위한 성곽과 궁성 그리고 호족의 저택이 대부분을 차지하여 예술적 가치가 있는 건축은 별로 없었다. 그러나 불교가 전파되고 국가와 귀족이 이를 보호하면서 대사찰과 거대한 석조불상이 조영되면서 중국의 건축물은 예술적 가치를 들어내게 되었다. 불교미술, 아름다운 불상, 탑파, 대장경판간행 등 세계적 문화예술품으로 꼽을 수 있는 동아시아 문화유산은 불교전파와 깊은 관계가 있다.

셋째, 불교의 전파에 따르는 획기적 동서문물의 교류를 들 수 있다. 高僧의 내왕으로 불교경전을 비롯한 불교문화의 교류가 활발해 졌고 불교 이외의 서역문물이 중국으로 전파되었다.

넷째, 불교의 중국전파로 동아시아세계의 외래문화 수용능력의 우수성이 입증되었다. 세계의 문화사상 중 종교의 역할은 참으로 큰 것이다. 크리스트교, 이슬람교는 발생한 지역에서 뿐 아니라 전파된 지방에서 더 한층 발전하여 세계 문화를 이끌어 왔다. 그런데 불교는 이들과는 그 성격을 달리하는데 주목이 간다.

불교는 인도에서 중국으로 유입되고 다시 東아시아 각국으로 전파되어 본래 佛敎가 가지고 있던 종교사상이 각 지역의 민족문화에 접목되면서 새로운 민족문화창조에 공헌을 하게 되었다. 인도의 원시불교에는 불교 護國사상이나 求福사상은 미약하였다. 이러한 原始佛敎가 중국에 전파되면서 불교를 믿으면 국가가 보호되고 개인에게는 복을 가져다준다는 호국불교와 구복불교로 발전하였다. 여기에서 우리는 외래문화의 수용과정에서 東아시아세계의 높은 文化變容(문화변용) 능력을 살필 수 있다.

## 2) 불교의 중국전래

불교가 중국에 전래된 동기는 漢무제 이후의 西域路의 개통으로 동서문물의 교류가 활발히 전개되면서 비롯되었다. 사신과 상인의 왕래로 인도에서 서역지방에 전파된 불교는 자연히 중국으로 전래된 것이다.

불교 전래는 후한의 明帝 永平 8년(67)으로 기록되어 있다. 즉, 明帝가 꿈에 金佛을 보고 사신을 서역지방에 파견하여 승려 迦葉摩騰(가섭마등)과 竺法蘭(축법란)을 모시고와 洛陽에 머물게 하면서 四十二韋經을 번역시키니 이때를 불교전래의 시작으로 잡고 있다.[1]. 이는 漢무제 이후 서역과의 활발한 문화교류로 볼 때 전한 말에 이미 불교가 들어왔다는 『위략』의 기록은 충분히 믿을 만하다.[2] 불교의 전파경로는 西域 지방에서 수도 장안이나 낙양으로 들어오고, 여기에서 王侯귀족의 신봉을 받으면서 그 세력이 확대된 후 다시 양자강유역의 강

---

1) 『後漢書』 明帝本紀, 그러나 『魏略』의 西域傳에는 이보다 60여년 전인 前漢 末 哀帝의 元壽 元年(B.C.2)에 이미 불교가 전파되었다고 기록하고 있다

2) 이 밖에도 불교의 전래를 秦始皇帝 33년(B.C. 214)까지 올리는 설과 기원 후 2세기 중기로 보는 주장도 있다. 아프카니스탄의 칸다하르(Kandahar)에서 아쇼카왕의 비문이 출토된 것과 이곳에 前漢의 사신이 자주 내왕한 것을 보면 불교의 전래를 기원 전으로 보는 것이 유력하다.

남지방으로 전파되어 일반 서민사회로 널리 퍼져나가게 되었다.

　그러나 풍습과 습관을 달리하는 인도의 불교가 유학에 의해 통제되고 있던 漢代의 사상계에 쉽게 받아들여지지는 못하였고 道敎와 긴밀한 관계를 가지면서 퍼져 나갔다. 불교는 처음에 상류사회에서 신봉되었다.[3] 이 당시의 불교는 老子의 무위자연사상과 비슷한 淸虛無爲한 것으로 이해되었다. 이 때문에 석가와 노자는 함께 제사지내졌으며, 老子가 오랑캐나라(西域國)에 가서 부처가 되었다는 전설이 생길 정도로 老·佛은 긴밀한 관계를 맺고 있었다. 桓帝는 불교의 浮圖와 老子를 같이 섬기고 헌제 때의 대부호인 窄融은 3천명을 수용할 수 있는 부도(절)를 건립하고 금동불을 안치하니 이곳에서 불경을 공부하는 학생이 5천명이나 되었다고 한다.

　2세기 중엽에는 安世高와 支累迦讖(지루가치), 그 밖의 서역 중이 중국에 들어와서 서역말로 된 불경을 중국어로 번역하기 시작하였다. 불경의 중국어 번역은 불교발전에 대단히 중요한 의미를 갖는다. 安世高는 파르티아국의 太子로 소승불교 경전 34部 40권을 번역하였고, 大月氏國 출신 지루가치는 대승불교 경전 10部 24권을 번역하였다. 이에 따라 한대에는 아직 대승·소승불교의 구별이 없이 다 같이 수용되었다. 그 위에 한대의 불교는 독립된 종교로서 불교의 참뜻을 중국 사람들이 이해한 것이 아니다. 다만 외래종교에 대한 호기심과 불교교단의 의식의 장엄함에 압도된 감이 없지 않다. 또 불교교의를 이해하는데도 道敎와 연관시켜 해석하였기 때문에 한대 불교는 도교적 성격이 농후한 미신적 신앙의 범위를 벗어나지 못하였다. 불교가 본격적으로 발전하기 시작한 것은 위·진남북조시대에 들어가서였다.

---

3) 楚王(英)은 黃老學을 숭상하고 부처를 위해 齊戒祭祀하였다(『後漢書』의 楚王英傳). 桓帝도 궁중에 黃老부처의 祠堂을 모셨다(『後漢書』梁啓傳).

### 3) 중국 사회에서 불교가 발전한 원인

前漢 말에서 후한 초에 서역에서 전래된 불교는 한대의 유학에 눌려 기를 펴지 못하였다. 불교가 중국 지식인의 관심을 끌고 사상적으로 연구되기 시작한 것은 불교전파 이후 400여년이 지난 4세기 초, 5胡의 남침과 동진시대에 들어와서이다.

먼저 불교발전의 사상적인 배경을 보면 후한 이래 불안한 난세에 처하여 인간은 죽은 후의 내세를 생각하게 되었고, 이를 불교의 輪廻三生思想이 풀어 주었다. 이와 함께 이민족의 지배를 겪지 못한 한인에게 5胡의 남침과 16국의 분립, 그리고 북위정권의 출현은 유교주의를 기반으로 한 中華意識을 크게 후퇴시켰다. 그 대신 그 자리를 불교적 세계관이 공백을 메워주게 되면서 중국인의 사고를 유교적 현실세계에서 불교적 내세로 마음을 돌리게 하였다. 불교사상 가운데 특히 중국인에게 신선한 인상을 주었던 것은 중국사상에 없는 윤회삼생 및 응보사상을 바탕으로 한 죽은 후의 극락과 지옥관념이다. 이리하여 현실생활의 절망감에서 해방되고 죽음의 공포에서 벗어날 수 있었다. 뿐만 아니라 현생에서의 고난과 선악의 행동은 전생과 來世에 결정적 영향을 준다는 三報[三生]論이 전란에 시달려 온 남북조 지식인의 마음을 사로잡기에 충분하였다.

다음으로, 불교발전의 원인을 현실적인 사회상과 관련시켜 생각할 수 있다. 불교의 呪術的 기능과 호국불교적 성격은 국가의 보호를 받아 대사찰과 불상의 조영을 가져와서 불교발전을 이루게 되었다. 즉, 불교의 주술적 기능은 국가의 통치자가 자신의 권력을 장엄하게 꾸미고 권력을 유지하기 위한 수단으로, 국가적 규모로 주술을 행하는 경우와 그 밖에 불교가 민중에게 침투하기 위하여 민간신앙과 결합되는 두 가지 경우가 있다. 국가적 규모로 주술불교가 이용된 예는 5호16국 시대의 북방국가에서는 물론 동진·남조에서도 그 예를 흔히 찾을 수 있다. 국가의 장래에 대한 예언, 전쟁과 질병, 농사의 풍흉에 이르기까지 불교주술이 널리 이용되었다. 유명한 승려 佛圖澄은 그 대표적 인물이다.

끝으로 국가의 지배자가 통치목적을 수행하기 위하여 불교의 주술적 기능을 이용하려 할 때 필연적으로 대사찰, 대석불을 조영하고 大法會를 개최하였다. 또 이를 위해서는 국가의 지배자나 권력자의 보호와 지원이 필수적인 것이었다. 남북조시대의 불교가 護國思想을 기반으로 국가불교적 성격을 갖고 발전하게 된 중요한 원인이 여기에 있었다. 이는 중국에서 뿐만 아니라 한국, 일본, 그 밖의 동아시아 각국에서 불교가 발달하게 되는 비슷한 요인으로 작용하고 있다.

위·진 남북조시대의 불교는 시대적으로나 사상적으로 몇 번의 단계를 거치면서 발전하였다.

먼저 東晋시대에는 노장사상을 가지고 불교를 이해하려 하였으니 이를 格義佛敎[4]라 한다. 즉, 불교발전의 초기 단계인 동진시대에는 불교사상을 이해하기 위하여 般若經에 나오는 空의 개념을 노장사상의 無로 해석하려는 격의불교가 유행한 것이다. 王弼은 孔子와 석가모니를 다 같이 노장적인 無 내지 道의 체득자로 동일하게 규정하고 있다. 이리하여 老莊사상을 주축으로 하여 석가모니와 周公·孔子를 같은 범주에 놓고 聖人으로 해석하였다. 또한 잘 이해가 되지 않는 불교의 난해한 사상을 중국의 儒家·道家思想과 접목시켜 儒·佛·道의

---

4) 格義의 格은 불교의 뜻(義)을 헤아린다는 의미로 산스크리트어로 된 불교경전의 원어를 노장사상으로 이해 한 것이다. 예컨대 불교의 空은 노장의 無로, 涅槃(열반)을 無爲로, 보살을 道로, 眞如를 本無로 해석한 것이 그것이다.

三敎一致論을 가지고 이해하려 하였다. 이러한 老莊사상가의 역할은 불교의 수용과 초기발전에 큰 공헌을 하게 되었다.

그러나 이와 같은 노장사상에 의한 불교해석으로는 불교의 참뜻을 파악하는데는 그 한계가 있다. 불교의 참뜻을 이해하려 시도한 최초의 인물은 삼국시대 魏末의 朱士行이다. 그는 중국에 소개된 번역불경으로는 불교의 본뜻을 이해할 수 없음을 깨닫고 직접 서역의 于闐國에 들어가 불교연구를 하였고, 그의 제자들에 의해서 불교의 진의가 어느 정도 밝혀졌다. 諸法皆空의 이치를 설명한 般若經典은 朱士行 및 그 제자의 노력에 의한 것이다. 한편 동진의 法顯도 불경을 구하기 위하여 天竺國에 들어가고(399) 다시 인도에 유학한 후 바닷길로 중국에 돌아와(414) 유명한 『佛國記』를 남겼다.

중국의 불교가 이와 같은 초기단계를 거쳐 제2단계로 접어들었는데, 불교사상을 본 뜻대로 이해하려는 노력이 이때에 전개되어 중국인이 직접 서역이나 인도에 가고 또 외래승려가 중국에 와서 활발한 포교활동을 하였다. 특히 중국 불교가 발전하는데 큰 공헌을 한 사람은 바로 道安과 鳩摩羅什 그리고 慧遠이다. 도안은 전진왕 부견으로 하여금 불교를 신봉하는데 큰 역할을 하였다. 符堅은 불교에 대한 깊은 이해와 함께 화북통일의 사상적인 기반을 불교에서 구하여 이를 보호 장려하였다. 道安은 서역의 승려 佛圖澄의 제자이다. 부견은 도안의 건의를 받아 들여 서역의 龜玆國에 있던 고승 구마라십[5]을 데려오기 위해 장군 呂光으로 하여금 구차를 정벌하도록 하였다. 구차를 토벌한 여광은 구마라십을 데리고 귀국하였으나 부견은 남조의 동진정벌에 실패하고(비수의 전쟁, 383) 長安에서 반란이 일어나 피살되었기 때문

---

5) 구마라십은 구차에서 태어났으나 그의 부친은 인도인이다. 언어학에 뛰어난 재능을 지니고 인도, 구차(서역), 중국어를 자유롭게 구사하였다.

에 만나지는 못하였다. 그러나 구마라십은 장안에 들어와서 불교발전에 큰 공을 세우게 되었다. 그의 업적 가운데 가장 주목되는 일은 지금까지 중국에 번역 소개된 불경은 대부분 소승불교에 속하는 것이었으나, 구마라십에 의하여 비로소 대승경전이 번역되기 시작하였다는 점이다. 이로써 종래 노장사상을 빌려 잘못 이해된 불경의 진의가 많이 고쳐지게 되었다. 이리하여 노장사상으로 여과된 格義佛敎가 아니라 불교원전을 직접 번역을 통하여 알게 되었으며, 대승불교의 발전을 가져오게 되는 동기가 되었다.

중국의 불경번역사에서는 구마라십 이전에 번역된 불경을 古譯經이라 하고, 구마라십이 번역한 경전을 舊譯經, 그리고 당나라 때 현장이 번역한 불경을 新譯經이라고 한다.

한편 구마라십이 北朝佛敎를 대표한데 대해 南朝에서는 혜원이 남방불교 발전에 큰 공헌을 하였다. 그는 처음에는 유학을 연구하고 노장사상에 심취하였으나 후에 道安의 제자가 되면서 불교에 귀의하였다. 그리하여 盧山에 은둔하여 고귀한 인품을 지니고 깊은 불교사상연구로 불교발전에 획기적인 공을 쌓았다. 특히 그는 염불을 중시하여 염불교단을 열고 戒律과 禪에 주력하면서 노산에 白蓮社라는 종교교단을 결성하게 되었다. 불교가 완전한 중국적 성격으로 발전한 것은 다음 수·당시대에 가서이며, 이를 중국불교발전의 제3단계로 보고 있다.

## 4) 위진남북조시대의 불교 성격

北朝불교는 이민족의 지배하에서 발달하였고 특히 5호16국에서 호국불교가 나타나게 되었다. 그 후 불교가 국가권력과 밀접한 관계를 가지면서 국가불교로 더욱 발전한 것은 北魏시대부터이다. 한편 국가

권력이 비교적 취약한 南朝에서는 왕권에 대하여 佛法의 독립성을 주
장할 수가 있었다. 그런데 5胡의 북조가 불교를 국가의 목적에 이용한
것은 북위가 유명한 승려[佛圖澄, 道安, 鳩摩羅什]들을 초빙하여 불교
와 함께 정치에 참여시킨데 있다. 뿐만 아니라 선비족은 중국의 유교
대신 이민족의 종교인 불교에 호감을 갖고 이를 쉽게 수용한 것도 호
국(국가)불교 사상과 관계가 깊다. 그러나 불교세력이 확대됨에 따라
유교·도교를 비롯한 전통사상과의 마찰도 불가피하여 국가로부터 심
한 박해도 없지 않았으니 北魏 太武帝와 北周 武帝의 폐불사건이 그
것이다.[6]

태무제의 폐불사건은 한인 실력자인 재상 崔浩의 유교주의 정책과
도교의 발전을 꾀한 道士 寇謙之의 책략에 의한 것이었으나 國史筆禍
事件으로 최호가 처형되자(450) 불교는 다시 발전하게 되었다. 雲岡의
석굴사원유적은 국가권력에 의한 불교보호를 단적으로 표시하는 거대
한 유적이다. 그 후 효문제의 洛陽천도로 다시 龍門의 석굴사원이 조
성되고 불교는 한층 발전하여 '僧尼 二百萬, 寺刹 三萬'이라는 기록과
같이 화려한 북조의 귀족불교시대를 이룩하였다. 그러나 북주 무제는
불교의 발전으로 승려의 증가, 사원의 발전 등 불교의 폐단이 계속되
자 다시 廢佛을 단행하였으나(574), 무제의 사망 후 원상회복되었다.
불교의 교리면에서는 6세기 전반에 새로운 종파가 나타나고 유명한
曇鸞의 淨土宗과 達磨에 의한 禪宗이 나타나 수당시대에 계승되면서
중국적 불교로 발전하게 되었다.

한편 남조에서의 불교는 동진의 귀족불교를 이어 받아 귀족의 보호
를 받으면서 발달하였다. 북조에서는 귀족보다 국가권력이 불교발전에

---

6) 중국 불교사에서는 북위 太武帝의 폐불(446)을 비롯하여 북주의 武帝(574),
   唐 武宗의 會昌 5년(845)의 폐불을 3武의 법난이라 한다.

앞장선 반면 남조는 국가권력(왕권)과 귀족이 다 같이 불교의 보호와
발전에 힘을 기울여 남조불교의 귀족적 성격이 한층 확연하게 나타나
고 있다. 특히 宋·齊時代에 왕권의 보호하에 발달한 불교는 양나라
무제 때에 전성기를 맞이하였다. 불교사상면에서도 남조시대의 종파는
誠實·淨土·三論·律·禪·天台宗의 여섯 종파가 있었고, 이 가운데
성실은 소승불교가 되었으나 나머지는 대승불교로 발전하였다.

　남북조시대의 불교는 귀족사회 뿐만 아니라 점차 민중사회에도 널
리 퍼져나가 마을과 가정에서도 불교단체가 형성되고 불상을 만드는
데 협력하였는데, 이를 義邑[북조], 社[남조]라 하였다. 여기에서는 佛
經의 書寫·讀經을 함께 하고 法會 등도 행하였다. 당시의 사찰은 특
권이 인정되어 莊園을 경영하고 승려는 稅役이 면제되었으므로 국가
재정에 큰 부담이 되고 사회문제화하여 불교계의 숙정이 요구되기도
하였다.

## 5) 수·당시대의 중국적 불교 성립

　한대에 중국에 들어 온 불교가 남북조시대의 발전을 거쳐 독자적인
종교 교단을 형성하면서 中國的 佛敎로 확립된 것은 隋·唐時代에 들
어와서이다.

　중국적 불교의 성립은 北魏의 太武帝, 그리고 北周의 武帝가 단행
한 혹독한 廢佛事件과 깊은 관련을 갖는다. 그것은 남북조시대에 국가
권력과 호족의 보호를 받으면서 발전한 불교는 외래종교란 성격 때문
에 유교와 도교로부터 저항을 받게 되었다. 그것은 북위 지배층의 국
수주의 정책으로 국가권력(황제권)에 의하여 대탄압을 받게 되자 불
교계에서는 각성과 함께 새로운 혁신운동이 나타나기 시작하였기 때

문이다. 따라서 외관상 화려한 남북조의 불교는 폐불사건을 계기로 내면적으로 종교적 고뇌와 자기반성의 새바람을 일으켜 중국불교 발전에 전화위복의 계기를 마련하였다. 이리하여 남북조시대의 미신적 呪術, 伽藍불교에서 벗어나 내면적으로 체제를 정비하면서 종파와 교단을 형성하게 되었다.

隋·唐시대의 중요한 불교종파에는 天台宗, 法相宗, 華嚴宗, 淨土宗, 禪宗 그리고 密宗[眞言宗]이 있다. 불교의 중국적 성격형성은 수나라때 天台大師 智顗가 나와서 천태종을 완성시킨 데서 시작된다. 天台宗은 남북조시대에 여러 파로 갈라진 불교를 종합한 일종의 종합불교로, 불교경선 가운데 法華經을 최고로 여기면서 그 밖의 경진은 모두 법화경의 보조경전으로 취급하여 불교를 통합하였다. 지의는 북조의 禪學과 남조의 義學을 흡수하여 坐禪과 관망의 종교이론과 定慧雙修의 수양준칙을 내세웠고 또 法華經을 받들었으므로 천태종을 일명 법화종이라고도 하였다. 천태종이 남방에서 발전한데 반해 북방에서는 새로 화엄종이 나타나 널리 유포되었다. 화엄종은 수나라 때 중국에 들어온 杜順(法順)이 시조가 되고 당의 智嚴을 거쳐 則天武后 때 法藏에 의하여 완성되었다. 화엄경을 최고 경전으로 받들고 眞心을 모든 현상의 근본이라 하였다. 특히 화엄경은 불교계에 국한하지 않고 사회문화 전반에 걸쳐 많은 史料를 제공하여 당시의 사회문화현상을 연구하는데 도움을 주고 있다.

수·당시대 불교종파 가운데 가장 중국적인 불교로 발전한 종파는 선종과 정토종이다. 이들 종파는 간결한 종교성을 특징으로 하고 있었으므로 다른 종파는 당 후기에 점차 쇠퇴하였으나, 이 선종과 정토종만은 하나로 융합되어 현재까지 중국불교로 발전하고 있다.

禪宗은 깊은 사색과 坐禪을 통하여 불교의 참된 경지인 해탈에 도달하고자 하였다. 그 유래는 梁代에 중국에 온 達磨의 禪法에서 비롯되며, 당나라 때 남·북파로 갈라져 북파는 神秀, 그리고 남파는 혜능에 의하여 발전되었다. 혜능의 주장에 의하면 佛性은 곧 마음속에 있으니 마음 이외에는 본래 아무 것도 없는 것이다. 또 많은 재물을 부처님께 시주하지 않아도 스스로 깨닫고 成佛할 수 있다고 하였다. 선종은 심산유곡에서 좌선을 통한 깊은 명상에 의해 불교의 진리에 도달하려 하였다. 南宗禪[남파] 중에서 이른바 五家七宗이 나와 儒學과 詩文에 큰 영향을 주면서 지식인 계층의 지지를 받았다. 이렇게 선종이 융성하게 되자 禪院의 행사규칙인 백장청규가 마련되어 불교계는 물론 일반 사회계층의 실천도덕으로 환영을 받게 되었다.

唐代에는 인도에서 새로 전래되어 성립된 종파로서 法相宗[唯識宗]과 密宗이 있다. 법상종은 玄奬을 개조로 하고 『唯識經』을 중심경전으로 하였으므로 유식론이라고도 한다. 현장은 629년(貞觀 3년)에 인도에 가서 17년간 각국을 순방하면서 불교를 연구하고 많은 경전을 가지고 돌아와(645) 太宗의 특별한 보호 하에 불경을 번역하는데 진력하였다. 현장은 종래의 불경번역이 大意를 중시하고 文法)을 소홀히 한 점에 착안하여 文法을 중시하니 여기에 불경번역은 새로운 국면을 맞이하게 되었다. 그가 번역한 경전은 鳩摩羅什의 舊譯에 비하여 新譯經典이라 구분하게 되었다. 현장 후에는 義淨도 해로로 인도에 갔다가 돌아와 불교경전의 번역에 종사하였으므로 법상종은 장안에서 융성하였다. 밀종은 현종시대에 중국에 온 善無畏, 金剛智, 不空 등 이른바 開元의 3大僧에 의하여 전파되었는데, 동진시대에 전래된 잡교에 반하여 이를 순수 밀교라고 한다. 밀종은 『大日經』을 받들고 眞言秘密의 법을 배우는 祈禱宗으로 특히 국가의 보호를 받았던 승려 不空에 의하여 널리 퍼져나갔다. 이러한 불교의 여러 종파는 당말 무종의 불교

탄압으로 쇠퇴하였으나 禪宗만은 중국적인 불교로 발전하면서 중국 불교의 大宗이 되었다. 뿐만 아니라 선종은 침체된 유학에도 자극을 주어 宋代 性理學[朱子學] 발전의 원동력이 되었다.

중국에 전파된 불교는 몇 가지 중요한 역사적 사명을 완수하였다. 먼저 불교가 중국적인 종교로서 사회적 역할을 감당하기 위해서는 인도불교와는 그 성격이 달라지지 않을 수 없었다. 석가모니가 설법한 理性的이며 철학적인 불교 교리는 중국인의 사상이나 국민성에 맞도록 변모하였다. 즉, 불교는 통치자와 지배자층의 특권적 지위를 위엄 있게 꾸며주고, 그들의 권위를 유지하기 위하여 신비적이며 呪術的인 종교로 변모하였고, 이에 따라 큰 사찰과 불탑, 불상이 민들어졌다. 기도를 위하여 불경을 소리 내어 읽고 성대한 法會를 개최하였다. 이러한 행사가 국가적인 규모로 행하여짐에 따라 불교는 국가목적에 부합하는 호국불교로 변화하면서 정치와 종교가 서로 밀접한 관계를 갖게 되었다. 물론 인도불교에 있어서도 이러한 요소는 없지 않으나 중국불교에서는 그 경향이 더욱 강하고도 철저하였다.

이와 아울러 불경의 번역도 중국식으로 진행되었다. 중국에 전파된 불경은 陀羅尼경을 제외하면 거의가 漢字로 번역되었다. 이는 바로 漢字에 대한 우월감과 자부심을 지니고 있는 중국인의 중화의식의 발로라 하겠다. 그리하여 불교전래 이후 천여 년 간 역경사업은 계속되었고, 그 결과 세계의 번역사상에서 그 유례를 찾아 볼 수 없는 방대한 漢譯 대장경이 성립될 수 있었다. 이 과정에서 수만자에 달하는 새로운 글자와 어휘를 창조하게 되었으므로 중국어의 어휘나 내용이 불경을 통하여 보다 다양해지고 풍부해졌다. 또 불교사상도 점차 중국의 전통문화 속에 새로운 문화요소로 발전하게 되었다. 따라서 唐代의 詩文 가운데에는 불교사상과 불교적 신비성이 깊이 담겨져 있고, 다음

宋代와 明代의 朱子學과 陽明學의 발전 및 道敎의 全眞敎 성립에도 결정적인 영향을 주게 되었다. 중국역사상 外來思想이 중국인에게 준 영향이 불교처럼 크고 오랫동안 지속된 예는 없다.

또한 불교의 발전은 중국뿐만 아니라 동아시아 각국에도 커다란 영향을 주고 있다. 특히 석굴사원과 불상, 탑파의 건축으로 예술방면에 끼친 공헌도 지대하다. 중국과 한국, 일본에서 현존하는 중요한 유물과 유적 가운데 불교예술과 관계없는 것이 드물 정도로 불교는 동아시아 문화에 큰 자취를 남겼다.

당대에는 많은 승려들이 求法을 위하여 서역제국과 인도를 여행하고 그들이 지나간 지방과 국가에 대한 자세한 견문을 저술로 남겨 놓아 역사지리연구에 중요한 사료가 되고 있다.

이와 함께 불교는 중국의 과학발전에 많은 공헌을 하였다. 이 당시 세계적 수준을 자랑하던 아라비아의 이슬람과학이 서역을 거쳐 중국에 전래되었는데, 특히 천문학과 수학은 승려에 의하여 전파되었다. 종교와 천문학은 밀접한 관련이 있고 수학 또한 불가분의 관계가 있기 때문에 이들 과학은 불교를 통하여 중국에 수입되었다. 현종의 개원 연간에 만든 大衍曆은 가장 정밀한 달력으로 승려 一行이 제작하였다. 천축국의 승려 龍樹大師는 안과의술에 뛰어났고 『醫論』이란 책을 지었다. 이 밖에 최면술과 안마법, 장생술 등이 천축국에서 들어오고, 많은 의학 서적이 승려에 의하여 번역되기도 하였다.

## 6) 東아시아 불교문화권의 형성

위진남북조시대는 중국사회가 내부적으로 혼란이 계속되었으나 東아시아 文化의 발전이란 관점에서 보면 대단히 활력이 넘치는 시대이다. 종교 특히 불교의 교류를 통하여 한국·일본과 교빙과 조공관계가 활발하게 전개되었다. 동아시아 문화에서 불교의 영향은 너무나 크다. 불교가 중국에 들어와서 발전하기 시작한 것은 위·진 남북조시대이며 다시 東아시아 각국(한국, 일본, 월남)으로 전파되면서 불교문화권을 성립시키고 나아가 東아시아 문화권의 기본요소로 발전되어 나갔다.

중국의 불교가 고구려에 전파된 것은 서기 372년(소수림왕 2년)으로 이때 前秦王 符堅이 중 順道로 하여금 불상과 불경을 보낸 것이 시작이다.

백제에는 침류왕 元年(384)에 東晋으로부터 胡僧 摩羅難陀가 들어와서 宮廷內에 佛法을 전하고 이듬해 佛寺를 漢山에다 건립한 것이 불교전파의 시작이었다. 여기에서 주목되는 것은 胡僧 마라난타 및 신라에 불교를 전한 墨胡子의 이름이다. 이들은 분명히 중국인은 아니며 『三國史記』의 기록에서 胡僧으로 표현한 것을 보면 西域人이나 인도 아리안 계통의 이방인이었음에 틀림이 없다. 新羅에 불교가 처음 전파된 것은 5세기경 묵호자에 의해서라고 하나 그 후 140여년이 지난 法興王 14년(527)에 異次頓의 순교를 거쳐 비로소 불교가 공인되었다.

한편 日本에 불교가 전파된 것은 서기 552년 백제의 聖(明)王 때 怒利斯致契가 불상과 불경 등을 전한 것이 처음이다. 중국문물의 日本 전파는 唐代에 이르러 遣唐使를 파견하여 직접 수입하기 까지 주로 백제를 통하여 이루어졌다.

이렇게 볼 때에 불교는 종교적인 범위를 훨씬 벗어나서 불교를 통하여 승려의 내왕이 빈번해지고 문물의 교류가 추진되면서 동아시아 세계의 문화교류에 중요한 작용을 하게 되었음을 알 수 있다.

# Ⅳ. 宋代 士大夫의 忠孝意識 연구

## 1) 머리말

송대는 중국사의 전체적 흐름속에서 확실히 특징적인 시대로 볼 수 있다. 특히 유학사에 있어서 漢唐의 訓詁學的 경향에서 벗어나 새로운 우주관과 인성관을 모색하게 되는 宋學이 발달한 것은 사상적인 면에서 커다란 발전이라 하겠다. 이러한 宋學은 송대 사대부의 士風을 형성하는데 중요한 작용을 하게 되었으며 특히 사대부의 忠義, 孝義 의식에 결정적인 영향을 주게 되었다. 宋代는 중국역사 가운데 특히 충신과 효자가 많이 나온 시대로서 이들이 배출된 배경에는 충효사상을 중시하는 시대정신이 있었기 때문이라 생각되며 이러한 宋代의 시대정신을 이끌어 나간 것이 사대부계층이라 하겠다. 그런데 宋代의 士風은 비단 宋一代 뿐만 아니라 후세의 중국은 물론이고 주변의 여러 나라 특히 朝鮮과 日本에도 영향을 미쳤으며, 중국의 경우도 明代의 사대부는 그들의 행동의 모범을 송대 사대부에서 찾고 있으며 충효의식 면에서 송대 사대부의 행동을 높이 평가하고 있다. 송대는 문치주의의 결과로 兵弱化하여 내외로 병란이 많았던 시대이며 이러한 국난에 처하여 사대부가 취한 행동의 과감성은 높이 평가되어야 할 것이다.

여기에서는 먼저 송대 사대부 사이에서 충효의식이 성립되는 시대적인 배경을 살펴보았다. 특히 송대의 士風은 仁宗의 慶曆年間에 진흥되었다고 하는 것이 일반적 견해이지만 충효의식의 발전 면에서도 이 시기는 중시될 수가 있다. 다음에는 宋學의 특징과 그것이 사대부의 충효론에 작용한 요인을 밝혀 보고 아울러 송대 사대부들이 실제로 어떠한 충효론을 지니고 있었는가를 그들의 문집을 통하여 살펴보았다. 그리고 宋史의 忠義열전과 孝養열전을 분석하여 여기에 등재되어 있는 인물들의 출신과 관직을 검토하고 그들의 충효행동이 어떻게 전개되어 나아갔으며 사대부는 이들의 행동에 대하여 어떠한 반응을 일으키고 있는가를 찾아보았다.

송대 사대부의 충효의식을 다루는 데는 道義的인 입장과 역사적인 현상을 아울러 고찰하여야 하는 이중적인 면이 있다. 도덕적인 방향에서의 검토는 자칫하면 충효사상의 일반론이 될 위험성이 있다. 이러한 점을 고려하여 가능한 한 역사적 입장에서 검토하겠다.

## 2) 忠孝意識 성립의 배경

唐末.五代의 혼란기는 유교적 도덕기준으로 볼 때에 타락한 시대로 규정 할 수 있다. 歐陽修의 新唐書나 新五代史에서는 이를 분명히 하고 있고 宋史의 忠義列傳[1] 서문에서도

> 士大夫 忠義之氣 至於五季 變化殆盡

이라고 개탄하고 있다. 이러한 唐末五代의 시대상은 송대의 문치주의 정책에 의하여 일변하였다. 송대의 士風이 慶曆時代를 고비로 일변하게 되었다는 顧炎武의 견해[2]가 있다. 顧는 宋의 국초에는 아직 五代의 풍습이 그대로 존속되어 士風으로서는 볼만한 것이 없었으나 眞宗., 仁宗시대에 들어와서, 특히 慶曆年間(1041~1048)에 이르러 士風

---

1) 『宋史』卷446 列傳 卷 205 忠義(以下 宋史忠義 列傳이라 略함)

2) 『日知錄』卷 24 宋世風俗條

이 크게 진흥되고 소위 慶曆의 治로 일컬어지는 황금시대를 맞이하면
서 사대부의 기풍이 크게 달라졌다고 주장하고 있다. 이에 대해서 宮
崎市定교수는 송대의 여러 자료를 인용하여 반론3)을 제기하면서 慶
曆의 士風은 도리어 당쟁의 폐해를 일으키는 불씨가 되었다고 하였다.
그러나 천하의 정치를 논의한다고 하는 원칙은 좋은 일이며 天子의
門生으로서 천하를 위해서는 분골쇄신하여도 조금도 싫지 않다고 하
는 기개를 美風으로 생각하게 되었다고 論하고 있다.

　眞宗.仁宗 시대는 문치주의 관료체제가 확립되어 나아가는 시대이
며 사대부 사이에 있어서 유교적 名教論이 뿌리를 내리게 되고 忠孝
意識이 발전된 시기로 볼 수 있으니

　　眞 仁之世 田錫 王禹偁 范仲淹 歐陽修 石介 諸賢 以直言讜論 倡于
　　朝 於是中外縉紳知以名節 相高廉取 相尙盡去五季陋矣 故靖康之變 志士
　　投袂起而勤王 臨難不屈 所在有之 內宋之亡 忠節相望 班班可書 匡直輔
　　翼之功 蓋非一日之積也4)

라 한 사실로 이를 살필 수가 있다. 慶曆年間에 있어서의 사대부의 기
풍에 대한 문제는 아직도 논란의 여지가 충분히 있는 것으로 생각되
지만 唐末.五代 이래에 타락된 유교적 가치기준이 이 시기를 고비로
하여 변화되었으며 특히 사대부간에 충의사상이 고조되기 시작한 것
이다.

　그런데 慶曆年間에 있어서 사대부의 충의의식을 고조하게 만든 학
자로는 胡瑗(安定)과 孫復(泰山)을 꼽을 수가 있으며5) 이들 두 사람

---

3) 宮崎市定, 「安代の士風」, 『アジア史硏究』 第三. 156쪽. 참조.

4) 『宋史』 忠義列傳序

5) 吉田 剛, 『宋代の義氣』, 文化書房博文社.18〜25쪽. 참조.

은 모두가 慶曆時代의 士風을 형성하는데 중요한 역할을 한 范仲淹에게 깊은 영향을 준 인물들이다. 그런데 胡瑗과 孫復은 唐代의 춘추학자인 陸淳의 영향을 받고 있다. 陸淳의 春秋學은 胡瑗의 『經柱』와 孫復의 『尊王發徹』를 通하여 송대의 春秋學에 영향을 남기었고6) 이는 송대 사대부의 충의사상 형성에 밀접한 관계가 있다.

春秋學의 근본이 되는 뜻은 正名에 있고 송대는 특히 外患을 자주 당하였으므로 正名大義에 입각하여 존왕사상을 고취하게 되었다. 春秋家는 사대부로 하여금 존왕을 불러일으키어 국운의 陵夷를 방어하는 중대한 힘이 되도록 사상적 뒷받침이 되어 주었다. 宋代의 春秋解經中에서 존왕사상의 고취와 긴밀한 관계를 갖게 된 것이 바로 孫復의 春秋尊王發微(12卷)를 들 수가 있겠다.

본서는 존왕을 강조하고 "攘夷狄 救中國之功"은 孫復이 존왕을 고취한 유명한 말로 그의 존왕사상의 근본이기도 하다.

春秋尊王發微에 이어서 송대의 春秋學에 특이성을 보인 것이 葉夢得의 『春秋考』(16卷)이다. 본서에서는

人之所以爲人者 莫大于禮義 國之所以爲國者 亦莫大于禮義7)

라 하여 禮敎와 名分을 강조하고 있는데 이러한 대의명분론도 역시 송대 사대부의 충의의식 형성에 영향을 주었음을 알 수 있다.

蕭楚가 지은 春秋辨疑(4卷)는 왕권을 보존하는 것이 尊王의 第一義로 강조하고 있다. 蕭楚의 문인 胡澹淹은 紹興 8年에 「上高宗封事」를 주상하여 秦檜의 미움을 사서 削官, 귀양을 가게 되었으나 尊王思思으

---

6) 諸橋轍次, 「儒學の目的 宋儒(慶歷至慶元 百六十年間) 活動」, 368쪽, 참조.
7) 『通論』卷 第1.

로 소신을 굽히지 아니하였다.

이와 함께 송대 사대부의 尊王思想 진작 영향을 끼친 것은 春秋解析을 꼽을 수 있다. 春秋經史의 第一人者로 일컬어지는 孫覺은 春秋經解(15卷)를 지어서 抑覇尊王을 고창하였다. 그런데 송대의 解經의 尊王化는 비단 春秋에 그치지 아니하고 역사학이나 論語學에서도 나타나고 있는데 歐陽修는 舊唐書列傳의 配列方法에 대하여 비판을 가하여 그의 부당함을 통박하고 있다.[8] 舊史(舊唐書)는 良吏를 환관의 뒤에 놓았고 충의를 혹리의 뒤에 두었으니 이는 소인을 먼저하고 군자를 후로 하는 것이라고 반박하였고 新唐書에는 충의열사를 장려하고 있다. 이 밖에 鄭汝諧는 紹興의 진사로서 論誤原意를 지었는데 그 뜻은 尊王으로서 聖經의 귀결로 하였다.

송대에는 북방민족의 군사적 압박에 시달리었으므로 國論으로서 충의사상과 밀접한 관련을 갖고 전개된 것이 復讐論이다. 먼저 북송시대에 劉敞의 復讐論[9]이 있고 王安石의 復讐解[10]가 있는데 이는 주로 일반 개인간의 인적관계를 논하고 있다. 남송시대는 華鎭의 復讐論[11] 胡銓의 以忠報怨論[12], 高欺得의 復讐論 등이 있다. 이들은 북송시대와는 달리 모두 公羊復仇의 설을 추연하여 중원국가의 讐를 논급하면서 북방민족에 대하여 復讐를 강조하였고 이것은 사대부의 국가에 대한 충성을 나타내는 중요한 마음가짐이라고 주장하고, 陣亮의 及弟謝思의 詩에도

---

8) 內藤虎次郎, 『支那史學史』 241~253쪽, 참조.

9) 『公是集』 卷 41.

10) 『臨川文集』 卷 70`

11) 『雪溪集』 卷 20

12) 『澹庵集』 卷4

復讐自是平生志 勿謂儒臣鬢髮蒼[13]

이라 하여 사대부의 국가에 대한 마음가짐에는 북방의 金에 대한 복수심을 평생 동안 잊지 말아야 한다고 강조하고 있다. 朱熹의 戊午讜議序에도

若夫有天下者 承累世無疆之統 則亦有萬世心報之讐.....國家靖康之禍
二帝北狩 而不還 臣子之所痛憤怨病 雖萬世而必報其讐者蓋有在矣[14]

이라 하여 남송시대 사대부의 복수심의 氣風을 나타내고 있다.

王應麟도 公羊傳 隱公 11年條의 臣不討賊 非臣也[15]를 들어 복수를 강조하고 있다. 이러한 경향은 특히 남송시대에 더욱 강하게 나타나고 있는데 이는 남송의 정치적 상황과 관계가 깊고 사대부의 충의론의 또 다른 경향이라 하겠다.

이상과 같은 復讐論은 비단 君王에 대한 충의론에만 국한된 것은 아니다. 父親에 대한 효의면에 있어서도 적용되었으니 宋初의 李璘은 자기 父를 죽인 원수인 陳友를 평생 찾아다니다 죽이고 父의 원수를 갚았는데 太祖는 李璘을 壯하다고 하여 무죄로 석방하였고[16] 太宗 또한 甄婆兒가 母親을 살해한 원수를 갚기 위해서 '大讎不報 何用生'이라 하여 원수인 董知政을 打殺하니 구가는 그를 嘉賞하게[17] 여긴 점 등은 모두가 春秋學의 영향이다. 이리하여 송대 춘추학의 특징으로서

---

13) 『宋史』卷 406, 陳亮列傳.
14) 『朱文忠公文集』卷 75.
15) 『玉海』卷 64.
16) 『宋史』卷 465, 列傳 第215 孝義列傳(以下宋史 孝義列傳이라 略함) 李璘
17) 『同上揭書』同卷 甄婆兒

는 외환의 침략을 각성하여 春秋解의 尊王化를 촉진하고 南渡를 분개
하면서 春秋解의 復讐化를 강조하였고 이에 따라서 국세의 挽回를 꾀
하였으니 이것이 특히 남송시대의 사대부의 충의의식에 깊은 영향을
주게 된 사상적 바탕이라 하겠다.

따라서 靖康의 變 이후 남송시대에 들어 와서는 충의의 기풍이 더
욱 성행하였고 宋史 忠義列傳에 실려 있는 인물 가운데 상당수가 남
송시대의 인물로 구성되어 있다. 또한 사대부 가운데서도 충의를 받들
어 士氣를 進興시키려는 움직임이 일어났다. 남송시대의 忠論으로서는
高東登의 忠辭[8]과 胡澹淹의 忠辭[9]을 들 수 있는데 이 역시 당시의
사풍에 영향을 주었다.

紹興 5年 7月에는 靖康의 變 이래로 국가를 위하여 목숨을 바친 충신
을 모시자고 하는 운동이 있었고 이어 同 7年에는 薛弼이 上言[20]하여
충신의 廟를 세워 그의 충성을 기리고 春秋로 제사를 올리어 충의의 기
풍을 영원히 보존하자고 주장하였다. 이에 따라 樞密院과 三省에 詔하
여[21] 靖康元年 이래의 忠義死節를 조사하여 祠廟를 건립하게 되었다.
또한 紹興 13年에 史部侍郞 王攄英이 靖康. 建炎 시대의 충의열사들에
대한 列傳을 史館에서 편찬하도록 주장하여 실시되었다.[22]

이와 같이 남송시대 초기에는 金에 대한 적개심이 강하였고 사대부
의 충의의식 또한 격렬하게 진흥되었으니 이러한 사대부의 의식 속에
는 程頤의 의리의 學과 胡瑗과 孫復 그리고 周敦頤의 勤王.義理의 사
상이 영향을 주어 正氣의 연원을 이루게 된 것은 주목할 일이다.

---

18) 『東溪集』 卷 第1.

19) 『澹淹集』 卷 第2

20) 『宋史』 卷 25. 本紀 25. 高宗 2.

21) 『同上揭書』, 同卷

22) 『同上揭書』 卷 26. 本紀 26 高宗 3.

송대의 충효의식은 이상과 같은 사상적이며 시대적인 측면 이외에 문신관료제도상에 나타나고 있는 사대부(독서인신분)와 황제와의 관계에서 고찰할 수가 있고 특히 과거제도와 연관을 지어 생각할 수 있다. 宋代는 정치적으로 군주독재체제의 확립과 사회적으로는 사대부계층이 등장한 시대이다. 독재군주와 사대부 사이를 종적으로 연결시켜 주는 것이 과거제라 할 수 있다.

秦.漢帝國의 황제독재체제는 제도적인 면보다는 황제의 개인능력에 좌우된 家産的 통치구조이다.[23] 그러나 唐末 五代를 지나 宋의 재통일에 의하여 형성된 文臣官僚체제는 황제와 관료를 일종의 親子관계로 이러한 親子관계를 결합시킨 것이 과거제도이며 이에 따라서 황제에 의한 전제적인 지배체제가 완성되었다. 특히 宋初에 확립되어 후세까지 유지된 殿試制度는 진사합격자는 天子의 門生으로 천자와 관료의 상호 人的結合이 이루어졌다. 송대에 완성된 殿試에서는 等級만을 정하고 낙제자를 없앤 것도 天子의 報恩을 감사하게 생각하여 충성심을 갖도록 만들었다. 이리하여 殿試後에는 관직을 받게 되니 관직은 군주의 은총으로 주어지는 것으로 관료의 군주에 대한 내면적인 충성심을 강화하는 심리적 유대가 성립되었다.[24]

여기에서 송 이전의 군신관계와는 다른, 子가 父에, 아랫사람이 윗사람에게 순종하는 지배와 종속의 군신관계가 정립되었다. 宋 이후의 정치사상은 "군신간의 義는 천지간에 다져진 것으로 달아날(피할)곳이 없다"라고 한 莊子의 말이 가장 적절하게 적용된 것이다.

송대에 충신이 많이 나온 것도 이 때문이며 이것은 宋 이후 근세사의 한 특징이다. 그리하여 과거제도가 존속하는 한에 있어서는 사대부

---

23) 宮崎市定, 「前揭論文」 참조.
24) 宮崎市定, 『科擧』 참조.

는 언제나 천자의 측근에 등용될 수 있고 여기에 대의명분을 바탕으로 하는 忠義論이 성립되게 되었다. 실제로 宋이 멸망 할 때에 수많은 충신이 천자의 문생으로서의 자기 의무를 수행하게 된 것은 바로 천자의 利와 사대부의 利가 일치하는 바탕 위에서의 행동이며 이는 宋朝國家에 대한 충성이라기보다는 趙宋王朝에 대한 충의로 해석할 수도 있고 그 대표적인 例가 장원급제출신의 재상 文天祥과 같은 인물에서 찾을 수가 있다.

## 3) 宋學과 士大夫의 忠義論

宋學은 송대 사대부의 충효의식을 검토하는데 필수적으로 살펴보아야 할 사상이다. 왜냐하면 宋學은로 송대의 사풍와 밀접한 관련을 지니면서 발전되어 왔으며 송대 사대부의 의식구조를 형성하는 밑거름이 되었기 때문이다.

중국의 유교사상에 있어서 군신, 부자, 부부, 형제, 붕우의 五倫 가운데 가족관계 즉 孝의 윤리는 가장 우위를 차지하고 있었다. 明의 六諭나 淸의 聖諭은 모두가 孝를 제일조로 내세우고 있으나 忠에 상당하는 항목은 발견되지 않고 있다.[25] 중국의 가족도덕은 가족제도 내부에 있어서 인위적인 규제요소를 강화하지 않을 수 없었으며 이러한 전통적인 습속을 朱子學에서 五倫說을 신성시하는 결과가 되었다. 父子有親이 가족도덕의 근간을 이루는데 이것은 자연적 친애의 情을 바탕으로 한 것이며 이는 宋學을 완성시킨 朱子가 특히 역설하였다. 父子의 윤리는 형식적인 상하의 관계, 하급자의 恭順한 孝만이 강조된

---

25) 鳥田虎次, 『朱子學と陽明學』, 日本 出版社刊, 96쪽, 참조.

것도 부정할 수 없다. 충효의식과 밀접한 관계를 지니고 있는 宋學이 宋代의 忠孝論과 어떤 관계를 지니고 있는가를 검토하겠다.

宋學의 특징으로서는 正統主義의 확립을 들 수 있다. 육조시대의 정신생활의 특징은 가치의 혼란, 또는 가치의 倂在라 하겠다.[26] 유교적인 가치가 반드시 유일한 가치는 아니고 이 시대에 유행한 고전은 易經, 老子, 莊子의 세부류로 三玄이라 불렀으니 易經은 유교의 경전이기는 하지만 老子나 莊子와 같은 고전이다. 六朝 사회에 유교적 이념이 최고의 권위로 인정되지 못하였는데 이는 宋 이전의 五代에 있어서도 같은 현상으로 분열시대에는 유교적 윤리는 항상 사회적인 비판을 받고 그 권위가 실추되었다. 이러한 가치의 혼란상태에 강하게 반발하여 유교의 정통성을 강조한 것이 韓愈의 『原道』로 이는 宋學의 선구가 되었다.[27]

유교가 송대에서 정통성, 우월성을 주장하게 된 근거로서 도교, 불교의 一面性(단순한 外面主義)에 대하여 유교는 내면과 외면을 병합하여 파악하게 되었고 張橫渠는 內外를 합하여 物我를 평일하게 한다라고 하는 점에 도달한 것이다.[28]

宋學의 두 번째의 특징으로서 修身, 齊家, 治國, 平天下의 이상을 들 수 있다. 다시 말하면 도덕과 정치의 일치, 혹은 철학과 정치의 일치이다. 宋代에 禮記의 大學篇이 특히 강조되어 四書의 하나로 중시된 것은 새로운 이상주의로 보아야 할 것이다. 불교의 出家主義, 道家의 無爲自然이 송대에 와서 모두 극복되었으니 이 경우에 주의할 것은 治國平天下라는 순수한 도덕적인 사실, 즉 한사람 한사람의 사대부가 有德한 군

---

26) 吉川幸次郎, 「近世支那の倫理思想」, 『岩波講座倫理學』 第12册, 참조.

27) 狩野直喜, 『中國哲學史』, 岩波書店, 343쪽, 참조.

28) 『近思錄』 卷 2.

자가 되는 일 "君子 篤恭하면 天下 平正한다"라고 한 中庸의 말은 사대부가 실제로 천하국가의 정무를 담당하는 일까지를 포함하면 사대부는 이중원리에서 행동을 하게 되는 것이니 이것이 문제가 된다.

유교에는 父子天合에 대하여 君臣義合이란 명제가 있다. 禮記의 曲禮篇에 만약 父가 잘못된 행동을 하는 경우 子는 세 번 간하여 불청하면 號泣하여 隨之한다 하였다. 그러나 君에 대하여서는 臣은 三번 간하여도 불청하면 逃之한다는 기사가 있다.

유교적 세계(천하)는 국가와 가족(개인)의 두개의 중심축을 이루는 타원이다. 修身,齊家,治國,平天下의 이상이란 요컨대 이 타원을 圓으로 유지하려는 이상이다. 그것을 어느 쪽이 자기의 중심으로 끌어 들이려는 타원은 아니다.[29]

宋學에서의 修身,齊家,治國,平天下는 도덕주의적 특성이다. 그리하여 유교에 있어서 禮敎意識의 新版이라 할 수 있는 名敎의 개념으로 결정을 보게 된다. 송대의 도학주의적 관료의 上奏文이 천자 스스로가 마음을 바르게 하고 名節을 지키는 것에 의하여 천하의 難事가 해결된다고 역설하고 있는 것은 이에 유래하는 것이다.

父子天合, 君臣義合이 유교의 기초정리이며 朱子學도 이 테두리를 벗어나지는 못하였다. 그런데 忠臣은 不事二君의 사고방식은 朱子學 본래의 이론이라고는 볼 수가 없다. 君臣間에 [義가 합하지 아니할 때는 신하는 君을 떠난다]란 것은 신하의 正道라고 생각하는 일면과 또 한편으로는 孔孟이 出生國을 버리고 타국을 유랑한 것이 옳지 못하며 君,父가 어리석다하여 이를 떠나려는 것은 자기의 父가 어리석다 하여 이웃 할아버지를 父로 섬기려 함과 같다는 다른 일면이 있다.

宋代는 특히 후자의 입장이 북송초에서부터 강하고 사대부 사이에

---

29) 楠木正繼, 『宋明時代倫理思想と研究』, 廣池學園出版部, 287~293쪽, 참조.

지배적으로 의식되었다. 대의명분론에서 孟子를 배격하여 북송초·중기를 통하여 宋學 발흥과 동일시기에 사대부 사이에 유력한 흐름이되었다. 李覯의 『常語』, 司馬光의 『義盟』, 곽후의 『예원절충』 등이 그것이다.

그러나 朱子는 이러한 풍조에 대하여 자신의 태도를 다음과 같이표명하고 있다.

이구가 孟子의 혁명긍정을 비난한데 대하여 朱子는 孔子가 周王朝를 존중한 것과 孟子가 존중하지 않은 것은 단지 시대적 변화에 불과하며 時措(그때그때의 行動)의 타당성이 동일하지 않은 것에 불과하다라고 말하고 있다.[30]

朱子學 뿐만 아니라 군신관계를 말할 때에 臣은 최고의 우두머리(국가원수)와의 관계에 나타나는 관료로 해석되는 것이 알기 쉬운 경우가 있다. 臣이란 祿仕에 의하여 臣이 되고 致仕에 의하여 관직을 이탈하는 신분으로 君과의 관계가 도의적으로 해석되며 그 도의적인 것은 下級者로서의 上下도덕, 즉 복종의 도덕과 義合, 즉 道의 실천이라고 하는 두 가지 의미를 지니고 있다.

朱子의 四書集註에 있는 군신관계의 註釋도 예외 없이 義合이라고하는 선에서 일관되고 있다.

중국 고대의 유교에서는 부모에 대한 도덕을 가장 중시였다. 君에대한 도덕을 忠이라 하여 이를 孝와 대등하게 취급되기는 전국시대韓非子의 忠孝篇이 나타난 후에 忠孝가 병칭되었다. 東晉時代에 僞撰된 古文尙書 蔡仲之命에는 惟忠惟孝란 말이 있다. 晉宋間에 나온 孝子傳에 대해 梁代에는 忠臣傳이 저작되었다. 唐初에 편찬된 隋書에 기술한 誠節傳과 忠義傳이 있다. 唐末에는 武誼의 自古忠臣傳이 나타났으

---

30) 『朱子語類』 卷 13

며 북송에 이르러 海鵬의 忠經이 있다. 忠經은 孝經에 대한 것으로 통상 후한의 馬融의 作이라고 전해지고 있으나 실은 宋人의 편술과 관계가 있다. 이와 같이 忠을 숭상하고 충신을 예찬한 것은 시대가 내려옴에 따라 성행하였으나 이는 통일왕조를 유지하기 위한 덕목으로 정치인에 의하여 강조된 것이다.

그러면 이러한 宋學의 영향을 받아 송대의 사대부들이 실제로 어떠한 충효사상을 갖고 있었는가.

송대의 사풍이 仁宗의 經歷年間을 고비로 하여 변형되었다고 한다면 慶曆年間의 사풍진흥에 중요한 역할을 한 인물은 范仲淹이다. 그의 충의론을 살펴보자.

그는 사대부관료의 마음가짐으로 先憂後樂의 자세가 필요하다고 강조하고 있다. 즉 廟堂의 높은 곳에 있을 때는 그 백성을 걱정하고 江湖에 있을 때에는 그 임금을 걱정하여야 한다. 나아가도 걱정이고 물러서도 역시 걱정이다. 그렇다면 어느 때에야 즐거울 것인가 그것은 반드시 천하의 근심을 먼저 걱정하고 천하의 즐거움은 나중에 하는 것이 사대부관료의 국가에 대한 忠義心의 근본이라 하였다.[31]

先憂後樂은 范仲淹에서 시작된 것은 아니고 大戴禮의 曾子立事篇에 나오는 말이다. 이 말에는 위정자로서의 높은 사명감과 국가나 민족에 대한 깊은 책임감을 엿볼 수 있다. 范仲淹이 당시의 士風에 끼친 영향은 큰 바가 있고 그는 송대에 忠義名節의 대표적 인물로서 그의 忠義名節論이 송대 사대부의 忠義 기풍을 진작시킨 것이다.

歐陽修가 范仲淹의 문장을 평하여 文章論說은 仁義에 근본을 두고 있다[32] 고 한 말은 유명하다. 范仲淹은 성인의 도를 名敎로서 받아들

---

31) 『范文正公集』, 岳陽樓記.
32) 『范文正公集』, 神道碑文.

이고 학교교육을 중시하고 특히 학교교육에 經義를 중시하고 번잡한 漢唐의 訓詁學風을 배격하였다. 또 유학의 이념을 실현하여 인격도야의 學으로 經學을 중시하고 의리를 존중하는 학풍을 만들어 송대의 道學의 기반을 형성하였다.

陸九淵이 江西省의 南康 太守이었던 朱子들 방문하여 白鹿洞書院에서 朱子의 請에 응하여 論語에 나오는 君子는 義에 喩하고 小人은 利에 喩하다라는 一章을 講義하였다. 이 강의가 朱子를 감동시킨 것은 사대부의 志는 義에 두어야지 결코 利에 두지 않아야 함을 강조한 때문이다.

북송의 程頤(伊川)의 학동은 남송시대에는 陸象山 등의 觀念論學派, 朱子에 대표되는 道學派, 葉適, 陳傳良, 陣亮 등의 事功學派 로 나누어져 내려갔다. 극심한 모순을 내포하고 있는 남송사회의 변화에 대처하여 象山은 유학의 내용을 낭만화, 관념화하여 사대부들의 국가관, 세계관, 윤리관을 안정시켜 그 불안감과 위기의식을 극복하려 하였다.[33] 朱子는 유학을 道學化의 방향으로 발전시켜 새로운 윤리규범을 구성하고 이에 의하여 모순적 현실을 통제하고 인간의 의식을 결속시키고 안정시키려 하였다. 또한 陣水心은 유학의 왕도개념을 도식화하는 擬古主義를 채용하고 정교일치의 실제적 수단으로 정치 경제적 현실을 개혁하면 국가적 위기를 극복하고 민심을 수습할 수 있는 것으로 보았다. 劉用之가 朱子에 묻기를

忠이란 성실한 마음으로 생각됩니다. 誠은 인간생활에 없어서는 안 되는 것인데 어찌하여 임금을 섬길 때에는 忠을 강조하는 것입니까.

이에 대해 朱子는

---

33) 狩野直喜, 『中國哲學史』 참조.

부자.형제.부부 사이는 모두 천리자연으로서 누구도 愛敬을 모르는 자는 없는 것이다. 군신은 天理이기는 하나 이는 의리로서 결합된 것이다. 世人은 잘못하면 이를 잊어버리기 쉽기 때문에 군신관계에 있어서 반드시 忠을 말하며 이를 강조하게 되는 것이다. 例컨대 莊子는 子가 親을 愛하는 것을 命이라 하고 臣이 君을 事하는 것을 義라 하였는데 양자는 모두 천하의 기본적인 掟이다 라고 대답하고 있다. 이에 의하면 朱子의 군신관계는 본래로부터 피할 수 없는 인간의 기본윤리로 파악하고 있고 이를 단지 실천하느냐 못하느냐의 차이가 있을 뿐으로 생각하였다.[34]

朱熹의 天子·에의 忠言에 의하면

독재군주체제하에 있어서 모든 정무의 궁극적인 귀결은 천자의 자세에 달려있다. 孝宗은 남송 역대군주 가운데서도 가장 명군으로 알려져 있고 朱子에 대한 신임도 두터웠으나 여러 가지 사정으로 朱子의 능력을 충분히 활용하지 못하였다. 그러나 朱子는 上奏文과 進講등을 通하여 때때로 구체적인 獻策을 하여 帝心을 각성시켰으니 그것은 치열한 조국애와 심원한 사색, 짙은 사회통찰로 가득차 있으며, 민족주의의 고양, 인재등용에 의한 국가기본의 확립, 불교에 경도되어 있는 孝宗의 학문적 편향에 반성을 촉구하고 있다. 거기에는 정치는 단순한 통치기술로 생각하지 아니하고 반드시 일정한 학문과 이념과의 결합으로 처리하려 하였으나 虛無寂滅 空理空論을 배격하고 있으니 이러한 朱子의 忠言에는 현실적인 근거가 다분히 엿보이고 있다.[35]

다음에는 송대 사대부의 孝義에 대하여 생각하여 보자. 중국에서는 兩親의 喪을 당하면 관리는 일시 퇴직하고 三年喪에 服하는 풍습이

---

34) 『朱子語類』 卷 13.
35) 『朱子文集』 卷 13

있다. 만약 이를 실행하지 않는 경우나 또는 喪服期間이 종료하지 아니 하였는데 다시 관도에 나가는 것을 奪情起復이라 하여 名教의 죄인으로서 비난되었다. 이러한 관습은 孝의 義務가 공적인 의무에 우위하는 것임을 나타내 주고 있는 것이다. 여기에는 개인적, 대내적인 것으로서의 私에 대한 사회적, 대외적인 것으로서의 公] 의식이 확립되지 않고 있다. 朱熹는 때때로 公私의 구별을 말하고 있지마는 公은 天理요, 사는 人欲으로 비교하여 善과 惡의 同義語로 보고 있다. 君子의 心을 公으로 보고 小人의 心을 私라고 하여 私는 극복되어야 할 惡으로 생각하였다.

그런네 公私의 의무를 연속직인 깃으로 생각한 宋儒도 없지 아니하였다. 그들의 범신론적인 철학에 의하면 宋儒는 理를 우주 간에 존재하는 個物에 내재하고 있는 씨알로서의 가치를 부여함과 동시에 理는 個物을 초월하여 우주 그 자체에다 가치를 부여하는 세계 즉, 자연과 사회의 근본원리라고도 생각하였다. 이와 같은 세계의 원리로서의 理는 자연계의 물리적 질서로서 또는 사회의 도덕적 규범으로서 존재함과 아울러, 동일한 理는 本然의 性이다. 인간성에도 선천적으로 內衣하는 性이 있고 個人이 수양을 쌓고 人欲을 버리고 本然의 性(天理)에 돌아간다고 하는 것은 동시에 사회적 규범(天理)에 순응하는 것이다. 따라서 개인도덕과 사회도덕은 理에 의하여 직접으로 연속될 수가 있다고 보았다. 이리하여 사회도덕은 개인도덕에 해소되어 버리고 개인의 수양에 의한 도덕적 향상이 사회의 도덕화를 준비하는 것으로 생각하였기 때문에 중국의 고전은 도덕을 설교하는 것이 풍부함에도 불구하고 개인도덕의 영역에 관한 것일 뿐, 사회도덕에 관하여서는 설교를 결여하고 있다. 이러한 개인도덕의 영역에서 가장 값있는 것이 孝로서 孝는 인간행동의 기본이 되고 가족질서의 바탕이 되며 사회를 유지하는 綱目이 되는 것으로서 인간행동규범에 바탕이 되는 것으로 강조되고 있다.

　송대 사대부의 효의의 중심을 이루는 것은 近思錄이다. 이에 의하면 宋代의 孝養사상의 구체적인 일면을 엿볼 수가 있다. 먼저 父母를 봉양하는 방법에 대하여 伊川은

　　曾子(曾參)가 父를 봉양하는 법과 曾子의 子인 曾元이 父를 봉양하는 법을 비교하여 事親은 若曾子可[36]라고 하였다. 이는 曾子의 至孝를 찬양한 것으로 朱熹도 孟子集註에서 伊川의 이러한 입장에 서서 曾子의 孝心은 참으로 지극하다고 칭찬을 아끼지 아니하였다. 또한 父母가 이미 作故하였으면 자기의 생일에도 父母께서 자기를 양육하여준 노고를 생각하고 생전의 은혜에 감사하여 보통 때 보다도 비통함을 더하여야 하는데 飮酒歌舞를 즐기는 것은 옳지 못하며 父母가 健在하고 있으면 생일을 함께 즐기는 것이 마땅하다고 하였다. 또한 孝道의 한 表現으로서 父母의 墳墓를 극진히 받들고 있는데[37] 이는 孝道의 延長으로서 생각하였으니 어버이 生存中에 이를 섬기고 사후에는 분묘를 받들고 祭祀로서 봉사함은 바로 孝道인 것이니 이를 절대로 다른 사람에게 대행시켜서는 안된다고 하였다.[38]

## 4) 宋史 忠義列傳의 분석

　송사 충의열전에 등재되어 있는 忠義之士는 모두 253명에 달한다. 물론 이것이 모두 獨立傳으로 되어 있는 것은 아니고 타인의 列傳에 附傳되어 있는 것이 83명이 있다. 그러나 이같이 많은 數字는 중국정

---

36)『近思錄』卷 6 齊家之道
37)『同上揭書』同卷.
38)『張子全書』卷 15 (伊洛淵源錄 六 收錄)

사의 그 어느 열전에서도 볼 수 없으며39) 東部事略 忠義傳에서 송사
와 중복되는 忠義之士를 제외한 13명을 여기에 합치면 열전에 기록할
수 있는 忠義之士의 數는 실로 266명에 이른다. 송대는 대내·외적으
로 국사가 다난한 시대이기는 하지만 이렇게 많은 忠義士를 列傳에
실을 수 있었던 것은 정치적인 국난에만 기인하는 것은 아니고 송대
의 사대부 사이에서 충의사상이 그만큼 고조된 결과로 풀이할 수가
있으며 이는 宋學의 발달과도 밀접한 관계가 있다.

　宋史 忠義列傳에 기록되어 있는 인물을 송대사의 시대적인 사건과
관련하여 이를 다시 분류하여 보면 먼저 〈表 Ⅰ〉에서 볼 수 있듯이
對契丹 및 西夏와의 관계에서 목숨을 비친 인물이 16名으로 나타나
있고 〈表 Ⅱ〉에서 살 필수 있는 바와 같이 내란을 진압하는데 목숨을
다한 인물이 39명이 있다. 이를 합하면 55명으로서 이는 대부분이 북
송시대의 인물들이며 여기에 『東都史略』에 있는 13명을 포함시키면
68명이다. 이는 宋史 전체의 數에 비하면 그리 많은 것은 아니다. 다
음 〈表 Ⅲ〉에 忠義之士는 對金關係에서 목숨을 다한 인물로서 131명
이고 전체의 거의 절반을 차지하는 숫자이다. 마지막으로 〈表-Ⅳ〉는
對蒙古關係의 忠義之士로서 그 數는 76名이다. 이 밖에 국사에 대하여
극간을 하다가 목숨을 바친 極諫忠義之士로서 宋史 忠義列傳에 실려
있는 인물로서는 靖康의 變 때의 陳東, 歐陽澈이 있고 權臣 韓侂胄의
秕政을 비판하다 죽은 呂祖儉, 呂祖泰, 華岳이 있으며 史彌遠의 비정
을 극론하다 귀양가서 죽은 鄧若水, 楊宏中 등은 모두가 애국충정으로
국사를 비판하다가 권신들의 미움을 사서 죽은 인물들이다.

---

39)『新唐書』卷 191 列傳 116 忠義上에는 모두 34名의 忠義之士를 싣고 있으
　며『舊唐書』列傳 127上 忠義上下에는 44名의 忠義士를 기재하고 있다.
　『舊五代史』나『新五代史』에서는 忠義 孝義列傳을 세우지도 않고 있다.

그런데 이들 忠義之士가 갖는 공통적인 특징은 국가나 군왕을 위하여 목숨을 아주 가볍게 생각하면서 자기의 생명을 바치고 있다는 것이다. 열전을 읽으면서 마지막으로 그들이 생명을 바치는 순간순간의 정황은 옷깃을 여미게 하는 바가 있으며, 그 어떤 위협과 유혹에도 절의를 굽히지 아니하고 죽음을 택하는 義로움을 엿볼 수가 있다. 그리하여 같은 忠義之士라 해도 이를 區分하여 이르기를

然死節死事 宜有別矣 若敵王所愾勇往無前 惑銜命出疆 或授職守土 或寓官閑居 感激赴義 雖所處不同 論其損軀徇節之死靡二則 皆爲忠義之上者也[40]

〈表 Ⅰ〉對契丹 및 西夏忠義士

| 姓 名 | 出 身 | 事件 및 時代 | 死亡時官職 | 死亡情況 | 年齡 |
|---|---|---|---|---|---|
| 高 敏 | | 仁宗時西夏侵入 | 閤門祗後 | 戰功而死 | 46 |
| 張 吉 | | 仁宗時西夏侵入 | | 戰功而死 | |
| 景師忠 | 蔭 補 | 仁宗時西夏侵入 | | 血戰而死 | |
| 景師立 | 蔭 補 | 仁宗時西夏侵入 | | 血戰而死 | |
| 高永年 | | 仁宗時西夏侵入 | 麟州都巡檢 | 討伐有功病死 | 50 |
| 康保裔 | 武 人 | 眞宗時契丹侵入 | 指揮使 | 決 戰 死 | |
| 王 奇 | 武擧中第 | 溪洞灣侵入 | | 戰 死 | |
| 劉 平 | 進士出身 | 三川口戰鬪 | 涇原路將軍 | 被執殺害 | 68 |
| 任 福 | 衛 士 | 好水川 전투 | 涇原路副將 | 戰 死 | 61 |
| 王 珪 | 蔭 補 | 好水川 전투 | | 戰 死 | |
| 武 英 | | 好水 전투 | | 戰 死 | |
| 桑 懌 | | 好水 전투 | | 戰 死 | 40 |
| 耿 傳 | 蔭 補 | 好水 전투 | | 戰 死 | |
| 郭 諮 | | 西夏侵入 | 涇原路將 | 被執不屈殺害 | 30 |
| 朱友恭 | | 西夏侵入 | 涇原路副將 | 被執不屈殺害 | |
| 劉 詥 | | | | | |

---

40) 宋史 忠義列傳 序文

## 〈표Ⅱ〉 內亂鎭壓의 忠義士

| 姓　名 | 出　身 | 事件 및 時代 | 死亡時官職 | 死亡情況 | 年齡 |
|---|---|---|---|---|---|
| 馬　遂 | 武　擧 | 王則의 亂 | 北京指揮 | 反亂平定死 | 45 |
| 董元亨 | | 王則의 亂 | 通判貝州 | 反亂平定被執罵賊殺 | |
| 曹　覲 | | 儂知高反亂 | 知封州 | 被執反抗殺害 | 35 |
| 孔宗旦 | | 儂知高反亂 | | 大罵被殺 | |
| 趙師旦 | | 儂知高反亂 | | 大罵被殺 | |
| 蘇　緘 | 進士出身 | 熙寧8年蠻入寇 | 知英州 | 家人36人被殺自焚 | |
| 秦傳序 | | 李順의 亂 | 監　軍 | 赴火死 | |
| 詹良臣 | 蔭　補 | 方臘의 亂 | 縣　尉 | 蠻其關反抗死 | 72 |
| 彭汝方 | 蔭　補 | 方臘의 亂 | | 抗戰遇賊而殺 | 71 |
| 江仲明 | 宣和寇亂 | 無　官 | 罵賊死 | | |
| 趙師櫕 | 以勇爲武官 | 廣東賊 | | 戰賊死 | |
| 易　靑 | 以勇爲武官 | 廣東賊 | | 賊焚死罵不絶 | |
| 胡　斌 | | 紹定3年盜犯 | | 戰賊壯死 | |
| 范　旺 | | 兪勝作亂 | 巡檢司軍校 | 父子戰死 | |
| 馬　俊 | | 紹興2年反亂 | 砦　兵 | 反軍討伐妻子俱死 | 40 |
| 揚震仲 | 進士出身 | 吳職의 反亂 | 知大安軍 | 反抗自殺 | |
| 史次秦 | 進士出身 | 吳職의 反亂 | | 反抗自殺 | |
| 郭　靖 | | 吳職의 反亂 | | 反抗自殺 | |
| 趙士陵 | 太宗後係 | 李成叛亂 | | 宋成節義自殺 | 52 |
| 趙士眞 | | 劉滿至의 反亂 | 權知陽信軍 | 殺害 | |
| 趙士遵 | | 劉滿至의 反亂 | | 殺害 | |
| 孫　益 | 少豪俠 | 紹定中孝全亂 | | 戰　死 | |
| 顧　緒 | 少豪俠 | 紹定中孝全亂 | | 戰　死 | |
| 顧　珣 | 少豪俠 | 紹定中孝全亂 | | 戰　死 | 40 |
| 麟嗣復 | | 方臘의 亂 | 知體寧縣 | 宣撫使活躍死 | |
| 宋　旅 | 進士出身 | 方臘의 亂 | | 戰　死 | |
| 項　德 | 進士出身 | 宣和間盜亂 | | 引鄕兵戰死 | |
| 王　儔 | | 盜戚 方(建炎末) | 權通判廣德軍 | 抗戰死 | 30 |
| 朱嗣孟 | | 盜戚 方(建炎末) | | 抗戰被殺 | |
| 劉　晏 | | 建炎初丁進의 亂 | | 討伐被殺 | 40 |
| 鄭　振 | | 紹興6年 詹鐵父亂 | | 討伐被殺 | |
| 孟彦卿 | | 建炎3年 反亂 | 通判潭城 | 引民兵抗戰死 | |
| 高　談 | | 紹定2年 盜亂 | | 盜와 談判被殺 | |
| 連萬夫 | 將仕郎 | 建炎4年 盜亂 | | 引邑人抗戰被殺 | |
| 謝　皐 | | 李城의 亂 | 鎭撫使統制官 | 不服所殺 | |
| 王大壽 | | 王子靖의 亂 | | 戰　死 | |
| 薛良顯 | 進士出身 | 周德의 亂 | | | |
| 唐敏亢 | 進士出身 | 盜 起 | | 抗戰被殺 | 49 |
| 王師近 | | 盜 起 | 巡　檢 | 力戰遂死 | |
| 王忠孝 | | 楊貴의 亂 | | 力戰遂死 | |

〈表 Ⅲ〉 對金 忠義列士

| 姓　名 | 出　身 | 事件 및 時代 | 死亡者官職 | 死亡情況 | 年齡 |
|---|---|---|---|---|---|
| 李若水 | 上舍登第 | 靖康의 변 | 太學博士 | 刃裂頸斷舌 | 35 |
| 劉　韐 | 進士出身 | 靖康의 變 | 河東宣撫使 | 自 殺 | |
| 傅　察 | 進士出身 | 靖康의 變 | 全國正旦使 | 殉死 | 37 |
| 楊　震 | 李弓馬 | 靖康의 變 | 安變巡檢 | 戰沒 | 44 |
| 張克戩 | 進士出身 | 靖康의 變 | 河 間 令 | 一家8人全死 | |
| 張　確 | 進士出身 | 靖康의 變 | 知 縣 | 戰 死 | |
| 朱　昭 | 以效用 | 靖康의 變 | 兵馬監押 | 自 決 | 46 |
| 史　抗 | | 靖康의 變 | | 父子三人戰死 | |
| 孫　益 | | 靖康의 變 | 福州觀察使 | 戰 死 | |
| 霍安國 | | 靖康의 變 | 知懷州 | 解衣面전死殺 | |
| 李　滑 | 蔭 補 | 靖康의 變 | 中 書 | 血戰遂死 | 53 |
| 李　邈 | 蔭 補 | 靖康의 變 | 靑州觀察使 | 死時顏色不變 | |
| 劉　翊 | | 靖康의 變 | 都黔轄 | 自의 | |
| 徐　揆 | 進士擧首 | 靖康의 變 | | 抗論所殺 | |
| 陳　遘 | 進士出身 | 靖康의 變 | 知華縣 | 守成戰死 | |
| 趙不試 | 太福六世孫 | 靖康의 變 | 知相州 | 民兵抗戰 | |
| 蔣興祖 | 蔭 補 | 靖康의 變 | | 抗 戰 死 | 42 |
| 吳　革 | | 靖康의 變 | 勤王軍大將 | 被 執 殺 害 | |
| 趙令崺 | 建炎初仕 | 建炎 3年 | | 壯 死 | |
| 唐　重 | 進士出身 | 建炎 3年 | 中書舍人 | 血 戰 死 | |
| 郭忠孝 | 蔭補進士 | 建炎 3年 | | 戰 死 | |
| 徐微言 | 武擧及第 | 救 太 原 | 知 府 | 死丁陳 | |
| 向子韶 | 進士出身 | 建炎 2年 | 知淮寧 | 宋城殺害 | |
| 楊邦父 | 進士出身 | 建炎 2年 | | 戰死 | 44 |
| 曾　忘 | 蔭 補 | 建炎 3年 | 通判溫州 | 家口40人戰死 | |
| 曾　悟 | 進士出身 | 建炎 3年 | | 무참히 살해 | |
| 劉　汲 | 進士出身 | 建炎 2年 | | 戰 死 | 33 |
| 鄭　驤 | 進士出身 | 建炎 3年 | 知 同 州 | 戰 死 | |
| 呂由誠 | 蔭 補 | 靖康의 變 | | 家族40人同殺 | |
| 郭　永 | 蔭 補 | 建炎初 | | 抗 戰 殺 害 | |
| 韓　浩 | | 建炎 2年 | | 戰 死 | |
| 王允功 | | 建炎 2年 | 北海縣丞 | 全 家 沒 殺 | |
| 周　中 | | 建炎 2年 | | 家族百人皆死 | 40 |

| 姓 名 | 出 身 | 事件및 時代 | 死亡者官職 | 死亡情況 | 年齡 |
|---|---|---|---|---|---|
| 周 幸 | 地方富豪 | 建炎 2年 | (周中의 弟) | 家族白人皆死 | |
| 歐陽珣 | 進士出身 | 靖康의 변 | 忠州學校授 | 講和反射焚死 | |
| 張忠輔 | 武 將 | 靖康의 變 | | 戰 死 | 46 |
| 李彥仙 | | 靖康의 變 | 募兵勤王 | 河 死 | |
| 召 雪 | | 靖康의 變 | 募兵勤王 | 抗 戰 死 | |
| 呂圓登 | | 靖康의 變 | 募兵勤王 | 抗 戰 死 | |
| 末 炎 | | 靖康의 變 | 募兵勤王 | 抗 戰 死 | |
| 趙 立 | 戰功爲武侯 | 建炎 3年 | | 決 死 | |
| 王 復 | | 建炎 3年 | | 抗戰 殺害 | |
| 王忠植 | 武功大夫 | 建炎 3年 | | 被 執 殺害 | |
| 唐 琦 | 衛 士 | 健炎間 | | 被 執 殺害 | 30 |
| 李 震 | | 精康의 變 | 小 校 | 抗戰死 | |
| 陳朮道 | 進士出身 | 靖康初 | | 嘔血被執殺 | |
| 崔 縱 | 進士出身 | 靖康初 | 金및 遼에 使臣 | 守節以死 | |
| 吳安國 | 太學進士 | 靖康初 | 使 金 | 使金環病死 | |
| 林仲之 | 進士出身 | 靖康初 | 使 金 | 十年守節死以金 | 50 |
| 林 郁 | 進士出身 | 靖康初 | 使 金 | 十年守節死以金 | |
| 林 震 | 進士出身 | 靖康初 | 使 金 | 十年守節死以金 | |
| 滕茂實 | 進士出身 | 靖康初 | 工部員外郎 | 使金憂憤死 | |
| 魏行間 | | 建炎 2年 | 以太學應募 | 奉使金卒 | 41 |
| 閣 進 | | 建炎初 | 使 金 | 南向就死 | |
| 李誠之 | 太學舍選第一 | 嘉定 14年 | 郡 守 | 力戰家族同死 | 50 |
| 秦 鉅 | 泰檜孫 | 嘖定 14年 | | 戰 死 | |
| 蔣興祖 | 蔭補 | 靖康初 | | 戰 死 | |
| 郭 滸 | | 宣 和 未 | | 師降反對衆殺 | |
| 吳 革 | 少好學 | 金人侵入 | | 張邦昌登極反對被殺害 | 51 |
| 李 翼 | | 精康의 變 | | 怒罵殺害 | |
| 阮 駿 | 紹聖進士 | 精康의 變 | | 被執罵被殺 | |
| 趙士跋 | 濮王曾孫 | 建炎 2年 | | 土豪와 戰死 | |
| 趙叔憑 | | 建炎 2年 | | 家人俱死無降 | 46 |
| 趙叔皎 | 秦悼王 4世孫 | 建炎 2年 | | 抗戰殺害 | |
| 趙訓之 | 王 孫 | 建炎 2年 | | 抗戰殺害 | |
| 趙事之 | 王 孫 | 建炎 4年 | | 抗戰殺害 | |
| 趙畾之 | 王 孫 | 建炎 2年 | | 抗戰殺害 | |
| 趙士醫 | 王 孫 | 建炎 2年 | | 兀木入冊戰死 | 40 |

| 姓　名 | 出　身 | 事件및 時代 | 死亡者官職 | 死亡情況 | 年齡 |
|---|---|---|---|---|---|
| 陳　淬 | 紹聖初下第 | 建炎元年 | | 抗戰俱死 | |
| 黃　友 | 十五入太學 | 建炎元年 | | 子와 함께 被殺 | |
| 郝仲連 | | 建炎元年 | | 誘之百方, 拒害 | |
| 劉惟輔 | 武　人 | | | 誘之百方, 拒害 | |
| 高子攄 | 武　人 | 紹興 5年 | | 誘之百方, 拒害 | |
| 韓　靑 | 武　人 | 紹興 5年 | | 力　戰　死 | 28 |
| 牛　皓 | 武　功 | 紹興 5年 | | 力　戰　死 | |
| 高　萬 | | 紹興 5年 | | 力　戰　死 | |
| 任　安 | | 紹興 5年 | | 力　戰　死 | |
| 泰　元 | | | | 力　戰　死 | |
| 薛　琪 | | | | | |
| 張　亨 | | 紹興 5年 | | 力　戰　死 | |
| 魏彥明 | | 建炎 2年 | 通判延安府 | 被執殺害 | 36 |
| 劉士英 | 武　功 | 靖康初 | | 守成焚死 | |
| 王　栗 | | 靖康初 | | 守成焚死 | 50 |
| 翟　興 | 少以勇 | 紹興元年 | | 被執祈殺 | |
| 翟　進 | | 紹興元年 | | 被執祈殺 | |
| 朱　蹕 | | 建炎 3年 | | 引鄕兵力戰死 | |
| 朱　良 | 儒科 | 建炎 3年 | 海鹽縣尉 | 引鄕兵力戰死 | 30 |
| 方允武 | 武學上舍補官 | 建炎 3年 | 尙州巡檢 | 引鄕兵力戰死 | |
| 襲　楫 | 世以儒學 | 建炎初 | | 金人臠割之 | 22 |
| 蔣子春 | | 建炎初 | 新塘敎授 | 怒罵殺害 | |
| 李　旦 | 進士出身 | 建炎末 | | 抗戰生死 | |
| 李道安 | | 建炎末 | | 抗戰被執送金 | 30 |
| 唐　佑 | 進士出身 | 建炎初 | 堤點京機刑獄 | 謨金被殺 | |
| 陽梓中 | | 建炎初 | 知　濮　州 | 守成不屈而死 | |
| 疆　霓 | 武功大夫 | | | 金과 再戰死 | 38 |
| 唐　傑 | | | | 金將과 戰死 | |
| 李　伸 | | | | 自　殺 | |
| 郭　僎 | 蔭補 | 東海縣尉 | | 抗金守義殺害 | |
| 郭　贊 | | 建炎 2年 | | 不服戰死 | |
| 王　迸 | 鄕擧 | 紹定中 | 固始主薄 | 自　殺 | |
| 吳從龍 | 武功郎 | | | 不服抗戰死 | |
| 孫昭遠 | 進士出身 | 建炎元年 | | 被執抗拒死 | |
| 曾孝序 | 蔭補 | 建炎元年 | | 父子被執殺害 | 79 |

| 姓 名 | 出 身 | 事件및 時代 | 死亡者官職 | 死亡情況 | 年齡 |
|---|---|---|---|---|---|
| 趙伯振 | 進士出身 | 建炎 2 | | 抗 戰 死 | |
| 王言士 | 武擧, 進士· | 靖康元年 | | 抗 戰 死 | 40 |
| 祝公明 | | 靖康元年 | | 父子抗爭死 | |
| 薛 慶 | 武人 | 靖康元年 | | 被執殺害 | |
| 孫 暉 | | 建炎 3年 | | 引民兵抗戰死 | 30 |
| 李 靚 | 楊熙丁元 | 紹興 13年 | | 引部曲抗戰死 | |
| 宋昌祚 | | 建炎 2 | 和州鈐割 | 抗 戰 死 | |
| 李 政 | 武擧 | | | 抗 戰 死 | |
| 姜 綬 | 勇士應募 | 金再侵時 | | 抗 戰 死 | 32 |
| 劉 宣 | | 金再侵時 | 兵馬都監 | 被執配曹州 | |
| 屈 緊 | | 建炎 2年 | 忠州防禦使 | 被執不服 | 40 |
| 王 緊 | | 建炎 4年 | | 不屈抗戰死 | |
| 韋永壽 | | 紹興 32年 | 統 制 官 | 父子抗戰死 | |
| 鄭 覃 | 貢于鄕 | 建炎 4年 | | 水中自殺 | |
| 姚 興 | 武翼大夫 | 紹興 31年 | | 抗戰死 | 50 |
| 陳亨祖 | | 紹興 末 | 知海寧府 | 家人五十人皆抗死 | |
| 王 拱 | | 建興元年 | 健康府前軍統制 | 戰死 | |
| 劉 泰 | | 金侵入時 | | 募兵戰死 | |
| 孫 逢 | 進士出身 | 張邦昌僭立時 | 太學博士 | 僭立反對疾卒 | |
| 李熙淸 | | 張邦昌僭立時 | 提擧官 | 僭立反對疾卒 | |
| 趙 俊 | 進士出身 | 建炎 末 | | 守節疾死 | |
| 姚邦基 | | 靖康中 | 知緯氏縣 | 抗戰被執杖死 | 30 |
| 劉化淯 | 進士出身 | 紹興 9年 | | 抗戰死 | |
| 胡唐老 | 進士出身 | 金 入 時 | | 抗戰被執殺 | |
| 陳 東 | 貢入太學 | 靖康의 變 | | 和議反對賜死 | 40 |
| 歐陽澈 | | 靖康의 變 | | 和議反對賜死 | |
| 馬 伸 | 進士出身 | 靖康의 變 | | 死黨結成抗戰 | |
| 眞 寶 | 僧 | 靖康의 變 | | 抗戰陸 | |

### 〈表 Ⅳ〉對蒙古 忠義列士

| 姓 名 | 出 身 | 事件및 時代 | 死亡者官職 | 死亡情況 | 年齡 |
|---|---|---|---|---|---|
| 高 稼 | 進士出身 | 寶慶 3年 | | 守塞戰死 | |
| 曾友聞 | 進士出身 | 北兵侵入時 | | 力戰死 | |
| 陳 寅 | 蔭 補 | 北兵侵入時 | 忠義民兵指揮 | 父子婦俱抗死 | |
| 賈子坤 | 進士出身 | 北兵侵入時 | 忠義民兵指揮 | 家人十二人俱死 | 40 |
| 劉 銳 | | 嘉熙元年 | | 父子俱死 | |
| 蹇 彝 | 進士出身 | 端平 3年 | | 戰死 | 41 |
| 何 充 | 秘書監之孫 | 端全 3年 | | 夫婦同死 | |
| 許彪孫 | | 德祐 元年 | 知成都府 | 戰死 | |
| 陳隆之 | | 德祐 元年 | 構城主薄 | 不降殺害 | 30 |
| 史季儉 | | 德祐 元年 | | 不降殺害 | |
| 王 翊 | 進士出身 | 北兵侵入 | | 井中自殺 | 40 |
| 陳元桂 | 進士出身 | 北兵至臨江 | 知臨江軍 | 抗戰死 | |
| 張 順 | | 北兵至襄陽 | 民兵部長 | 五年抗戰死 | |
| 張 貴 | | 北兵至襄陽 | | 五年抗戰死 | |
| 范天順 | | 北兵至襄陽 | | 五年抗戰死 | 38 |
| 牛 富 | | 北兵至襄陽 | 侍衛馬軍 | 五年抗戰死 | |
| 邊居誼 | 武人 | 咸淳 10年 | | 火攻焚死 | 20 |
| 陳 招 | 登第 | | 丹州縣尉 | 抗戰死 | |
| 王安節 | 戰功投官 | | 常 州 | 抗戰被執殺害 | |
| 尹 玉 | 補盜功僞巡檢 | | | 戰 死 | 40 |
| 李 芾 | | | | 妻子俱抗死 | |
| 尹 穀 | 進士出身 | 北兵臨安侵入 | 太學敎授 | 戰 死 | |
| 楊 霆 | 銓試第一 | 北兵臨安侵入 | 太學敎授 | 妻子와 俱戰死 | 44 |
| 趙卯發 | 上舍登第 | 北兵臨安侵入 | 權通判池州 | 訟時自決 | 50 |
| 唐 震 | 登第 | 咸淳 中 | 通判臨安府 | 家人俱戰死 | |
| 趙 興 | 爲嗣秀王 | 德祐 2年 | 廣察訪使 | 守節殉死 | |
| 趙盟錦 | | 德祐 2年 | | 水 戰 死 | |
| 趙 淮 | 丞相葵之從子 | | | 不服抗死 | 30 |
| 趙良淳 | 丞汝過曾孫 | 咸 淳 末 | | 投環 而死 | |
| 徒道隆 | 蔭補 | 咸 淳 末 | | 水 死 | |
| 姜 才 | 蔭補 | 咸 淳 末 | | 拾 戰 死 | |
| 馬 墍 | | 宋 亡 後 | 名 將 | 抗戰而死 | 46 |
| 密 祐 | | 宋 亡 後 | 累 官 | 抗戰刑遂死 | 20 |
| 張世傑 | 召爲小校 | 南 宋 末 | | | |
| 陸秀夫 | 進士出身 | 南 末 宋 | | 妻子俱抗戰水中死 | |
| 劉縣孫 | 進士出身 | 南 末 宋 | | 被執抗拒死 | |
| 徐應鑣 | 試補太學生 | 宋 亡 後 | | 自決焚書 | |
| 陳文龍 | 廷試第一 | 南 末 末 | | 被執不食餓死 | 40 |

| 姓 名 | 出 身 | 事件및 時代 | 死亡者官職 | 死亡情況 | 年齡 |
|---|---|---|---|---|---|
| 鄧得遇 | 進士出身 | 宋　末 | | 投南江而死 | 40 |
| 長　珏 | | 宋　末 | 戰功累官 | 抗戰自殺 | |
| 司馬夢求 | 進士出身 | 德祐元年 | | 望闕自經死 | |
| 林空齊 | 進士出身 | 德祐元年 | | 被執不屈而死 | 44 |
| 黃　介 | 喜兵法 | 德祐元年 | | 緊守中十三先不死 | 30 |
| 王　仙 | | 宋亡後2年 | | 抗蒙自刎斷 | |
| 曹　琦 | 進士出身 | 宋亡後2年 | | 抗蒙自刎斷 | |
| 吳楚村 | | 德祐元年 | | 引民兵抗戰被執殺 | |
| 李成大 | 進士出身 | 德祐元年 | | 二子와함께被執殺 | |
| 陶居仁 | | 德祐元年 | 錄事參軍 | 抗戰殺害 | 20 |
| 趙時賞 | 進士出身 | 德祐元年 | | 引民兵抗戰死 | |
| 趙　希 | 宗室 | 德祐2年 | | 被執不食而死 | |
| 劉子薦 | 蔭補 | 德祐2年 | 상縣尉 | 抗戰死 | |
| 黃文政 | | 德祐2年 | | 被執不屈死 | 46 |
| 呂文信 | 武功大夫 | 德祐初 | | 戰死 | |
| 鐘季玉 | 進士出身 | | | 抗戰死 | |
| 潘　方 | 進士出身 | | | 不屈被殺 | 20 |
| 恥世安 | 武翼大夫 | | | 抗戰水死 | |
| 丁　黼 | | | | 戰死 | 30 |
| 米　立 | 三代將軍 | 宋末 | 將軍 | 投降拒戰祈殺 | 30 |
| 楊壽孫 | | 宋末 | | 抗戰死 | 26 |
| 趙文義 | | 宋末 | 主　簿 | 抗戰死 | |
| 侯　福 | 武擧 | 宋末 | | 抗戰祈殺 | 40 |
| 高應松 | 進士出身 | 宋末 | | 納北不食不語七日卒 | |
| 張山翁 | 進士出身 | 德祐元年 | | 抗戰不服 | |
| 黃　申 | 進士出身 | 德祐元年 | | 抗戰隱山中卒 | |
| 陳　牽 | 進士出身 | 德祐元年 | | 抗戰被執亡自殺 | 50 |
| 簫雷龍 | 進士出身 | 德祐元年 | 臨安府學敎授 | 抗戰被殺 | |
| 宋應龍 | 儒生 | 德祐2年 | | 妻와 함께 刺殺 | |
| 鄒　鳳 | | 南宋末 | | 文天祥과 함께죽음 | 30 |
| 以下17名 | | | | | |
| 何　時 | 進士出身 | 南宋末 | | 抗戰삭발 變姓名 | |
| 陳子敬 | | 南宋末 | | 不和祈終 | 46 |
| 劉士昭 | 鍼工 | 南宋末 | | 自의 死 | |
| 王士敏 | | 南宋末 | | 被執處刑 | |
| 趙孟墨 | | 進士出身 | | 不屈磔死 | 45 |
| 趙　孟 | | | | 反亂擧事處 | |
| 莫謙之 | 僧 | | | 義士糾合戰死 | 30 |
| 徐道明 | 道　士 | | | 抗戰殺害 | |

라는 것이다. 忠에는 목숨을 다 하고 孝에는 힘을 다한다고 하는 孝經의 구절을 송사 충의전에서 실감할 수가 있다. 송사의 충의전에서 보면 거의 대부분이 목숨을 바치었으며 그것도 전사의 경우는 목숨을 바치고 끝났지만 被執되어 갖은 유혹과 강압에도 불굴하고 적을 매도하면서 가죽이 벗겨지고 혀가 잘리고 목을 불로 달구는 혹형에도 굴하지 아니하고 義를 지킨 例는 상당한 數에 달하고 있다. 흔히 송대 제일의 忠義之士를 文天祥이나 陸秀夫로 꼽지마는 列傳 가운데는 그러한 인물은 많이 살필 수가 있으며 그들은 목숨을 두려워하지 않고 죽음을 초월하고 있다.

또한 忠義之士를 출신별로 분석하여 보면 進士출신이 96명으로 단연 으뜸을 차지하고 있으며 이밖에 蔭補에 의하여 官界에 진출한 인물이 42명이나 된다. 이는 그들의 家系가 모두 사대부계층이라고 하는 것을 실증하여 주는 좋은 증거이다. 이밖에 진사출신이나 음보관으로 기록되어 있지는 아니하나 그들의 경력으로 보아서 이 범위에 넣을 수 있는 인물도 62명이나 된다. 이들을 가령 진사출신이나 蔭補官으로 본다면 그 數는 200명에 달한다. 송대 사대부의 충의의식과 과거제도가 서로 밀접한 관계를 지니고 있다는 앞에서의 이론을 증명하여 주는 뚜렷한 근거가 된다. 그밖에 과거에 합격한 인물이 16명이고 과거는 아니나 무인출신이 36명을 있는데 이는 진사출신이나 음보출신자에 비하면 적은 數字이다. 이로써 우리는 송대의 忠義之士의 대부분이 문신관료로서 형성되어 있으며 이들 문신관료는 송대의 사대부계층으로서 송대사대부의 충효의식이 단순한 사상만으로 끝나지 아니하고 행동화하였음을 살필 수가 있다.

## 5) 宋史 孝義列傳의 분석

宋史의 孝義列傳은 충의열전에 비하여 등재되어 있는 인물이 훨씬 적은 58명이고 부록되어 있는 32명을 합하면 모두 90명에 이른다. 이를 다시 그들의 孝行의 유형으로 분류하여 보면 먼저 자식으로서 父母의 원수를 갚은 경우를 둘 수가 있고[41)

다음으로 父母가 병들어 신음할 때에 자신의 살갗을 베어 父母의 병을 治療한 경우를 들 수 있으며[42)

또한 자기의 살갗을 베어주지는 아니 하였다 하더라도 가빈한 가운데에서도 父母를 극진히 모신 지효진성한 경우,

그리고 數代에 걸쳐 동거하면서 형제와 친족간에 孝悌가 돈목한 義家를 들 수가 있고[43)

이밖에 부모가 사망한 후에 장례를 모시는데 貧士成墳하고 묘곁에다 廬를 짓고 부모의 묘소를 극진히 받드는 경우를 들 수가 있다. 孝行에 대해서는 각 시대에 따라 특히 강조하고 있고 宋 이후의 元代에는 郭居敬이 편집한 二十四孝[44)가 있는데 이들 역시 송대의 효행에 영향을 받은 것으로 볼 수 있다.

이러한 孝行을 구체적으로 살펴보면 먼저 부모의 원수를 복수하는 경우는 이를 대단히 장하게 생각하였으니 孝義列傳의 卷頭에 이들을 배치한 것으로 보아서도 알 수가 있다.

李璘은 陳友가 五代의 晋의 開運末에 승란하여 자기 父와 家率三人

---

41) 『宋史』 忠義列傳 序文.

42) 『宋史』 孝義列傳 序에 [太祖太宗以來 子有復父仇而 殺人者 壯而釋之]라고 한 사실이 이에 해당한다.

43) 『同上揭書』 同條에 [刲股割肝咸見慶賞]이라고 한 사실.

44) 『同上揭書』 同條에 [至於數世 同居 復 其家一百餘年 孝義所感]이라고 있다.

을 살해한데 대해 宋初에 京師에서 陳友를 만나자 手刃으로 죽이고
자수하자 太祖는 이를 壯하다고 석방하였다. 또 甄婆兒는 10살 때에
그 母가 동리사람 董知政과 싸우다 피살되었는데 커서 형제들에게 원
수 갚을 것을 권하였으나 거절당하자 太讎不報 何用生[45]이라고 결심
하여 길에서 知和를 만나 도끼로 타살하여 母의 원수를 갚았다. 太宗
도 嘉其能復母特貸焉[46] 이라고 석방하게 되었다.

齊得一은 방어사 王萬敢의 횡포에 親屬 10餘人이 殺害되자 詣闕上
訴하여 마침내 萬敢을 처형하게 되었다.

劉斌은 그의 父가 從制인 志元에게 살해되자 그의 母는 父親의 원
수 갚기를 당부하였는데 景德中에 길에서 志元을 쳤으나 맞지 아니하
였다. 조정에서는 志元을 入墨귀양 보내고 斌을 석방하였으니 이는 모
두가 부모의 원수를 복수한 예로서 국가에서도 이를 효행의 표본으로
하여 장려하고 있음을 알 수 있다.

다음에는 부모가 병들어 신음할 때에 자신의 살갗을 베어 병을 고
친 예를 들 수가 있다. 이는 孝經에서 말하는 身體髮膚는 受之父母요
이를 훼손함은 바로 不孝라고 하는 정신과 배치되는 것이기는 하나
宋代에서는 이러한 孝行의 例를 많이 찾아 볼 수가 있다.

劉孝忠을 母親의 病이 3年이 지나도록 낫지 아니하자 割腹肉斷左乳
以食母하여 병을 고쳤고 呂昇은 부친이 실명하자 剖服深肝 以求父疾

---

45) 二十四孝는 元의 郭居敬이 編集한 것이 有名하며 24人은 다음과 같다.
　　1-舜, 2-前漢의 文帝, 3-周의 曾參(孝子中의 孝子), 4-周의 閔損 5-周의
　　仲由, 6-後漢의 董永, 7-周의 子, 8-後漢의 江革, 9-後漢의 陸績, 10-唐의
　　唐夫人, 11-晉의 吳猛 12-晉의 王祥, 13-漢의 郭巨, 14-晉의 楊香, 15-宋의
　　朱壽昌, 16-南齊의 庾黔婁, 17-周의 老萊子, 18-漢의 蔡順 19-後漢의 黃香,
　　20-漢의 姜詩, 21-魏의 王褒 22-漢의 丁蘭, 23-晉의 孟宗, 24-宋의 黃延緊
　　등을 들고 있다.
46) 『宋史』孝義列傳 甄婆兒

하였으며[47] 王翰은 모친이 실명하자 友目을 자결하여 睛補하니 母의 눈이 옛같이 밝아졌음을 심히 기뻐하고 있다.

成象은 부모를 孝로서 극진히 섬기었는데 모친이 병이 들자 割腹食之하여 완쾌시키니 정부에서 束帛醪酒로써 특별히 詔賜하였다. 麗天祐는 父親이 疾病에 들자 亦是 割腹肉하여 이를 먹이니 疾愈하였다.

이밖에도 割腹肉한 孝子의 例는 楊慶, 陳宗, 張伯威에서 그 실상을 찾아 볼 수가 있다.[48]

顧炘은 10살 때 喪父하고 20세에 모친이 병이 들자 50년간을 하루같이 具冠帶率妻子하여 모친의 병을 간호하면서 祈天刺血寫佛經數卷하니 마침내 母目이 빛을 보게 되고 90세까지 無病하였다고 한다.

이러한 孝行者의 共通點은 家貧하여 부모가 병들어도 약을 쓸 수가 없는 형편에 놓여 있음을 안타깝게 생각하여 自己自身을 희생하여 그 정성으로서 부모의 병을 완치시킨 것이다.

다음, 義門을 효행으로 간주하여 이들을 높이 旌表하는 예를 살필 수가 있다.

李罕澄은 七世同居하여 太平興國 6年에 旌表되었고, 許祚는 八世同居하여 長幼七白八十一口가 같이 생활을 하였는데 太平興國 7年에 其 門閭를 表旌하였으니 다시 淳化 2年에는 春夏에 걸식하니 詔하여 米千斛를 대여하였다.

이밖에도 求承詢은 十九世를 동거하였으니 李琳瀋의 경우는 십오세 동거, 孫浦와 常元紹, 王美, 董孝章, 惠從順 등은 十世同居하였고 趙廣順, 方綱, 高珏, 朱仁貴, 邢濬, 趙祚, 鄭彦圭, 俞儁 등의 경우는 八世同居하였으니 楊榮과 趙反, 李居世, 張可衆, 張珪 崔涼 등의 경우는 七世

---

47) 『同上揭書』 孝義列傳 呂昇.

48) 『同上揭書』 同卷.

同居者이며 王覺 曺遵, 張文裕 등은 六世同居하고, 童升, 樊可行, 元守 全, 殷德, 張居源, 劉芳, 瞿景鴻, 陣品, 褚彦逢 등은 五世를 同居하였으 니 張仁 ,王子大, 瞿事, 彭程 등은 四世同居者들이다.

이들의 동거하는 규모를 보면, 方綱의 경우 八世 동거하여 家率七百口 로 居室六百區의 거대한 집단을 이루어 화목하게 생활하였다. 景德 2年 에 戰運使 馮亮 以聞하니 詔㫌 其門하였고 天禧中에는 다시 侍御史 韓德 이 安撫江南使로서 돌아와 임금께 아뢰어 其戶雜科를 蠲하게 하였다.

陣競은 十三世同居하여 長幼七百口가 僕妾을 거느리지 않고 上下姻 睦하며 宗族千餘口가 世守家法하고 孝謹不褢閨門之內하였다.

徐承珪도 萊州 液人으로서 幼失父母하였으나 兄弟 3人과 其族 30人 이, 同甘藜舊衣服相讓 歷四十年不改[49]하였으니, 마침내 그들이 널리 알려졌을 뿐만 아니라 乾德元年에 詔를 내려 그들의 鄕名을 義戚里고 하였고 承睦에게 贊皇令의 관직을 제수하여 義를 높이 표창하였다.

특히 이들 累世同居하는 義門을 국가에서 表㫌하는 원인은 同族이 동거한다는 미속뿐만이 아니라 그들이 화목하고 효제를 실행하면서 생활하고 있다는 점을 들 수가 있다. 姚宗明은 仁宗代에 仁宗代까지 十世 동거하였는데 대대로 姚氏 門中에서 孝子가 나왔고 其家 睦孝不 替하였음을 알 수가 있겠거니와 이러한 일은 唐末 五代를 거치는 동 안에 흔하지 않았으니, 經唐末五代 子孫保守墳墓 骨肉不相離散 求之天 下未或有焉[50]이란 한 사실로 알 수가 있다. 이들 義家에 대해서는 국 가가 상을 주는 경우가 대부분이고 그 밖에 양식을 대여하여 준다던 가 관직과 의복을 내리는 경우와 進士及第를 시키는 등 여러 가지 면 에서 이를 장려한 것을 살필 수가 있는 것이다.

---

49) 『同上揭書』 同卷.

50) 『同上揭書』 同卷.

　다음에는 宋史 孝義列傳의 상당수가 부모가 돌아가신 후에 負土墳
墓하고 그 옆에 천막을 지어 묘소를 극진히 공양하는 孝를 孝門에 넣
고 있는데 그 數는 28명에 이르고 있다.

　崔居通은 母親이 死亡하여 廬墓三年에 甘露가 무덤위에 내려서 무
덤위의 풀이 살아났으며 黃德興는 父母를 장례하고 負土成墳하니 甘
泉이 그 곁에서 끌어 올라와서 무덤에 풀이 소생하자 詔하여 旌表하
였다. 易延慶은 父蔭으로 奉禮郎이 되고 부친이 사망하자 묘소 곁에
廬를 세워 지키고 저녁에는 집에 돌아와서 모친을 극진히 공양하니
京師 사대부들이 그의 孝誠을 칭송하고 모친이 병들자 관직을 사임하
고 봉양하나가 마침내 모친이 돌아가시자 從藥殯數年하니 학사인 蘇
易簡과 朱台符가 그의 孝誠을 찬미하였다.

　이 밖에 父나 母가 돌아가신 후에 負土成墳하고 廬於其側하여 孝子
로 알려진 인물을 보면 董道明(終身), 何保之, 李玭, 後義, 王光淸, 李
祈(27年間), 周善政, 江白, 周善政, 杜誼, 鄧中和(20年間), 王安興(3年
間), 李訪, 侯可, 支漸, 鄧宗友, 沈宣(30年間), 抑炘, 毛洵, 郭義, 若興齡
등을 꼽을 수가 있다.

　그런데 송대의 효의열전에 보이는 인물을 충의열전의 그것과 비교
하여 볼 때에 뚜렷하게 차이가 있다.

　첫째로 효의열전에 보이는 인물의 출신이 충의에 비하여 家格이 떨
어지며 몇 사람의 예외를 빼고는 과거나 음보로 관직에 나가지 못하
고 있다.

　둘째로 효의열전에 나오는 인물의 대부분이 극빈하다는 사실이다.
물론 가난한 가운데에서 부모를 극진히 봉양하는 것이 효자임에는 틀
림없겠으나 그들의 사회계층상의 지위는 사대부계급에 속하지 못하는
사람이 대부분을 차지하고 있다.

셋째로 효자들이 부모를 공경하는 것이 충의에서처럼 목숨을 바치는 것은 아니지만 온 정성을 다 기울이면서 희생적으로 부모를 섬기고 심지어는 자기의 살갗을 서슴없이 베어내서 부모의 병을 치료하고 있다는 사실을 알 수 가 있다.

## 6) 맺는말

송대는 중국역사상 가장 많은 忠義士와 孝義士가 배출된 시대이다. 이는 비단 송조가 거란, 여진, 몽골 등 북방민족의 끊임없는 시달림을 받으면서 국난을 겪었다는 외적원인 뿐만이 아니고 사상적인 면에서 宋學의 발전은 사대부로 하여금 충효사상을 중시하게 하였을 뿐만 아니라 이를 실천에 옮기게끔 사회풍조가 뒷받침 하였다.

따라서 송대 사대부의 충효의식 성립의 배후에는 송학의 발전이란 사상적인 배경이 있음을 살필 수가 있고 그 위에 송대는 황제를 정점으로 하는 문치주의 관료사회가 성립되어 사대부가 官僚로 진출하면서 天子와의 主從관계를 깊게 하였다. 사대부가 관료로 진출함에는 과거제도를 거쳐야 하고 이를 통하여 관료는 황제의 門生이라고 하는 자각을 하게 된다. 이러한 자각이 문신관료로 하여금 황제의 충성스러운 신하로 충성을 바치게 하였다. 그 위에 송왕조는 중국역사상 가장 많이 북방민족의 침입을 받은 시대로서 中華사상을 기반으로 夷狄에 대한 漢民族의 자긍심이 국수주의적 경향으로 흘러가서 사대부계층으로 하여금 중화를 능멸하는 夷狄들의 침입에 분연히 반발하게 하는 원동력을 형성하게 하였고 그 결과 사상적인 면에서의 충효의식이 발전되었을 뿐만 아니라 실제행동적인 면에서도 많은 忠義之士가 쏟아져 나오게 된 것이다.

송사의 충의열전을 분석하여 본 결과로 얻은 결론은 거기에 등재되어 있는 人員이 중국정사의 다른 시대와 비교하여 볼 때에 대단히 많은 인원이 등재되고 있다는 사실이다. 물론 송사의 분량이 중국정사의 다른 부분보다 많다고 하는 이의를 제기할 수도 있으나 인물 한사람 한사람을 분석하여 볼 때에 그들은 충의열전에 실어도 손색이 없는 인물이다. 이들 忠義之士의 상당한 수가 과거의 진사과에 합격하였거나 蔭補官 출신의 문신관료가 다수이고 이는 결국 송대 문치주의의 성과로 볼 수 있고 과거제도의 영향을 크게 받은 것으로 풀이될 수 있다. 다음에 이들 忠義之士의 시대 및 사건별로 분석하여 보면 對金關係의 인사가 가장 많고 다음으로 對蒙古, 그 다음이 국내반란의 진압, 對西夏 對契丹의 순으로 되어 있다. 또한 이들의 공통적인 면은 이상과 같은 여러 사건에 당하여 목숨을 바쳐 싸우다가 전사하였거나 항전하다가 붙들려 갖은 유혹을 받았으나 굴복하지 않았다. 중화민족의 자존을 굽히지 아니하고 적을 매도하다가 비참하게 죽임을 당하거나 국가의 멸망에 임하여 스스로 목숨을 끊는 인사로서 모두가 생명을 바치고 있음을 알 수 있다.

다음 孝義列傳에 등재되어 있는 인사는 충의에 비하여 수적으로 적고 그들의 출신이나 家格은 사대부계층은 드물고 대부분이 家貧한 상태에서 부모를 극진히 봉양하고 있다.

따라서 孝義에 대해서는 국가나 사대부계층이 이를 적극적으로 장려하기는 하였으나 실제로 孝道를 하여 열전에 오를 수 있는 인물은 사대부계층은 드문 형편이다.

국가가 위기에 처하였을 때 忠臣을 생각하게 되고 가정이 가난할 때에 賢妻를 생각한다고는 하지만 송대에 忠義之士가 그렇게 많이 배출되기는 하였으나 중국역사상 북방 이민족에게 전중국이 지배된 것이 바로 송대라고 생각할 때에 송대 충의지사의 노력에 한계를 느끼게 한다.

(『역사교육』 8집, 1964.)

# V. 司馬遷의 史記

## - 비극적 역사가의 위대한 역사서-

### 1) 머리말

司馬遷(사마천)은 中國 최초의 그리고 최고의 歷史家라고 말할 수 있다. 그가 지은 『史記』는 中國의 역사서 가운데서 가장 감동을 주는 名著로서 中國正史의 모범이 되었으며 그 내용과 文體는 中國을 비롯하여 그 주변 여러 나라에 많은 영향을 주었으니 우리나라의 『三國史記』는 바로 그 좋은 예라고 하겠다. 헤로도토스가 그리스와 로마세계의 역사서의 전통에 준 것보다 더 큰 영향을 司馬遷은 中國, 우리나라, 일본, 베트남에 주었다. 우리는 史記의 위대함을 인식하면서도 史記가 되기까지 司馬遷이라고 하는 한 사람의 인간이 겪은 고뇌와 비극에 대해서는 눈을 돌리려 하지 않는다. 인간은 위대한 역사적 사건에는 박수를 아끼지 않지마는 역사상의 비극적 불행에 대해서는 가급적이면 외면하려는 습성을 갖고 있기 때문이다.

司馬遷이 친구인 李陵을 변호하다가 武帝의 노여움을 사서 宮刑을 당한 수치심을 참으면서 史記를 완성하기까지의 경위를 사형수가 된 그의 知人「任安에게 보낸 편지」를 통하여 이 비극적 역사가의 발자취를 더듬고 史記의 가치를 다시 한 번 평가하여 보자.

### 2) 비극적 역사가 사마천의 생애

司馬遷은 前漢時代인 B.C. 145년에 태어나서 B.C. 86년(?)경에 사

망하였으니 60년의 생애를 보낸 셈이다. 司馬遷의 일생은 바로 前漢의 最盛期라고 할 수 있는 武帝시대(B.C 141~87 B.C)와 거의 병행하고 있고 司馬遷의 비극은 武帝와 밀접한 관계를 지니고 있다.

司馬遷의 一生을 전해주는 전기로서는 史記의 末尾에 附記한 그의 자서전이라고도 할 수 있는 「太史公自序」와 그리고 사형수인 친구 任安에게 보낸 편지와 後漢의 班固가 편찬한 『漢書』의 司馬遷傳을 들 수가 있다. 여기서는 이 세 자료를 중심으로 司馬遷의 삶과 『史記』 편찬 경위를 살펴보겠다.

司馬遷의 먼 조상은 周王朝의 宮廷 기록을 담당한 史官벼슬까지 거슬러 올라간다. 그의 부친 司馬談은 漢나라의 역사를 밑아서 기록하는 史官이며 동시에 훌륭한 儒學者이기도 하였다. 司馬遷이 태어나서 4년 후인 B.C.141년에 武帝가 즉위하는데 武帝는 그의 지배체제를 강화하기 위하여 儒敎를 國敎로 정하여 이후 儒敎가 中國의 官學으로 발전할 수 있는 기반을 마련하였다. 司馬遷은 10세 때에 太史令으로 임명된 아버지를 따라 출생지인 山西省 河津縣 근방의 龍門을 떠나 首都 長安으로 이사를 하였다. 감수성이 강한 그에게 首都 長安의 풍물은 신기함 바로 그것이었을 것이다.

그는 10세에 이미 고대의 문자(古文字)로 된 서적을 부친으로부터 익히게 되었고 20세가 될 때까지 이러한 훈련은 계속되었으며 이 10년간의 修學으로 그의 학문에 대한 훈련은 거의 완결되었다. 20세가 되자 넓은 中國천하를 몸소 보고 익히려고 여행을 떠났다. 당시의 지식 청년들의 일반적인 경향은 修學이 끝나면 官界로 진출을 하는 것이 보통이었지만 그는 官界로 나가지 않고 교통이 발달하지 못한 당시로서는 상상하기도 어려울 정도의 긴 여행의 길에 오르게 된다. 아마도 이 여행은 부친의 명에 의한 史料 수집이 그 중요한 목적이 아닌가 한다. 그는 長安을 떠나서 먼저 남으로 향하여 揚子江과 淮水 유역을 여행하면서 會稽山에 올라갔다. 회계산은 양자강 하류의 남쪽, 浙江省 紹興에 위치한 名山으로 그는 이 山下에서 고대의 帝王 禹가 들어갔다고 전하여지는 洞窟을 직접 답사하였다. 다음으로 西南地方으로 향하여 고대의 賢君인 제왕 舜이 묻혀있다는 湖南省 寧遠의 남쪽에 있는 九疑山을 두루 돌아보고 洞庭湖로 흘러 들어가는 沅水, 湘水에 배를 띄워 북쪽으로 黃河의 支流인 汶水 泗水를 건너갔다.

이 지역은 옛날 春秋·戰國時代(B.C.770~B.C221)의 齊나라와 魯나라의 옛 고장으로 고대문화의 중심을 이루어 높은 학문의 흔적이 남아 있고 孔子의 遺風을 직접 관찰할 수 있었다.

흔히 史記가 司馬遷의 머리와 손, 그리고 발로 쓰여졌다고 하는데 史記가 발로 쓰여졌다고 하는 것은 바로 司馬遷의 이와 같은 긴 여행과 답사에 의해서 이루어졌기 때문에 그렇게 말할 수가 있다. 司馬遷이 이러한 긴 여행을 하면서 吳, 楚地方을 지나서 고향의 龍門에 돌아간 것은 22세 때이었으니 꼭 2년의 세월을 周遊天下한 셈이다. 이 첫번째의 긴여행과 다음 두 번째의 中國 西方의 여행에 의하여 그는 中國의 거의 全土를 직접 見聞하고 고대의 遺蹟을 찾아보고, 村老들과 만나서 옛날의 傳說을 직접 듣고 그 지방의 풍속과 습관을 접하게 되었다. 이러한 성과는 史記의 각 편에 그대로 반영되어 있고 史記의 實證性을 더 한층 높여주고 있다. 史記에 실려있는 모든 地名은 과학적인 가치가 있고 신빙성이 높은 원인은 바로 이러한 데에 기인한다.

여행에서 돌아온 그는 22세에 처음으로 벼슬길에 나아가서 郎中이 되었다. 郎中은 宮中의 숙직을 맡은 비교적 낮은 직책이지만 宮中에서 天子를 접촉할 수 있는 기회를 가질 수 있으므로 출세를 꿈꾸는 젊은 귀족의 자제들은 다투어 이 郎中이 되려 하였다. 그러나 젊은 司馬遷

은 武帝의 눈에 띄지는 못하고 평범한 郞中으로서 13년의 세월을 보내게 되었다.

司馬遷은 35세 때에 사명을 띠고 다시 中國의 西方여행을 떠나게 되었으니 이것이 그의 두 번째의 여행이다. 첫 번째의 여행이 東南地方인데 비해 이번은 西方을 향하였고 당시 西南夷로 불리던 異民族을 鎭撫하기 위해 파견되는 일행과 동행한 여행이었다. 일행은 四川省 일대의 巴(重慶지방) 蜀(成都지방) 지방과 그 남쪽의 邛, 筰, 昆明지방의 異民族을 鎭撫한 후 이듬해 長安으로 돌아와서 이에 대한 보고를 皇帝에게 올렸다.

史記에는 西南夷列傳 등 몇 편의 이민족에 관한 기록이 있는데 이것은 그의 긴여행에 의하여 이룩되었다. 『史記』는 단순히 문헌에 의해 저술된 것이 아니라 사마천의 직접여행으로 완성되었으니 『史記』의 입체적 총합구성을 살필 수 있다. 그런 뜻에서 史記는 단순한 中國史가 아니라 당시에 있어서의 世界史라고 할 수 있다.

司馬遷이 36세 때에 太史令으로 있던 부친 司馬談이 세상을 떠났다. 그는 38세 때에 부친에 이어서 太史令이 되었다. 太史令이 된 그는 자신의 직책에 전력을 기울이어 宮廷內의 書庫에 보관되어 있던 모든 기록을 정리하기 시작하였다. 당시는 아직 製紙法이 발명되어 있지 아니하였으므로 모든 기록을 木簡, 竹簡 또는 비단에 쓰여져 있어서 이러한 書物의 정리는 용이한 일이 아니었으나 5년간 작업을 계속하여 42세에 이르렀다.(B.C.104) 이렇게 정리된 방대한 史料를 이용하여 자신의 歷史觀 속에 위대한 세계사를 그리면서 史記의 집필에 전념하는 중에 비극적인 李陵의 事件을 만나게 되었다. 그의 나이 47세 때의 일이다. 太史令이 되고 史料 정리를 한 기간이 5년간 그리고 정리된 史料로 史記 집필을 시작하여 다시 5년이 경과하였다. 史料정리에서 집필이 진행되기 까지 10년이 경과하였으나 아직 완성을 보지 못한 와중에 그의 비극적인 삶이 시작된 것이다.

將軍 李陵 事件이란, 당시 漢나라의 서북쪽에 있던 遊牧民族인 匈奴族이 만리장성을 넘어 漢을 침략하여 오자 武帝는 장군 李陵으로 하여금 匈奴정벌을 하게 하였다. 李陵은 5천의 보병을 이끌고 匈奴의 本據地에 깊숙이 쳐들어가 匈奴王 單于와 連戰하여 크게 적을 격파하였다. 그러나 후방으로부터의 보급이 끊겨지고 그 위에 흉노부의 대대적인 동원에 의한 포위망에 걸려 어쩔 수 없이 匈奴에 항복하게 되었다. 처음 李陵의 승리 소식이 전하여 졌을 때에 武帝를 비롯한 조정대신들은 祝盃를 올려 기뻐하였으나 李陵의 敗報가 전해지자 武帝는 극도로 노하였고 마침내 長安에 남아있던 李陵의 처자일족을 모두 극형에 처하도록 명령하였다. 그러나 조정대신은 누구 한사람 감히 武帝 앞에 나아가 李陵을 위하여 辯護를 하는 사람이 없었다. 황제의 잘못을 直諫하는 것이 君子의 도리라고 생각한 司馬遷은 武帝 앞에 나아가 李陵 패전의 불가피함을 변호하여 李陵에 대한 武帝의 노여움을 돌려보려고 하였다. 만약 李陵의 사건이 없거나, 있었다 해도 武帝앞에 나아가 위험을 무릅쓰고 李陵의 억울함을 변명하지 않았다면 그의 비극은 없었을 것이고 그는 평범한 歷史家로 끝났을 것이다.

李陵을 위한 司馬遷의 변호는 武帝를 더한층 노하게 하였고 마침내 武帝는 사마천을 사형에 처하게 하였다. 漢代의 刑法은 官吏의 경우 사형수라 해도 스스로 去勢를 원하는 경우 減一等의 恩典을 베푸는 예가 있다. 司馬遷은 결국 남성으로 가장 굴욕적인 宮刑을 감수하여 죽음을 면하게 되었다. 司馬遷의 나이 48세 때의 일이다.

「身體髮膚는 受之父母」라고 하는 유교의 이념을 孝道의 極致로 생각하고 있던 당시의 사회에서 男根을 자른다는 것이 선비인 司馬遷에

게 얼마나 참을 수 없는 恥辱이었던가는 그가 그의 친구 任安에게 보
낸 편지에 잘 그려져 있다.

이 편지는 宮刑을 당한 후의 司馬遷의 심정과 「史記」의 집필에 發
憤하게 된 그의 의지를 표현하였을 뿐만 아니라 비극을 극복하는 의
지의 강인함을 이 글을 통하여 살필 수 있다.

### 3) 사형수 任安에게 보낸 편지

사마천이 글을 보낸 친구 任少卿(本名은 安)은 武帝의 오해를 받아
사형수가 된 司馬遷의 지인이다. 任安은 사형수가 되기 전에 司馬遷에
게 유능한 인재 추천을 의뢰한 일이 있었다. 그러나 사마천과 李陵은
다같이 武帝로 인해 비극적 상황에 처해지자 사형집행을 기다리는 이
능에게 司馬遷이 回信을 보낸 것이다. 이미 司馬遷 자신도 宮刑을 당
한 후의 몸으로 이 回信속에 자신의 심경을 잘 표현하고 있다. 이 글
은 史記의 「太史公自序」와 함께 司馬遷이 史記를 편찬하게 된 직접적
인 동기를 살피는 데에 중요한 자료이다. 그 내용을 살펴보자.

> 「나의 부친 司馬談, 그리고 태사공인 司馬遷이 再拜하여 편지를 드
> 립니다. 少卿(任安)님께서는 일찍이 글월을 보내어 賢士를 추천할 것
> 을 의뢰하였습니다. 귀하는 내가 귀하의 충고를 무시하였다. 생각하실
> 는지 모르겠습니다만 제게는 그러한 생각은 조금도 없었습니다. 저는
> 비록 보잘 것 없는 몸이기는 하지마는 그래도 長者의 遺風이 어떤 것
> 인가는 들어서 알고 있습니다. 그리고 때때로 생각키는 일은 저는 宮
> 刑을 치른 몸으로 사소한 거동이라도 남의 이익을 위해 행동한 것이
> 도리어 손해를 입히는 입장에 놓여있습니다. 이 때문에 혼자서 우울하
> 게 말할 상대도 없이 지내고 있습니다.」

라고 편지의 서두와 宮刑이후의 자신의 우울한 심정을 피력한 후에

「옛말에 이르기를 누구를 위하여 이 일을 하며, 누구에게 들려주려고 이를 하라 하였습니다. 그 때문에 鐘子期가 죽자 伯牙는 終身 가야금을 타지 아니하였습니다. 이것이야말로 선비는 자기를 알아주는 사람을 위해 행동을 하고(士爲知己用) 女人은 자기를 기뻐해주는 사람을 위하여 얼굴을 다듬는 것(女爲悅己容)이라고 하겠습니다. 저는 이미 육체적으로는 半片이 되었습니다. 가령 隋侯의 구슬이나 和氏의 玉을 준다해도, 또한 許由나 伯夷와 같은 훌륭한 행동을 한다해도 영예를 얻을 수는 없을 것이며, 도리어 조소를 받아 스스로 恥辱을 느끼게 되겠지요. 회답을 일찍이 드리려 하였습니다만, 天子를 따라서 동방으로 여행을 가고 또 私事에 쫓기어 눈을 돌릴 여가가 없어 저의 본심을 말씀드릴 수도 없었습니다. 그런데 이제는 少卿님께서 생각지도 않게 죄에 걸려 옥에 갇힌 지 수 개월, 사형죄의 판결이 내리는 12월이 되려고 합니다.

저는 천자를 따라서 雍지방으로 떠나지 않으면 안되지만 귀하의 신상에 언제 死가 내려질지 모르는 지금에 이르러 그대로 저의 불만을 귀하에게 전하지도 못하고 마친다면 이 세상을 떠난 귀하의 魂은 오래도록 한을 갖게 되겠지요. 그래서 저의 가슴 속에 있는 생각을 한가닥 말씀드릴까 합니다. 회답이 늦어진 점을 용서하시기 바랍니다.」

라고 任安에 대한 자신의 편지 회답이 늦어진 경위를 설명하고 이어서

「제가 알기로는 修身이란 智의 표현이며(修身者智之符也) 남에게 즐겨 베푸는 것은 仁의 시작이며(愛施者仁之端也) 取하고 주는 것은 義의 나타냄이며(取與者義之符也) 恥辱이야말로 勇氣를 決하는 바이며(恥辱者勇之決也) 이름을 세우는 것은 행동의 極이라고(立名者行之極也) 말씀드릴 수가 있겠습니다. 선비라면 마땅히 다섯 가지를 갖추어야 비로소 세상에 나아가 君子의 행렬에 끼일 수가 있겠습니다.

　그 때문에 禍는 利慾에 눈이 가려졌을 때처럼 불행은 없고, 슬픔은
마음에 상처를 가져다주는 것처럼 고통스러움이 없으며, 행동은 조상
을 욕되게 하는 것처럼 醜함이 없으며 부끄러움은 宮刑보다 큰 것은
없을 것입니다. 宮刑을 받은 자를 그 누구보다 싫어하는 것은 먼 옛부
터의 일로서 오늘에 한한 것은 아닙니다.

　그 옛날 魏나라의 靈公이 宦者인 雍渠와 同乘했다는 사실만으로 孔
子는 위나라를 버리고 陳나라로 갔으며, 商鞅이 宦者인 景籃의 주선으
로 秦王을 뵈옵게 된 것을 趙良은 한심하게 생각하였으며, 宦者인 趙
談이 천자와 동승한 것을 보고 袁絲는 안색을 바꾸기까지 하였습니다.
이것은 모두가 예부터 宮刑을 수치로 여긴 때문입니다. 평민에게 있어
서도 宦竪하는 것은 모두가 마음을 상하게 하는 일인데 하물며 慷慨之
士에 이르러서야 무엇이라고 말할 수가 있겠습니까. 지금 소성에 아무
리 인재가 드물다고 한들 宮刑을 받은 사나이에게 천하의 豪傑을 추천
하게 할 필요는 없겠습니다.」

라고 탄식하였으니 司馬遷이 宮刑의 수치스러움을 얼마나 마음속 깊
이 느끼고 있었는가를 알 수 있다. 이어서 그는 자신의 비극의 직접적
인 동기가 된 장군 李陵에 대해서 다음과 같이 적고 있다.

　「저는 李陵과 함께 같은 門下에 있기는 하였으나 본래부터의 親友
는 아닙니다. 행동도 서로 같지 아니하였고 술잔을 함께 마시면서 우
정을 두텁게 한일도 없습니다. 그러나 제가 그의 인간됨을 살펴보건대
奇士의 풍모를 갖추고 있었습니다. 부모에게 효도를 하고 선비들과 사
귐에 믿음이 두텁고, 재물에 대해서 깨끗하며 取與함에 의롭고 분별이
있고 양보하며 아랫사람에게 恭儉하였습니다. 그러면서 奮發하여 자기
를 돌보지 않고 국가가 위급할 때 몸을 바치려는 마음은 항상 그의 흉
중에 간직하고 있었습니다. 李陵은 國士의 풍모가 있다고 저는 생각하
고 있습니다. 人臣으로서 萬死가 있는 곳으로 나아가 자신의 일은 돌
보지 않고 國家의 難을 맡으려고 하는 것만으로도 기이하다고 하지 않

을 수 없습니다.

　그런데 이러한 李陵이 한번 실패를 하였다고 해서, 자신의 안전이나 살피고 처자들의 안태만을 생각하는 관리들이 그의 잘못을 책하여 죄를 가하려고 하는 것은 나 자신 참으로 참기 어려운 슬픔이 아닐 수 없습니다. 그것뿐만이 아니올시다. 李陵이 5천명이 못되는 보병을 이끌고 匈奴의 땅 깊이 쳐들어가 匈奴의 왕 單于의 왕정을 짓밟고 수만의 적군을 맞이하여 이를 격파하고 單于와 連戰하기를 십여일. 敵의 死者는 이편보다 훨씬 많고, 적은 死傷者를 메여 업고 부축할 수도 없이 공포에 떨었습니다. 여기에서 적은 좌우 賢王을 남김없이 징집하고 引弓善射者를 총동원하여 擧國一致가 되어 다시 공격을 가하여 李陵을 포위하였습니다. 轉戰千里. 李陵의 軍士는 화살은 다되고 길은 어둡고 그 위에 원군은 도착하지 아니하니 士卒의 死傷者는 산과 같이 쌓이었습니다. 그러나 李陵이 소리높여 부하에게 분전하자 사졸이 하나가 되어 匈奴를 향하여 北으로 몸을 일으키고 눈물을 씻고 핏자국을 떨치며 흐르는 눈물을 삼켜가면서 빈 활을 당기며 칼을 휘둘러 돌진하여 나아가 죽음으로써 싸우지 아니한 자가 없었습니다.」

라고 이능의 분전하는 모습을 자세히 적고 이어

　李陵이 匈奴에게 항복하기 전의 승리의 보고가 왔을 때에 漢의 公卿王候는 모두 축하를 올려 기뻐하였습니다만, 그로부터 수일이 지나서 李陵 패전의 비보가 도달하자 天子는 음식맛을 잃고 정사를 돌볼 생각이 없어지고 대신들은 우환이 지나쳐 해야 할 바를 찾지 못하고 있었습니다. 여기서 저는 비천한 신분임에도 불구하고 천자의 비탄하는 모습을 그대로 볼 수가 없어 충실한 의견을 개진하려고 생각하였습니다. 李陵은 병졸과 더불어 고난을 같이하고 즐거움을 나누고 병사들로 하여금 사력을 다하게 하였습니다. 이점에 있어서 그는 어느 명장에게도 떨어지지 않습니다. 비록 패배하여 항복한 몸이지만 그의 본심은 이러한 자신의 처지를 漢나라에 보고하려 했던 것이겠지요. 사태가

이 지경에 이르면 어쩔 수가 없는 것이 아니겠습니까. 李陵의 匈奴擊進의 功을 천하에 크게 알려서 칭찬을 받아야 할 것이라는 것이 저의 의견입니다. 저는 이러한 의견을 천자에게 말씀드리려고 거듭 거듭 생각하였습니다. 그러나 말씀드릴 기회가 없었습니다. 그런데 어느 날 천자의 부름을 받는 기회를 얻어 위와 같은 의견을 말씀드리고 李陵의 功績을 推重하여 天子의 마음을 넓혀드리고 君臣간의 睚眦(애자)를 없게 하려고 삼가 천자에게 말씀을 드렸습니다.」

이상에서 司馬遷과 李陵과의 관계, 그리고 李陵의 인간됨됨이 그리고 司馬遷 자신이 武帝에게 李陵事件을 알려야 할 여러 가지 형편을 쓰고 있다. 그런데 이러한 司馬遷의 간절한 念願이 절대군주 武帝의 마음을 움직이지 못하였으니

「저의 말씀이 불충분하여 明天子도 이를 알아주지 못하고 도리어 제가 貳師將軍 李廣利의 공을 누르고 李陵을 위하여서 遊說한다고만 생각하여 마침내 저를 下獄시키었습니다. 저의 조그마한 충성도 뻗히지 못하고 천자를 무고한 결과가 되어 衆吏의 결의에 따르게 되었습니다. 본래 저는 家貧하여 재화를 가지고 속죄할 수도 없고 交友도 저를 구하려고 하는 사람이 없으며 좌우의 가까운 친근자도 한마디의 변명을 하여 주지 않습니다. 저도 결코 木石은 아닙니다. 형리들에게 둘러싸여 깊이 囹圄속에 幽閉되어 누구에게도 이 억울함을 호소할 수 없음은 귀하께서 지금 당하고 있는 것과 같다고나 하겠습니다. 저의 運命도 귀하와 거의 같았습니다. 李陵은 살아서 匈奴에게 항복하여 家名을 떨어뜨렸고 저 또한 蠶室에 갇히어 더욱더 천하의 웃음거리가 되었습니다. 아! 슬프고 슬픕니다. 이러한 사정은 여간해서는 俗人輩에게는 말하기 어려운 일이 아닐 수가 없습니다.」

이상이 편지의 전반으로서 司馬遷이 李陵의 화을 변호하다 처형되기까지의 경과가 잘 설명되고 있다. 이어서 그는 인간의 비극에 대해서

「옛날 주나라의 西伯(文王)은 九州의 長인 백작의 신분이면서도 羑
里에 갇히었고 李斯는 진나라의 재상이면서도 극형을 당하였으며 彭越,
張敖는 南面하여 왕이라고 칭하기는 하였지만 옥에 갇히어 죄를 받게
되었습니다. 강후 周勃은 漢家의 원수인 呂씨일가를 말살하여 권세가
더없이 컸으나 취조실에 들어 갇혔으며, 魏其는 대장이었지만 囚衣를
입게되고 목과 수족에 고랑쇠를 차게 되었고, 任俠으로 유명한 季布는
노비로 팔려가고, 武勇의 장군인 灌夫는 居室에 감금되어 취욕을 맛보
게 되었습니다. 이들은 모두가 지위는 王侯將相에 이르고 이름은 이웃
나라까지 떨친 사람들입니다. 그런데도 그 몸이 죄를 받기에 이르자 자
살을 하지도 못하고 속세에서 그대로 살아남게 되었습니다. 이는 예나
지금이나 다름이 없겠습니다. 수치함을 받은 점에서는 다름이 없습니다.
용맹함과 비겁함은 시세에 따름이고 강하고 약함은 그때 그때의 형편에
지나지 않는다고 하는 것은 이러한 예로 분명하다 할 것입니다. 인간된
자, 형벌을 받기전에 자살하지 못하고 드디어는 고문을 당하면서 형틀
에 매어지면 아무리 절의를 지키려해도 거의 불가능한 것입니다.

그 때문에 옛부터 형벌을 士大夫에게 삼간 것은 여기에 원인하는
것입니다. 누구나 살고 싶어하고 죽음을 두려워하며 친척을 생각하고
처자를 염려하지 않는 자가 없으니 이것을 人情이라 할 것이며 의리에
발분함도 어쩔 수 없는 마음가짐이라 하겠습니다.」

라고 하여 삶과 죽음에 대한 인간의 자세를 살피고 인간 운명의 어쩔
수 없음을 강조하면서 드디어 다음과 같이 司馬遷 자신이 이 곤욕을
당하면서도 그래도 살아야 하는 이유를 설명하고 있다.

「저는 불행히도 서로 도움을 주고받을 형제도 없는 獨身孤立의 상
태에서 자랐습니다. 귀하께서도 평상시에 알고 있듯이 혹시나 내가 처
자 때문에 죽지 못하고 살고 있다고는 생각지 않으시겠지요. 용감한
자가 반드시 절의로 죽지 못하며 비겁자도 의를 위하여 발분 자살하는
경우도 있습니다. 저 역시 목숨을 애석하게 여기는 겁쟁이기는 하오나

去就進退는 분별할 줄 알고 있습니다. 죄를 받고 수치를 당하면서도 살고 싶은 것이 저의 본마음은 아닙니다. 노비라고 하드라도 자살을 할 줄 압니다. 하물며 진퇴를 분별해야할 제가 어째서 자살하지 않을 이유가 있겠습니까. 隱忍하여 살면서 糞土 속에 유폐되어 그래도 삶을 버리지 못한 소이는 자신의 뜻을 이룩하지 못한 때문이며 이대로 마친다면 문장이 후세에 기리지 못함을 부끄럽게 생각하기 때문입니다. 예부터 부귀하였지만 그 이름이 없어진 자는 헤아릴 수 없습니다. 그러나 卓異非常한 인물만이 지금까지 그 이름이 일컬어지고 있습니다.

주나라의 文王은 감옥속에서 「周易」을 演하였고 孔子는 위급을 당하여 「春秋」를 지었습니다. 左丘明은 눈이 멀고서 「國語」를 썼었으며 孫子는 두 다리가 잘리우고 兵法을 완성하였으며 呂不韋가 촉으로 귀양을 가서 「呂覽」이 전하여지게 되었으며 韓非가 秦나라에 쇠인으로 갇히었기 때문에 「說難」, 「孤憤」을 짓게 되었습니다. 詩 三百篇, 그밖에 많은 일들도 성현이 발분하여 비로소 이룩되는 일입니다. 좌구명이 실명하고 손자가 양다리를 잘리운 것은 다시 세상에 나갈 수가 없기 때문에 물러서서 저서와 논답을 하여 발분을 나타내었고 문장을 남김으로써 자기의 뜻을 표시한 것입니다. 저 역시도 자신의 무능함만을 탓하기 보다는 천하에 흩어져 있는 유문을 집록하여 그 사실의 본뜻을 연구하고 시종을 통합하고 成敗興德의 이치를 구명하여 위로는 軒轅으로부터 아래로는 현재에 이르기까지 表十, 本紀十二, 書八章 世家三十 列傳七十, 합계 백삼십편을 지어 天人의 조화를 밝히고 고금의 변을 통하여 일가의 言을 이룩하려고 하였습니다. 그러나 미완성중에 李陵의 화를 당하였습니다. 이대로 미완성으로 끝마치는 것은 얼마나 분하지 모르겠습니다. 그 때문에 극형에 처해졌을 때에도 노하지 못하였습니다. 저로서는 만약 이 책을 완성하고 그래서 제 뜻을 알아주는 이에게 전하여 首都長安을 비롯하여 천하의 대도시에 유통된다면 지금까지의 수치스러움을 보상할 수가 있으며 또 다시 형육에 처해진들 아무런 후회도 없겠습니다.」

이상이 司馬遷의 고뇌를 담은 편지의 대략이다. 이 서신에는 司馬遷 자신의 생각뿐만 아니라 다같이 불행을 당한 李陵과 任安의 처지도 간접적으로 그려져 있다. 선비로서 宮刑을 당하고서 살아야하는 그 수치스러움을 그는 「史記」를 완성하는 일에 뜨거운 사명감을 가지고 죽음을 극복할 수가 있었고 마침내 위대한 史記의 완성을 보게 된 것이다. 인간의 집념과 발분이 얼마나 큰일을 해낼 수 있는가를 알 수 있다.

## 4) 중국 正史의 모범이 된 사기

중국 역사서의 서술형식은 크게 나누어 세 가지 유형으로 구분할 수가 있다. 첫째는 인물중심으로 역사를 엮어나가는 紀傳體가 있으며, 둘째가 연대순으로 엮어나가는 編年體, 셋째로 사건중신으로 엮는 紀事本末體가 그것이다. 이 중 中國正史의 모범이 된 것이 기전체이며 이러한 기전체를 창안한 것이 바로 司馬遷이고 그래서 「史記」는 中國正史(二十五史)의 첫째 권이 된 것이다.

「史記」 130편을 크게 다섯으로 구분할 수가 있으니 (1) 本紀12편은 제왕들의 일대기이고 (2) 表10편은 중요한 역사적 사건의 연표이며 (3) 書8편은 제도와 문물을 기록한 것이고 (4) 世家30편은 봉건제후 및 王에 봉함을 받은 인물의 일대기이고 (5) 列傳70편은 중요 신하들에 관한 전기라고 할 수 있겠다. 이러한 다섯 가지 특이한 체제를 종합하여 서로 유기적인 조화를 이루어 당시로서는 世界史라 할 수 있는 점에서 「史記」의 가치를 높이 인정할 수가 있겠다.

다음으로 史記는 그 문장력과 文體로서도 漢代의 文運을 대표할 수 있다. 「史記」가 역사서로서 뿐만 아니라 훌륭한 문학작품으로 널리 읽혀지는 원인이 여기에 있다. 그리고 사서의 내용 가운데서 빼놓을 수

없는 것이 객관적이며 과학적인 역사구술이라 하겠는데 이러한 점에
서도 「史記」는 자구하나도 소홀히 취급될 수 없는 냉정한 객관성 위
에 과학적으로 기술되고 있다. 따라서 2천년이 지난 오늘에 이르러서
도 「史記」의 내용이 中國의 그 어느 史書보다도 신뢰성이 깊고 믿을
수 있는 史料로서 널리 인용되고 있는 것은 바로 이러한 과학성을 입
증하여 주는 좋은 증거라고 하겠다. 司馬遷이 생활한 2천년 전의 漢代
는 오늘날 우리가 생각하는 전세계와 비교할 때 아시아의 일부에 불
과하다. 그러나 당시의 中國인의 世界觀(天下觀)은 中國과 그 주변이
바로 세계 그 자체라고 생각을 하였고 따라서 司馬遷은 「史記」를 통
하여 세계의 역사를 쓸려고 하였다. 그런 뜻에서 「史記」는 단순한 中
國史가 아니라 세계의 역사인 것이다.

司馬遷의 역사관은 역사는 바로 人間이 주도하는 政治史인 것이다.
정치만이 세계를 발전시킬 수가 있고 정치를 움직이는 자가 세계를
재패할 수가 있다고 생각하였다. 「史記」가 의미하는 政治란 「움직이게
하는 힘」인 것이며 세계를 움직이게 하는 힘이 바로 정치인 것이다.
역사의 원동력, 세계의 원동력을 이루는 것이 바로 정치적 인간이다.
이러한 정치적 인간이야말로 史記의 주체적 존재인 것이다. 정치적 인
간은 역사의 중심이 된다고 생각하였기 때문에 12本紀를 세웠고 정치
적 인간은 분열하는 집단이 된다고 생각하였기 때문에 30世家를 만들
었다. 정치적 인간은 독립하는 개인이기 때문에 70列傳을 두었다.

人間이 역사의 중심이 되며 그대로는 분열하는 집단이 되기도 하고,
독립하는 개인이 되면서도 역사의 무대 위에서 각각의 역할을 담당하
고 상호밀접한 관계를 가지고 조화를 이루어 나간다는 전제 속에서
하나의 세계사로서의 「史記」전체를 구성해 나간 것이다.

(公州大學學報, 9호, 1975년)

# 제 2 부

# 역사학 연구와 역사교육

# I. 동양사에서의 문화사 연구

## 1) 머리말

'동양사에서의 문화사 연구'라고 하는 논제를 가지고 문제의 접근을 시도하려고 할 때 먼저 어려움에 부딪히는 것이 한국의 동양사학계에 서는 문화사에 대한 구체적인 연구 업적이 별로 없다는 사실과, 문화 내지는 문화사에 대한 개념 파악이 확실하지 않고 또한 문화사의 학 문적 범위와 성격이 분명하지 않다는 점이다.

그래서 우리나라에서 흔히 쓰고 있는 문화사에 대한 개념이나 성격 파악을 위해 각 대학에서 교양과목으로 개설하고 있는 문화사(세계문 화사), 동양문화사, 서양문화사의 교육과정 내용[1] 해설을 찾아보았더 니, 약간의 차이는 있으나 다음과 같이 설명하고 있다. 즉 동양문화사 에 대해서는

고대로부터 현대까지의 중국을 중심으로 인도, 일본을 포함한 주변 국가들의 교화의 발전과정을 살핀다', 또는 '중국과 인도, 일본, 남아시 아 등의 지역문화의 발달과정을 고대, 중세, 근세로 나누어 문화의 내 용과 특성 등을 연구하고 고유문화와 서구문화의 접촉과 그 수용과정 을 살핀다', 또는 '중국문화의 발달과정을 통시대적으로 고찰하되 고대

---

1) 전국 대학의 1993·1994년도 ≪대학요람≫에 나타나 있는 교육과정 내용을 분석해 보면, 종래처럼 단순히 문화사로 강의명을 개설하고 있는 대학도 적 지 않다. 그러나 이를 세분하여 동양과 서양, 그리고 한국문화사로 구분한 경우도 있고 더 세분하여 강의제목을 구체화하기도 하였다. 몇 대학의 예를 보면 서울대의 경우 '동아시아 문화의 성립과 발전', '동서문명의 교류와 유 목제국', 한양대의 '중국문명사', '일본의 사회와 문화', '미국의 역사와 문화', 이화여대의 '문화와 사상', '인류와 문화' 등등이 그것이다.

문화, 중세문화, 근세문화, 현대문화의 특성 및 봉건문화와 근대문화의 차이, 전통문화와 외래문화와의 관계를 재조명하고 나아가 세계문화사에서의 중국문화의 특질을 재고해 봄으로써 오늘날의 중국관을 새롭게 정립하는 데 기여한다.

라고 설명하고 있다. 이 밖에도

중국과 일본 등의 동아시아 문화권을 중심으로 시대구분, 사회구성체, 기술과 생산력 발전, 제국주의와 민족주의, 혁명과 개혁, 정통사상과 민중사상, 자본주의와 사회주의 등의 다양한 주제를 통해 세계사 속에서 우리의 과거·현재·미래를 성찰할 수 있도록 돕는다.

라고 서술하고 있다.

서양문화사에 대해서는

서양의 고대로부터 현대에 이르기까지 서양문명의 발전에 주도적 역할을 한 국가들의 문화적 발전과정과 그 내용을 정치, 사회, 경제적 변화와의 관련 속에서 검토함으로써 서양문화의 원천, 본질적인 내용 및 특성에 대해 이해한다' 또는 '서양문화의 발달과정을 통시대적으로 고찰하되 고대, 중세, 근세, 현대문화의 특성을 이해하게 하고 서양문화의 세계사적 의의를 재조명한다.

라고 서술하고 있다. 이 밖에 동양문화사와 서양문화사를 구분하지 않은 세계문화사(혹은 문화사)의 강의 해설에서는

세계문화를 총체적으로 파악하여 현실에 대한 객관적 이해에 접근하고 거시적으로 세계조류에 적응할 수 있는 지식을 함양함에 그 목적이 있다. 서양문명의 본질인 헤브라이즘과 헬레니즘의 형성과정과 그

것을 바탕으로 전개되는 서양의 정치, 경제, 사회, 문화 등의 역사적 발전 과정을 살핌으로써 서양문명의 성격을 올바로 이해시키고 오늘날 우리에게 필요한 온당한 역사적 의미와 내일의 비전을 갖게 한다'라고 설명하고 있다.

이상과 같은 한국 대학 교육과정의 문화사 교과목 해설에 나타나 있는 문화사 내용은 동양문화사나 서양문화사 또는 서계문화사의 거의 모두가 시간적으로는 통사적 내용을 담고 있고 또 강의 내용도 대체로 정치적 변화와 사회와 경제의 발전, 그리고 문화의 발달과 동서 문물의 교류라고 하는 일반사의 범위를 벗어나지 않고 있다. 여기에서 주목되는 사실은 문화에 대한 의미나 내용이 정확히 제시되지 못하고 있으며 문화사의 성격이나 범위도 일반사나 통사적 수준을 벗어나지 않고 있다는 점이다.

이와 같은 현상은 각 대학의 문화사 강의를 위해 집필된 『문화사』 (혹은 『세계문화사』)의 내용을 검토하여 보아도 뚜렷하게 문화사의 성격이나 문화에 대한 개념 정립을 하지 못한 채 동·서양의 역사를 통사로 서술하였거나 아니면 정치사, 경제사, 사회사를 제외하고 주로 학술적인 내용만을 가지고 문화사로 엮어 놓은 것이 일반적이다.

여기에서는 동양문화사는 어떤 의미를 가져야 하는가를 살펴보고, 다음으로 외국학계에서 동양(중국)문화사를 어떻게 연구하고 있고 문화도는 문화사에 대한 시각이 어떤 것인가를 살펴본 후, 현재 우리나라 문화사 강좌의 내용이 과연 바람직한 것인가를 알아보고, 문화사의 내용은 장차 어떤 방향으로 연구가 이루어져야 할 것인가를 검토하겠다.

## 2) 동양사에서의 문화사의 의미

역사 용어로 사용되고 있는 서양적인 문화(culture), 문명(civilization)이란 말이 동양에 들어오기 이전의 중국고전에 보이는 문화라는 용어는 文治敎化, 文化悠遠의 뜻을 지니고 있다. 다시 말해서 문을 가지고 내용(국내)을 이루면서 교화한다, 또는 국내를 화목하게 가다듬고 원방을 회유한다는 의미로 사용하였으니 여기에는 주로 어루만지고 교화시킨다는 뜻이 내포되고 있다.

문화는 '文'과 '化'의 복합어로 한어에서 文은 華이고 華는 '花'로 쓰이기도 하며 '文'은 '紋'으로도 통한다. 化의 의미는 萬物改化로써 그 뜻은 화생·변화·조화를 가리키며 이 경우에 변화를 뜻하고 있다. 중국에서의 문화란 용어는 人文化成[2]의 약칭으로 사용되었는데, 이 경우의 인문은 일체의 현상(형상)을 지칭하는 것이고 천문은 자연현상을 지칭한 것으로 이해가 된다. 인문이라 함은 자연현상을 통한 인간의 인식에 의해 나타난 상태를 문화로 인식한 것인데 일체의 자연현상에 대한 인간의 관찰과 인식(이해)을 통해 하나의 확정된 지식으로 인식하는 기초적 문화 단계이다. 이러한 기초단계에서 한 발짝 더 나아가게 되면 인간의 문화 활동을 거쳐 제도와 문물을 창조하는 제2의 단계로 발전하는 것으로 보았다. 고대의 문화 개념은 변화와 교화 등 정신 범주에 속하고 주로 사람의 정신 활동을 가리켰으며 창업은 武에 의하며 수성은 文으로 한다고 하여 무에 대한 대립적인 개념으로 파악하기도 하였다.

이 밖에도 중국 고대의 문화는 문명이 발달한 중앙(중화)이 문화적

---

2) 易經卦象條에 의하면 '剛柔文錯天文也, 文明以止人文也, 觀乎天文以察變人文以化成天下'라고 설명하고 있다.

영향력을 가지고 미개한 원방을 교화한다고 하는 뜻이 강하며, 이는 바로 中華的 천하세계의 천자가 邊境華外의 民에게 천자의 도덕적 영향력을 행사한다는 뜻이 포함되어 있다.[3] 중국인들이 일찍부터 자신을 中華 또는 中夏로 지칭한 것이나 이를 국가라는 개념으로 결합시킨 中國이란 용어는 세계의 중심에 위치한 꽃과 같은 문명국의 뜻이 내포되어 있고, 이러한 사상의 근본은 스스로가 문화적 선진민족이라고 하는 강한 자부심에서 나온 것이다. 특히 중국을 둘러싸고 있는 문화가 미개한 유목민족의 유목문화이기 때문에 중국인의 농경 문화적 특성이 그 우월성을 더욱 돋보이게 하였고, 그것이 문화적 우월성으로 계속되어 내려왔다. 이와 동시에 漢字나 유교를 바탕으로 한 정신문화가 중국은 물론 주변국에 영향을 주게 되면서 중국문화는 유교의 왕도적 정치이념과도 밀접한 관계를 가지면서 정치적이고 도덕적 성격이 짙은 내용이 된 것이다.

그러나 이러한 '文化'의 개념이 서양문화의 유입과 함께 변화하였다. 즉 여기에서의 문화는 문명개화를 뜻하고 서양적 과학문명을 모델로 하였다. 이 경우의 '문화' 개념은 경제나 정치적 활동을 제외한 인간의 형이상학적이며 좀 더 고차원적인 유산, 즉 철학, 문학, 예술 등을 가리키는 것으로 사용되면서 문화와 문명을 갈라놓기도 하였다.[4]

중국학계의 문화사에 대한 정의는 대체로 문화에 대한 해석에서부터 시작되고 있고 문화라는 역사용어를 해석함에 있어서는 이를 광의로 해석하는 것이 일반적이다. 일찍이 胡適은 문화와 문명을 구분하여

---

3) 全海宗, 「東亞 古代文化의 中心과 周邊에 대한 試論」『東亞文化의 比較史的 研究』, 一潮閣, 1976, 所收 참조

4) O. Spengler는 文化의 후기단계를 文明이라 하여 文明과 文化를 구별하는 것 같기도 하였으나 그의 文化比較論은 A. Toynbee에 이어져 文明比較論이 된 것을 보면 엄격하게 구별할 필요가 있는 것 같지는 않다.

문화는 정신적인 것, 문명은 물질적인 것으로 구별하고, 문화란 문명에서 파생된 생활의 방식이라고 설명하였다.5)

錢穆은 그의 『문화사개론』에서 문화와 문명을 다음과 같이 구분하여 설명하고 있다. 즉

문명과 문화의 두 용어는 다 酉洋의 말을 번역한 것으로 대체로 문명과 문화는 인류의 단체생활을 가리킨 것이다. 문명은 밖에 있어 물질 방면에 속하고 문화는 안에 있어 정신 방면에 속한다. 그러므로 문명은 밖으로 전파되고 밖에서 받아들일 수 있는데, 문화는 반드시 그 집단적 내부의 정신이 쌓여서 나타나는 것이다. 인류 역사상 각 지역마다 문화정신이나 문화성격이 다른 것은 환경의 차이가 생활 방식에 영향을 미쳤고, 다시 생활방식에서 문화정신에 영향을 준 때문이다.

라고 서술하고 있다. 그는 또 『中國文化史導論』 서문에서

인류의 문화는 그 시작 단계에서 크게 세 가지 유형이 잇는데 유목문화, 농경문화, 상업문화가 그것이다. 이들 세 가지 유형의 문화 성격에 대해서는 유목과 상업은 내부의 물질 부족에서 일어난 것이니, 내부에서 부족하면 외부로 나아가 구해야 하기 때문에 유동적이고 진취적이다. 농경은 스스로 공급할 수가 없어서 밖으로 구할 필요가 없이 한 곳에서 계속되고 반복될 뿐이며 정적이고 보수적인 문화를 이룩하였다.

고 서술하고 있다. 錢穆에 의하면, 중국문화는 가장 모범적인 농경문화의 표본으로서 세계문화에서 대단히 우수한 것으로 강조하였다.

錢穆은 중국문화사에 있어서 중요한 요소가 되는 민족과 국가를 논함에 있어서 두 가지 점에 유의해야 한다고 밝혔다.

---

5) 『胡適文存』 3集 1卷.

첫째는 중국문화는 중국민족의 독창적인 소산이라고 볼 수 있으므로 중국사에서 민족과 국가는 언제나 하나의 융합체라는 것이고, 둘째는 중국문화는 민족, 국가의 독창력으로 발전하여 늘 한줄기로 이어져 전통이 끊이지 않았고 확장된 것은 많아도 일관성을 가지며 변화한 것은 없이 한결 같이 풍부한 내용과 진보적 발자취를 가지고 내려 왔다고 하였다.

梁啓超는 『中國文化史目錄』에서 문화사의 범위와 내용을 정치·법률·교육·교통·국제관계·음식·복식·주택·상업·화폐·학술사상 등 모두 28편으로 구분하였는데, 梁啓超가 생각하는 문화사는 인류역사의 모든 내용을 포함시키고 있으며 문화를 인간의 모든 역사생활(생활의 원동력), 그리고 인류의 정신력(心力)으로 규정하면서 문화사는 곧 인류 역사의 전부라고 광범위하게 풀이하였다. 이러한 梁의 문화사 해석에 대해서 陳獨秀는 이를 반박하고 문화의 중심내용을 축소하여 문학·미술·음악·철학·과학이라 하였다.

陳友仁은 '문화에는 정신적, 물질적인 양방면의 내용이 담겨져 있다'(『中國上古中古文化史』)고 하였다. 5·4문화운동 시기에 동서문화 논쟁이 치열할 당시 이른바 서방문화파로 알려진 梁啓超는 '문화의 본의는 경제와 정치·사회 그리고 인간 활동의 모든 것을 포괄하지 않음이 없다'(『中國文化要義』)고 설명하고 특히 그는 『東西文化及其哲學』에서 중국전통문화의 우수성을 강조하면서 儒家문화에 대한 깊은 분석을 통하여 미래 세계의 문화는 곧 중국문화의 부흥이라 인식하고 중국문화의 부흥의 중심은 바로 유교문화의 부흥이라 단정하면서 세계사의 발전방향이 서양문화에서 중국문화로 이전된다고 하였다.

劉家和는 『略說文化』에서 문화란 협의로 말하면 인류 사회활동의 일부이며 특히 인류 생활 중의 문학, 예술, 과학, 철학, 도덕, 풍속 등

정신생활과 관계가 깊은 것이라고 하였다. 다만 그의 문화론에서 한 가지 특기할 사실은 문화의 역사적 성질에 있어서 문화는 변증법적이며 그래서 필연적으로 역사적이라고 단정한 점과 문화의 계급적 성격을 강조하고 있는 점은 마르크스, 엥겔스의 유물론의 테두리를 벗어나지 않고 있음을 살필 수 있다.[6]

日本학계의 문화사에 대한 정의는 좀 특이하다. 일찍이 京都대학의 內藤虎次郎은 중국문화 전반에 걸친 폭넓은 이해와 특히 중국예술에 대한 높은 안목을 바탕으로 중국사의 각 시대를 특징짓는 문화적 차이에 착안하여 이른바 京都학파 동양학의 대표자로서 內藤 사학을 창시하였으며 중국사를 시대구분 하는 데 문화사적 관점을 강조하였다.[7]

한편 일본의 大修館書店에서 나온 중국문화총서 전 10권은 다음과 같은 항목으로 分類하였다. 내용을 보면 제1권 언어, 제2권 사상개론, 제3권 사상사, 제4권 문학개론, 제5권 문학사, 제6권 종교, 제7권 예술, 제8권 문화사, 제9권 일반한학, 제10권 일본문화와 중국 등 10권으로 나누고 있다. 이 중에 제8권에 해당하는 『문화사』는 중국과 한국에서 생각하는 문화사와는 거리가 있다. 그 내용 목차를 보면[8]

(1) 중국 문화사상의 제 문제(명교적 추서, 농민과 혁명, 도시와 농촌, 조선사상사에 있어서의 중국) (2) 중국문화사의 시대적 고찰(주대의 귀족정치와 士의 발흥, 貴族制의 성립, 상인과 수공업, 독서인과 제생, 군벌과 매판, 지식분자) 등을 다루면서 문화사의 내용으로 설명하고 있다.

---

6) 劉家和, 「略說文化」, 上海, 復旦大學, 『中國文化』 第2輯, 1985 참조.

7) 히사유끼 미야가와, 李介奭 譯, 「內藤·宮崎時代區分論」(閔斗基 編, 『中國史時代區分論』, 創作과批評史, 1984).

8) 小倉芳彦 編集, 『中國文化叢書』 8, 文化史, 大修館書館, 1970.

일본의 역사학계에는 많은 역사 전공 서적이 출판되고 있는데 문화사로 이름 붙여진 역사서는 드물다. 그리고 문화사에 대한 의미를 찾아보면 퍽 흥미 있는 사실을 발견할 수 있는데 그것은 문화사란 학문 자체가 상당히 애매모호한 것으로 풀이되고 있다. 뿐만 아니라 문화사란 이름으로 출판된 책은 주로 사상사나 예술사를 다루고 있다. 그런데 문화사에 관심을 가지고 있는 일본 학자들은

　'사상사나 예술사가 결코 문화사는 아니다'

라는 것이다. 이는 마치 정치사나 경제사 혹은 미술사나 음악사, 문학사 등이 문화사가 아닌 것과 같은 논리로 설명하고 있다. 그들은 역사적 사실이 하나의 문화사로 통일되어 문화사로 성립되기 위해서는 개별사가 개별사로 분립하여 존재해서는 안 되며 거기에 어떤 역사적 의의가 주어져서 상호 관련성이 있어야 하며 반드시 역사로서의 통일성이 있을 때 비로소 문화사가 된다는 주장이다. 적어도 문화사라고 할 정도가 되려면 저자의 일관된 역사의식이 담겨져야 하고 따라서 문화사는 문화적 사실(언어 · 종교 · 문학 · 예술. 등등)의 이것저것을 짜깁기하는 식으로 취합한 것이어서는 안 된다는 입장이다. 이에 대해서는 문화사 부분의 편집 책임을 맡았던 小倉芳彦은 『문화사』의 서론에서 일본에서 문화사의 학문적 영역이 정립되고 있지 않음을 지적하고 중국문화총서 가운데의 한 책으로 문화사란 책명(제명)을 붙이는 것이 타당한 것인가에 대해 의문을 제기하였다. 이리하여 언어 · 사상 · 문학 · 종교 · 예술 등등의 개론, 통사 이외에 다시 한 책을 독립시켜 이를 문화사라고 할 때에 책의 성격은 다분히 종합적이며 총체적이고 또 각 영역을 이어 주는 하나의 고리와 같은 작용을 해야 한다

고 주장하고 있다. 그는 또

일본이 유럽에서 통용되고 있는 '문화'라는 말을 이해하는 데 두 가지 점에 큰 오류를 지니고 있다고 하였다. 그 하나는 유럽에서 쓰는 Culture, Civilization이란 용어가 '밭을 간다', '도시를 만든다'란 말에서 발전한 개념이고 이것은 일상생활의 경제적, 정치적 활동에 뿌리를 두고 형성된 말인 데 반해 일본에서는 이와 같은 문화 개념의 형성과정을 뛰어넘어서 결과의 산물(편리한 발명품, 보편성을 갖는 사상체계)만을 문화로 받아들인 데 잘못이 있다는 점을 강조하고 있다.[9]

일반적으로 역사는 정치사에서 시작하여 사회경제사로 확대되고 다시 문화사로 종합되어야 한다고 주장하기도 한다. 이러한 경우 역사의 방법과 본질에 대해서 각각의 대상에만 의존하여 개별적으로 연구한 방법론은 문화사와는 거리가 있는 것이다. 또 문화의 내용을 분류하여 사회・경제사나 사상・문학・종교사를 적당히 취합하여 문화사의 일부분이라고 주장하는 것도 문화사의 성격과는 맞지 않는 것이다.

文化라고 하는 전체적인 것의 본질, 그 본래의 모습에 내포되어 있는 의미를 찾아내는 일, 예컨대 정신사 혹은 사상사라고 할 때 단순한 정신현상이나 사상내용이 아니라 그 속에 담겨져 있는 종합적인 역사적 의미를 찾는 것이 올바른 문화사가 아닌가 생각한다.


## 3) 동양문화의 성격과 문화사 연구

東洋文化는 그 연구대상이 주로 중국과 인도의 양대문화권 안에서 생성・발전・소멸한 국가와 민족의 역사적 현상을 연구대상으로 삼고

---

9) 『文化史』 序論.

있다. 이 가운데서도 한국과 밀접한 역사 관계를 맺고 내려온 중국의 문화는 그 자체뿐만 아니라 주변국가에도 끊임없는 영향을 미치면서 계승되었기 때문에 중국문화에 초점을 맞추어 연구를 진행하여 온 것이 현실이다. 그런데 중국문화를 기반으로 성장한 동아시아 문화를 살펴보면 시각에 따라 다소의 이견이 나올 수 있으나 대체로 동아시아 문화의 공통요소로는 중국인이 만들어 낸 한자의 사용과 이 한자에 의해 기록된 중국의 여러 사상에서 주류를 이루고 있었던 유교와 중국화한 인도의 불교사상이 깊이 신앙되어 왔다는 점에서 동아시아 문화의 보편성을 한자, 유교, 불교에서 찾을 수 있을 것 같고, 이 밖에 노장에 의한 도가사상과 율령체제를 여기에 추가시킬 수 있겠다.[10]

특히 유교와 불교는 동아시아(중국·한국·일본)에서 발달한 여러 문화의 원류 또는 형성원리를 이루는 가치나 관념을 제공하였다. 물론 한국·일본에서는 이러한 동아시아의 공통적인 문화요소가 유입되기 이전부터 고유한 문화적 기초가 있었고 그것이 수용의 준비 기간을 이루어 동아시아 문화로 융화 발전된 것이다.[11] 또 중국에 불교가 들어오게 된 것도 그 이전에 이미 중국적 고대문화가 한대에 형성되어 있었기 때문이다. 인도의 불교가 서역을 거쳐 중국사회에 수용되고 다시 동아시아 세계에 확대 발전하였을 뿐만 아니라 수·당시대에는 중국적인 불교로 자리를 잡게 되었다. 그 후 송대에 들어와 주자학 형성에도 영향을 주었고 주자학은 우리나라와 일본문화에도 많은 영향을 끼쳤다. 그런데 동아시아 문화 발전에 있어서 불교와 유교, 그리고 도교는 문화적으로 볼 때, 한편으로는 서로 보완하기도 하고 다른 한편

---

10) 李龍範, 「東아시아 文化의 普遍性」, 都光淳 編 『東아시아 文化와 韓國文化』, 教文社, 1988 참조.

11) 金東旭, 「東아시아 文化 속의 韓國文化」(上揭書).
　　 朴宇熙, 「日本文化의 特性」(同上)

으로는 상호 반발 또는 논쟁을 거치면서 결국에는 융화되어 동아시아 문화의 정수가 되었다.

이 밖에도 동아시아 문화에는 또 다른 특성을 지닌 문화성격이 있다. 그것은 서양에 비해서 동아시아에는 풍류와 자연을 대상으로 하는 문학이나 미술이 일찍부터 나타나서 발달하였다는 사실이다. 문학이나 미술이 동양인의 생활 속에서 생겨나서 종교와 철학과 깊이 관련을 가지면서 발전되어 내려왔는데 특히 유교와 불교・도교가 동아시아 세계로 확대 발전하는 과정에서 서로 밀접한 관련을 가지면서 높은 예술문화로 승화된 사실에서 그 구체적인 실례를 발견할 수 있다.

동아시아 사회에서는 아름다운 자연을 애호하는 정신이 있었고, 그것이 동아시아 문화의 기층에 깔려 있다고 생각된다. 山水문학이나 산수화가 일찍부터 발전하게 되면서 단순히 조형미술로 그치지 아니하고 그 시대의 정치・사회・사상 등과 밀접한 관계를 갖게 되었는데, 그것은 예술 활동에 참여한 인물이 그 시대의 대표적 지식인이나 정치가였기 때문이다. 또 동양문화의 풍류 속에는 인간의 고상한 인격이라는 윤리적인 의미와 함께 자연미 애호의 정신이 포함되어 있다.

동양의 문화에서 자연주의적인 색채가 짙은 독특한 성격을 가지고 있는 것이 조형미술이다. 동양의 조형미술의 특징은 시문 등의 문학과 긴밀한 관계를 유지하면서 발전되었는데, 문학이나 조형미술, 회화와의 연결고리 역할을 한 것이 漢字이다. 상형문자인 한자의 출발은 물체를 그림으로 묘사하는 데서 시작되었으며, 이 한자를 아름답고 교묘하게 쓰는 서도가 일찍부터 발달하였으니 서화동원론으로 서도와 회화를 같은 조형미술로 생각하게 되었다.

이러한 성격의 동아시아 문화는 문화 담당자에서도 특징을 발견할 수 있다. 흔히 민족문화라 할 때에 민족 전원이 문화 창조에 참가한 예는 적고, 민족 내의 특정 신분에 속하는 자만이 문화를 담당하는 경우가 많다. 문화를 담당하고 독점하였던 자의 신분과 직업이 곧 그 문화의 특색을 결정하는 경향이 크다. 예컨대 인도문화는 종교적이고 내세적이기 때문에 현실적 역사의식이 결핍되었다고 한다. 그러면 인도인은 모두 철학자인가 하면 결코 그렇지만은 않다. 대다수의 인도인은 현실적인 면도 있고 상업에도 뛰어난 솜씨를 발휘한다. 그런데도 인도문화를 종교적이라고 하는 것은 인도문화의 본류라고 할 수 있는 고대의 인도문화 담당자가 제사를 직업으로 하는 브라만 계층이었기 때문이다. 이에 반해 중국문화를 담당하였던 주요한 계층은 士大夫 또는 士人이리 불리는 독서인이며 이들은 정치가이고 관리이기도 하였다.

秦의 始皇帝가 창설한 官僚政治制度는 前漢 武帝 때에 정비되어 청조에 이르기까지 2천여 년 동안 유지되었으니 중국처럼 오랜 관료정치의 전통을 가진 나라는 세계에 유례가 없다. 중국의 문화가 강한 정치적 성격을 가진 것은 그 문화를 담당한 지식계급이 관리였다고 하는 사실 때문이다. 이와 같이 중국문화는 관리에 의해서 독점되고 중국의 관리, 소위 사대부는 근대 관리의 성격과는 여러 가지 면에서 다른 특성이 있다. 그들이 곧 문화 담당층이었으며 이들 관리에 의해 유지 발전된 것이 중국문화의 특성이라 할 것이다.

다만 여기에서 주의해야 할 바는 문화의 담당자가 인도처럼 종교적이고 중국처럼 사대부관료이기 때문에 현재 나타나고 있는 문화유산이 이들에 의해 창조된 것이지만 그렇다고 해서 일반인민의 민족문화에 대한 인식이 전혀 관계없다고 생각해서는 안 된다. 왜냐하면 文化의 창조에 가담한 소수의 지적 엘리트들의 文化창조의 밑바닥에는 그 민족이 지니고 있는 민족성이 깊이 반영되기 때문이고 민족성은 전체 인민의 사상과 의식을 그대로 반영하는 것이기도 하기 때문이다.

## 4) 중국(대륙)에서의 문화사 연구

냉전체제의 종식과 구소련의 해체에 이어 중국이 개방되면서 마르 크스의 유물론이 지배하고 있던 중국에서 역사학 연구의 새로운 동향 이 나타나고 있는데 문화·문화학 혹은 문화역사학으로 불리는 새로 운 사학연구의 움직임이 그것이다. 중국의 개방정책과 함께 마르크스 의 유물사관이 퇴색하고 사학이론으로 文化史論이 대두된 것은 역사 학 연구에 깊은 의미를 갖는 것이다. 유물사학에서 반동적 부르주아 사학자로 지탄받고 있던 胡適의 업적을 중국의 문화사학에서 재평가 하면서 인용하고 있는 것은 좋은 예이다.

文化大革命을 분기점으로 그 이전까지는 중국(공산당)이 역사학을 정치성이 강한 과학이라고 판단하여 이를 정치적 목적에 봉사하는 학 문으로 전락시켜 유물사관과 毛澤東사상노선으로 개조시켰다. 이리하 여 유물사관과 거리가 먼 기성 고증사학가들을 포함하여 전후에 성장 한 역사가들이 방향으로 역사 연구를 추진하였다.

중국에서의 이른바 사학혁명은 1958년부터 10년 가까이 진행되었으 며 1966년으로부터는 프롤레타리아 문화혁명으로 흡수되어 더욱 격화 되었다.[12] 사학혁명 동안에 대다수의 사학자들은 몇 가지의 구체적인 문제를 둘러싸고 논쟁을 벌였다. 이론의 중심주제는 과거에 중요한 연 구문제로 인식되어 왔던 문제의식을 철저히 비판 부정하면서 진행되 었는데, 그 구체적인 예를 들면 왕조체제의 타파, 계급관점의 문제, 그 리고 농민전쟁과 讓步政策, 역사인물 평가의 문제 등이다.

史學革命은 역사학을 정치투쟁의 도구로 전락시키고 역사 연구가

---

12) 高柄翊, 「中共의 歷史學」 — 史學革命과 文化革命, 『東亞史의 傳統』, 一潮 閣, 1976 참조.

대부분 이론과 관점에서만 치우쳐 사료나 사실에 대해서는 조잡하고 임의적인 해석을 함부로 적용하고 이에 따라 문화 내지 문화사적 연구는 전무한 상태가 되어 버렸다. 이리하여 중국의 사학은 '거의 무의미한 지경에 빠지게 되었다'고 비판되었다.[13] 한편 1965년에서 1969년 초까지 전개된 이른바 문화대혁명으로 역사학 연구는 큰 타격을 받았고 사학계의 대가들이 잇달아 숙청되었다. 그 후 80년대에 들어와서 구소련이 해체되고 중국도 개방화되면서 문화사 내지는 문화사학이 서서히 머리를 들고 나타나고 있는데, 이는 매우 주목되는 일이 아닐 수 없다.[14]

마르크스의 유물사관에 의하면 문화는 두 가지 부분으로 구분하는데, 하나는 물질문화이고 다른 하나는 정신문화이다. 종래 유물론자의 주장은 물질(경제) 생산이 역사를 움직이는 원동력으로 보았으나, 최근에 중국학계에서는 유물·유심(물질문화·정신문화)을 분리시킬 수 없는 공동체적 요소로 파악하고 있고 한 걸음 더 나아가 문화사학자들은 유심주의와 유물주의 대신에 문화주의를 제창하기에 이르렀다. 이리하여 문화와 지식을 동일한 성질로 간주하면서 인류의 문화유산을 물질적인 것 이외에 정신적인 생산수단, 예컨대 언어·문자·교육·출판·텔레비전·도서관·박물관 등 인간의 정신생활적 사회현상이 모두 문화의 범주에서 속한다고 주장하여 종래의 유물론적 문화관점과 방향 전환을 하고 있다.[15]

이리하여 문화사 연구에서의 문화란 바로 인간의 정신생활 영역의

---

13) 高柄翊, 前揭書, p.229, A. Feuerwerker의 論評 참조.

14) 周朝民·莊輝明·李尙平 編著, 『中國史學四十年』(1979~1989), 1989, 廣西人民出版社.

15) 「中國文化史硏究者座談會紀要」, ≪中國文化硏究集刊≫ 第1集, 上海, 復旦大學出版社, 1984 참조.

사회현상으로 해석하면서 사회존재로서의 인간의 사회의식 형태를 문화의 중요한 요인으로 파악하고 있다.

이에 따라 문혁 이후 새로 타나난 문화사에 대한 중국(대륙)학자의 생각을 정리하면 대체로 다음과 같은 결론을 얻을 수 있다.

먼저 이들은 중국의 역사학계의 문화사 연구에 대한 그동안의 공백을 비판하고 있음을 살필 수가 있다.[16] 즉 중국의 학자들은 다 같이 중국의 문화사연구가 중국의 학술 영역에서 하나의 거대한 공백에 속한다고 강조하고 정치·경제·철학·문학 등의 전문서는 출판되었는데 중국문화사의 연구는 부족하고 적막하기까지 하다고 주장하면서 학문적으로 초보적인 단계라고 비판하면서 『중국문화사』로 명명된 출판물은 거의 없는 실정이라 하였다.

또 대학에서의 문화사 과정은 정치·경제·문화의 세 부분으로 나누어 강의를 하고 있으나 실제로 문화사 부분은 하나의 장식에 불과할 정도로 불충분하다고 하였다. 그것은 지금까지 중국문화사에 대한 종합적인 연구가 부족했기 때문이며, 이 때문에 문화사의 공백이 생기게 되었다고 하였다. 중국은 세계 역사상 가장 유구한 문명을 가진 나라 중의 하나이며 중국의 문화유산은 인류 역사상 찬란한 것인데, 중국문화사에 대한 총체적인 연구를 소홀히 한 결과 문화사가 발전하지 못하였다고 주장하고 있다.[17]

이들은 중국문화사가 소홀히 다루어지고 있는 것을 비판하면서도 그 원인에 대한 문제제기를 선뜻 못 하고 있다. 그것은 중국이 개방화로 나아가고는 있지만, 아직도 사회주의 체제 속에 놓여 있는 학문적 분위기를 외면하지 못하고 있기 때문이다. 다만 문화사연구를 주제로

---

16) 앞의 「中國文化史研究學者座談會紀要」 참조.

17) 于沛, 「文化, 文化學和文化歷史學」, ≪史學理論≫ 第2期, 1989 참조.

한 전문 학술 토론회가 30년 만에 처음으로 개최되었고 많은 역사학자들이 한곳에 모여 공동토론을 전개하였는데, 이것은 분명히 중국 역사학계의 새로운 연구 분위기로 파악된다.[18]

다음으로 중국학계에서는 문화사연구의 필요성을 문화형태와 결부시켜 강조하고 있다. 즉 이들은 문화의 발전과정을 이해하지 못하면 한 민족, 한 시대의 정신 상태를 이해할 수 없을 뿐만 아니라 그 민족, 그 시대의 사회전체상을 깊이 이해할 수 없다고 주장하고 있다. 종래의 마르크스주의는 유물사관에 따라 경제적인 상층구조를 유물론이 결정한다고 여겨 왔기 때문에 그 결과 마르크스주의 史家는 경제형태를 연구하는 것을 중시하고 문화형태의 연구는 자산계급(자본주의 계급) 학자들의 임무라고 생각하여 왔으나 이것은 마르크스주의에 대한 곡해이며 실제로 문화형태도 객관적인 존재이므로 당연히 마르크스주의의 유물사관을 가지고 문화현상도 연구되어야 한다고 주장하고 있다. 특히 문화형태에 관해서 문화는 일종의 복합체이며 관념형태로써 문화형태는 사회경제구조 속에서 발전하고 아울러 이 구조의 제약을 받았지만, 그러나 문화형태는 한 번 생겨나면 상대적인 독립성을 갖추게 된다고 주장하고 있다. 특히 문화형태는 복잡하고 방대한 체계이므로 연구를 할 때 구체적인 분류를 할 필요가 있다. 예를 들면, 사회발전 단계에 근거하면, 원시사회문화·노예사회문화·봉건주의문화·자본주의문화와 사회주의문화 등을 들 수 있으며 사회생활의 부류나 발전 정도에 근거하여 유목문화·농경문화·공업문화 등으로 구분된다고 하였다.[19]

---

18) 앞의 「中國文化史硏究學者座談會紀要」 참조.

19) 丁守和·蔣大春, 「試論文化史硏究對象和途徑」, 『中國文化硏究集刊』 第1集, 上海 復旦大學出版社, 1984. 任繼愈, 「民族文化的形成與特點」, 『中國文化硏究集刊』 第2集, 上海, 復旦大學出版社, 1985 참조.

문화형태의 기본정신, 기본방법의 표현 문제는 주로 한 시대·민족 혹은 계급의 사람들이 공유한 관념적인 것을 표현할 것을 요한다. 이를테면 심리상태, 사유방식, 사회습속 및 인정세태 등등에까지 미치고 일단 형성되면 영향은 크고 인간 생활의 모든 방면에 침투하게 되면 많은 사람들이 당연하게 여기는 전통으로 변화될 수 있다고 하였다. 다만 문화와 관련된 여러 가지 형태에 대해 학자들 사이에 달리 표현하고 있는 것은 다른 학자가 연구하지 않았거나 개별적인 연구에 그치고 있기 때문이며 현재 필요한 연구는 전체적인 측면의 연구로써 이것이 바로 문화사의 임무라고 주장하고 있다.

다만, 문화형태의 진화과정을 이해하는 데 주의를 요하는 것은 문화는 결코 고정불변은 아니고 그 형태는 부단히 변화하고 또 전체 추세는 반드시 역사를 조성하는 여러 가지 한계와 틈을 제거해야 된다고 보았다. 예를 들면 인류의 복식은 등급을 표시했던 것에서부터 실용으로 변하였고, 요리기술은 소수 통치자들이 향유했던 산물로부터 인간이 공동으로 필요로 하는 기술로 바뀌었고 음악기술도 시간이 갈수록 계급의 민족적 경계를 타파하고 누구나 감상할 수 있는 정신 산물이 되었다는 것이다.

끝으로 중국학계의 문화사학자들은 종래 원용되고 있는 유럽 중심의 문명사관을 비판하고 있음을 살필 수 있다.[20]

각종 문화는 상호 접촉하고 서로 흡수·배척·침투·융합하여 필연적으로 문화중심 문제가 발생한다고 생각하였다. 최근 중국에서 문화사를 중심 주제로 연구하는 학자들은 우선 종래의 歐洲중심론의 속박에서 벗어나고자 하는 것으로 歐洲중심론은 역사사실에 위배된다고

---

20) 許思園, 「續論中國文化二題」, 『中國文化硏究集刊』 第5集, 上海, 復旦大學出版社, 1987 참조.

보았다. 왜냐하면 그것은 고대세계의 문화의 근원지를 세계사에서 조명해 보면 쉽게 알 수 있다는 것이다. 즉 서양문화의 중심이라고 할 수 있는 그리스·로마는 유럽에 있었지만, 중국·인도·바빌로니아 등은 모두 아시아에 있어서 독자적인 문명을 형성하였다. 따라서 고대세계문화는 어떠한 유럽 중심도 존재하지 않았다는 것이다. 뿐만 아니라 중세에 이르러 그리스·로마문명은 소멸되었고 유럽인들이 아라비아 학자의 소개를 통해 겨우 아리스토텔레스의 저서를 읽어야 할 형편이었으므로 더욱 유럽 중심은 존재하지 않았다는 것이다.

그러므로 세계문화의 발전은 多層的이어서 단일한 고정적 중심은 존재하시 않으며 또 多中心이라고 말할 수 있고 이런 문화의 영향은 넓고 깊으므로 그 영향이 미치는 공간과 시간 그것이 곧 중심이라는 것이다.

문화중심의 이동은 경제중심의 이동과 상통하는데, 이 때문에 그 중심은 어느 한 지역이나 민족의 문화를 가리키는 것은 아니라 인류사회의 같지 않은 발전단계의 생활취집 영역을 가리킨다. 이 구분에 의거하면 제 1시기는 인류의 기원시대로, 문화중심이 삼림 속에 있었으므로 이 안에서 채집과 수렵생활을 했고, 제 2시기는 노예제시대와 봉건시대에 해당하는데 문화중심이 대하 유역에 있었다. 이집트의 나일 강 유역, 바빌론의 티그리스·유프라테스 강 유역, 인도의 갠지스 강 유역, 중국의 黃河·楊子江 유역이 바로 그곳이다. 제3시기는 자본주의 발생과 발전단계로 문화중심이 온대로 이동하였다고 보았다. 이러한 입장은 중국학계가 문화사론을 연구의 주제로 삼으면서도 아직도 유물사관의 입장을 탈피하지 못한데서 나온 학문적 제한성으로 이해해야 할 것이다.

## 5) 맺는 말
— 동양문화사의 새로운 인식과 연구방향 모색

이상에서 동양사에서 문화사연구의 국내외적 실태를 검토하여 보았다. 한 마디로 말해 한국이나 외국(주로 중국, 일본)에 있어서의 문화사에 대한 연구는 이렇다 할 업적이나 연구관심이 부진함을 면치 못하고 있는 것이 사실이다. 거기에는 여러 가지 원인이 있을 수 있다.

우선 생각할 수 있는 것이 문화사의 연구 영역이 광대할 뿐만 아니라 文化란 용어 자체가 뚜렷하게 개념정립이 되어 있지 못한 상태임을 알 수 있다. 그 위에 종래까지 역사학 연구의 중심방법으로 인식되어 온 실증주의적 고증사학 방법이나 유물주의적 변증법적 역사발전론이 다 같이 역사 연구의 기본방향이 되어 왔기 때문에 인간의 정신주의적 형이상학을 기본주제로 삼을 수 있는 문화사 연구는 외면당하고 소외시키는 작용을 강하게 한 것이 사실이다. 사회주의 체제의 붕괴와 함께 유물변증법에 의한 역사발전의 논리는 빛을 잃었고 실증주의적 고증학적 역사연구 방법도 사료해석의 한계점에 도달한 감이 없지 않다. 우리는 여기에서 文化史觀에 입각한 새로운 역사학연구의 방법론이 마련되어야 함을 생각하게 된다.

1990년대는 세계사의 전환기라고 생각된다. 그것은 20세기 초에 마르크스 유물사관과 프롤레타리아 혁명을 내걸고 출발한 사회주의 체제가 70년간의 실험 기간을 거쳐 붕괴되면서 동서냉전 구조가 종말을 고하면서 그 공백을 채우기 위한 새로운 세계질서가 모색되고, 이에 따라 세계사의 지각변동이 90년대에 들어와서 진행되고 있다.

인류역사상 현재처럼 세계사를 전체적으로 그리고 통일적으로 파악해야 할 필요성이 요구되는 때는 없다. 앞으로의 역사연구는 각 지역의 개별사가 좀 더 구체적으로 파악되어야 함은 말할 것도 없으나 세계의 일체화가 급속히 진전되고 있는 상황하에서는 개별사만으로는 만족할 수 없다. 지구를 하나의 역사 주체로 인식하면서 지역(국가)과 전체(세계)에서 나타나는 모든 역사적 현상을 새로운 세계사의 발전법칙에서 관조할 수 있는 역사 방법론이 도출되어야 한다. 낡은 유물변증법적 역사발전 논리를 가지고서는 우리가 당면한 세계사의 현상을 설명하기 어렵다. 그러므로 새로운 역사발전 이론에 의거하여 세계사의 보편성과 특수성을 더욱 확실하게 파악하는 일이 무엇보다 중요한 역사인식이 아닐 수 없다.

특히 세계가 지금까지의 이데올로기에 의한 대립과 갈등에서 벗어나 전 세계의 민족과 국가가 비록 사회구조와 국가형태 그리고 문화적 전통은 달리하고 있으나 결코 홀로 고립해서 존재할 수가 없는 단계에 놓여 있으므로 이러한 역사적 요구는 더욱 절실한 것이다. 그러므로 우리는 세계사의 인식을 종래의 유물론적 잣대가 아니고 새로운 기준으로 다시 인식해야 하는 중요한 시점에 왔다고 생각된다. 세계사적 역사발전을 어떻게 인식할 것인가에 대한 문제는 특히 동양사의 역사인식에서 더욱더 필요성이 강조되고 있는 형편이다.

돌이켜 보건대 동양의 역사는 19세기 말에서 20세기 초에 걸쳐 제국주의 열강의 아시아 침략과정에서 동양문화에 대한 역사적 사실 자체가 왜곡되고 평가 절하되었으며 그 여파로 아직도 동양문화에 대한 정확한 복원이 이루어지지 못하고 있는 형편이다. 더욱이 마르크스 유물사관에 의한 아시아적 생산양식론이나 동양문화의 정체성이론은 동양역사의 구조 자체를 변질 왜곡시켜 놓았으며, 이는 아직도 직·간접적으로 동양문화 전반을 억누르고 있다. 특히 동서 냉전체제의 희생자로서 아직도 분단의 고난을 경험하고 있는 우리로서는 냉전체제가 종식되어 가는 현시점에서 이상과 같은 동양문화 전반을 지배하면서 내려온 식민지사고 내지는 서양문화 우위론적 문화사관을 극복하고 과학적 동양 문화사를 어떻게 정립할 할 것인가의 문제는 동양사 연구의 가장 시급한 문제가 아닐 수 없다.

더욱이 동양문화 특히 동아시아 문화의 중심지대라 할 수 있는 중국의 역사학계가 마르크스의 유물사관에 의한 역사학의 정치도구화 과정에서 중국사는 물론이고 동아시아사 자체를 왜곡시켰을 뿐만 아니라 문화대혁명을 거치는 와중에서 철저하게 전통문화의 부정과 파괴로 동양사학 연구의 선도적 지위를 상실한 채 비생산적인 시대구분론이나 역사발전론으로 동양문화사의 발전적 인식을 제대로 하지 못하고 있는 실정이다.

필자는 동아시아 역사의 올바른 인식을 위해서는 이상과 같은 동양사의 불행한 역사인식을 청산하고 새로운 문제의식을 가지고 동양문화를 재조명해야 한다고 생각한다. 이를 위해서는 동양적 문화사관에 입각하여 역사 연구가 진행되어야 한다고 본다.

역사적 세계를 구성하는 민족이나 국가의 발전에 대한 위상을 밝히는 데 가장 유효하다고 생각된 시대구분 논리가 마르크스주의의 경제적 사회구성논리로 일관되었다. 세계사의 발전단계는 원시공동체, 고대아시아적 생산양식, 고전 고대적 생산양식, 중세 봉건적 생산양식, 근세 자본주의적 생산양식, 그리고 장래의 사회주의적 생산양식으로 발전한다고 본 것이다. 이리하여 마르크스 유물사관에 의한 세계사의 거시적 발전단계론이 현재까지 수많은 논쟁과 논의를 불러일으킨 것은 다 아는 사실이다. 이러한 유물사관의 영향 속에서 역사 연구가 진행된 일본과 중국학계는 아직도 유물 변증법적 역사발전의 굴레에서 쉽게 벗어나지 못하고 있다.

　서유럽의 역사적 전개과정을 대상으로 하여 시작된 발전단계론 중에서 하나의 가설에 지나지 않는 '세계사의 발전법칙'에 사로잡혀 동양의 역사를 무리하게 이틀에 맞추다 보니 고대 노예제 사회의 편년의 하한을 잡는 데 천 년 이상의 연대 차이를 노출하게 되었다. 이른바 '세계사의 발전법칙'은 문화환경과 역사적 전통이 서로 다른 각 지역의 역사적 독자성을 확실하게 파악하고 그 위에 구축된 법칙이 아니라는 사실을 명심해야 한다. 그러므로 유럽사 기준의 역사관에서 탈피하여 동아시아사 자체의 전개과정을 분석함으로써 동아시아사를 정확히 이해할 수 있는 새로운 방법이 제시되어야 한다.

　피상적으로 말할 때 동양문화는 정신적이고, 서양문화는 물질적이라고 하는 면을 강조하는데, 반드시 이를 긍정한다는 뜻은 아니지만, 정신주의 문화를 종교성에 결부시킬 때 불교·유교·이슬람교·힌두교 그리고 크리스트교까지도 그 출발은 동양 내지는 동방(Orient) 지역이라고 하는 사실에 주목이 간다. 생산을 역사발전의 원동력으로 보는 마르크스의 유물사관이 퇴색하는 현시점에서 다시 생산성보다는 인간의 정신력이 역사 발전의 동력원이라고 생각 할 때 인류 역사의 발전 동력을 문화 내지 문화사라는 새로운 이론으로 다시 써 나갈 수 있을 것으로 생각된다.

　그동안 한국의 동양사 연구는 역사학 방법상에 있어서나 역사의식에서 세계사와 문화사에 대해서는 소홀히 다루었고 따라서 위축되어 있었다. 냉전체제와 이데올로기에 시달려 온 우리 민족의 입장에서 볼 때, 냉전의 종식이 표면적으로는 자본주의의 승리인 것처럼 보이기는 하지만, 사실은 유물사관을 극복할 만한 역사적 이론을 우리가 마련하지 못하고 있다는 데 문제가 있다. 그러므로 우리는 역사의식의 일대 발상 전환을 시도해야 할 것이다. 자본주의와 사회주의라는 종래의 관념에 사로잡히지 않고 동양문화의 내면에 잠재하고 있는 역사발전의 원리를 다른 각도에서 추구해야 할 것이다.

동양문화의 우수함이나 동양문명이 깊은 뿌리를 내렸던 동양문화의 가치를 부정하고 알지 못하게 된 역사적 배경은 서구 열강이나 일부 학자에 의한 식민지사관의 결과라 하겠다. 특히 식민지주의자들은 동양문화를 야만화하기 위해 동양역사의 상부구조를 변질시켰으며 동양인 자신도 자기 문화에 대한 철저한 비판을 서슴지 않았으니 중국의 문화대혁명이 저지른 동양의 전통문화에 대한 철저한 부정에서 그 좋은 예를 찾을 수 있다.

19세기 말은 동양사회의 형극과 함께 문화적인 자기부정의 세기말이었으나, 100년이 지난 현시점에서의 20세기 말은 새로운 세기를 탄생시킬 수 있는 역사적 전환점이라 하겠다. 그런 의미에서 역사인식의 방법론은 동양문화를 종래와는 다른 시각에서 조명할 수 있는 문화사적 접근방법에서 찾아야 할 것 같다.

(『문화사와 미술사』 1996)

## Ⅱ. 宋代史 研究의 問題와 새로운 方向摸索

### 1) 宋代史연구의 매력

우리가 역사 연구를 전문적으로 하기 위해서는 필수적으로 자신의 연구 영역(지역, 시대)을 설정해야 하고 다음으로 어떤 주제를 다룰 것인가에 대해 많은 생각을 해야 한다. 이러한 문제를 결정하는 데는 여러 가지 계기가 있을 수 있다. 자기 혼자서 결정하는 경우도 있고 아니면 주변의 권유에 따를 수도 있을 것이다. 특히 학문적으로 존경하는 은사나 선배의 조언에 의해 전공 영역을 정하게 되는 예를 흔히 볼 수 있다.

우리나라의 송대사를 전공으로 하는 동학들에게 '왜 이 시대를 연구하게 되었는가'라고 송대사 전공 동기를 묻는다면 그 대답은 다양할 것이다. 그런데 모든 사람들이 자기가 전공하는 연구 영역에 대해서는 나름대로의 자부심이 있을 수 있겠으나, 중국사의 다른 영역에 비하면 송대는 확실히 여러 면에서 연구해 볼 만한 시대라고 확신을 갖고 있으며 이 시대의 매력을 여러 면에서 찾을 수가 있을 것 같다.

송대는 중국사회의 발전과정에서 당말·오대를 과도기로 하여 출현한 획기적인 시대로 정치·사회·경제·문화 등 전반에 걸쳐 그 이전과는 성격이 다른 발전적인 시대이다. 그러므로 송대를 연구한다는 것은 중국사회의 성격을 파악하는 데 아주 중요한 의미를 갖는 것이다. 특히 전환기에 해당하는 새로운 시대가 열리는 변혁기라는 사실에서 이 시대의 연구자들에게 연구의욕을 자극한다고 생각된다. 비단 송대사 뿐만 아니고 일반적으로 역사학 연구에서는 사회적 변혁기로 알려진 시대의 연구가 각광을 받게 마련이다. 그것은 시대성격이 분명한 전환기가 안정되고 변화가 없는 사회보다는 다양한 문제들을 내포하고 있고 그러한 변화와 변혁은 바로 역동성을 갖추고 있기 때문이다. 거기에는 연구의욕을 자극하는 많은 문제점을 찾아낼 수가 있고 따라서 다양한 문제의식을 구상할 수 있다.

발전기로서의 송대는 중국사 전체의 흐름과도 밀접하게 연계되면서 이 시대의 특성을 부각시키고 있다. 송대는 그 이전(당대)의 사회상태를 일신하여 중앙 집권적 문신관료지배 체제를 확립하였을 뿐만 아니라 사회구조가 본질적으로 변화되었다. 즉 당의 귀족사회에서 사대부 서민사회로 전환되고 문화면에서도 철학(주자학), 문학(宋詞), 자연과학, 미술, 공예 등의 각 부문에서 현저한 특성을 나타내고 있다. 종래 중국의 학문에서는 唐·宋 시대를 묶어서 비슷한 유형으로 보려는 경향이 강하였다. 당송팔대가문, 당송문순, 당송총서 등과 같이 양 시대를 묶어서 생각하였다. 그러나 이것은 당송의 변혁기를 무시하고 五代의 군벌시대를 부정한 위에 세워진 논리로서 현재로는 올바른 시대상이다. 왜냐하면 송대의 사회구조는 사실상 당보다는 그 이후의 시대성격과 유사하며 이러한 시각에서 볼 때, 송대는 새로운 출발시대로 파악된다. 새롭게 시작하는 시대의 연구매력은 끝나는 시대보다는 한층 크다고 하겠다. 이 밖에도 송대는 중국역사상 학문과 사상이 발달한 시대이기 때문에 그만큼 연구주제도 다양할 수 있다. 또한 중국의 문화가 서양의 그것에 비해 앞섰다는 사실을 내세울 때 송대의 화약, 나침반, 인쇄기술의 발명을 증거로 제시하면서 송대의 문화적 성격을 부각시키는 것도 이 시대를 연구하는 우리에게는 큰 자랑이 아닐 수 없다.

다음으로 송대사에 대한 매력은 연구를 위한 사료와도 밀접한 관계가 있다. 송대는 그 이전의 당대와 비교할 때 인쇄기술과 문방구류의 발달로 인하여 많은 전적이 간행되었고 그 위에 학자와 정치가에 의

한 문집류의 출판, 그리고 국가에 의한 대대적인 도서출판으로 전환기의 시대상을 파악할 수 있는 사료의 확보가 가능하다. 고대사 연구의 경우에는 사료 기근으로 모처럼 잡아놓은 연구테마를 가지고 연구를 추진하다가도 자료의 부족으로 인해 연구를 중단하고 연구의욕을 상실하는 경우가 있다. 반대로 현대사로 내려오면 많은 사료에 대한 논증 때문에 주 논문의 연구가 뒤로 밀리는 경우도 있을 수 있다. 그러나 송대사 연구에는 사료의 적정 확보로 인한 연구의욕 진작이 가능하며 고대사나 현대사에 비교할 때 사료상의 어려운 문제점을 어느 정도 보완하여 주고 있기 때문에 이 시대를 연구하는 사람들에게 많은 문제의식을 가지면서 자기주장을 펴나갈 수 있는 매력이 있다.

## 2) 宋代史 연구의 몇 가지 문제

한국의 송대사 전공자가 주제를 가지고 연구를 진행할 때 꼭 살펴보아야 할 부분이 있는데 그것은 일본과 중국학계의 연구성과에 병행해서 제기되고 있는 시대구분논쟁이다. 사실 송대사의 매력으로 인해 송대사에 대한 연구는 많은 학자들에 의하여 중국사의 어느 시대보다도 의욕적으로 연구가 추진되어 왔다. 특히 일본에서는 탁월한 문제의식을 가진 연구업적이 나오고 있다. 이와 같은 외국학자들의 송대사 연구 업적을 바라보는 심정은 솔직히 말해 부러움과 놀라움 바로 그것이다. 놀라움 속에는 정신적, 육체적 각고의 연구노력으로 쌓아올린 연구성과와 함께 시대구분론을 뒷받침하기 위한 실증적 연구와 이러한 연구에 대한 비판과 반비판이 반복되는 연구성과를 들 수 있고, 또 사료접근 방법과 해석력에서 보여 주고 있는 탁월한 문제의식과 발군의 돌파력이다. 이러한 연구결과는 단기간에 이루어지는 것이 아니고

師弟相關的 도제관계에 의한 여러 세대의 연구과정에서 비로소 가능한 것이라고 생각된다.

그런데 일본학자들의 이와 같은 연구성과에 나타나고 있는 문제의식 가운데 우리의 관심을 끄는 것은 송대의 시대성격을 파악하는 연구결과가 서로 다른 대립된 견해를 내세우고 있다는 사실이다. 송대사를 전공으로 하는 한국의 송대사 연구자는 연구사적 시각에서 일본학계의 이러한 대립되는 견해를 못 본 체할 수 없는 입장이고 대립되는 견해의 연구배경을 파악하는 일은 연구사적 입장에서 매우 중요하게 생각되는 부분이다.

먼저 송대를 중국사의 전체에서 파악할 때 시대적으로 어느 위치에 설정 할 것인가에 대하여 대립된 견해를 들 수 있겠다. 이른바 시대구분론에 있어서 송대근세론과 이에 대한 송대중세론이 그것이다.

8세기 중기 안사의 난(755)을 계기로 하여 당의 귀족사회 지배체제가 붕괴되면서 정치·사회·경제면에서 커다란 변화가 나타나고 이는 다시 당말·오대를 거쳐 송에 이르러 새로운 시대상을 출현시켰다. 이 시대를 중국역사상 당송변혁기로 파악하는 데는 이론이 없다.

그러나 이러한 변혁을 역사적으로 어떻게 규정하여 그 위치를 설정할 것인가에 대해서는 일본학계에서는 의견이 분분하다. 송대의 시대구분을 논함에는 크게 두 가지 견해가 대립하고 있다. 즉 송대를 중세봉건사회성립기로 보려는 입장과 근세성립기론이 그것이다. 전자는 당말 이후 성립된 地主·佃戶관계를 농노제로 규정한 데 대해 후자는 전호를 독립된 자유민으로 파악하고 지주와의 관계는 대등한 경제적 계약관계로 보려는 견해이다. 그런데 이와 같은 견해의 차이에도 불구하고 지주·전호관계를 송대사회의 기본적인 계급관계로 파악하는 입장에서는 양자가 서로 일치하고 있다.

한편 중국대륙의 역사학계는 당송사이를 봉건사회체제 내에 있어서의 전기에서 후기로 넘어가는 이행기로 파악하고 있는 것이 정설화되고 있다. 이 경우 토지의 소유관계에 초점을 두고 있다는 점도 흥미롭다. 즉 국가를 유일최고의 지주로 파악하는 봉건토지국유설과 지주의 사적토지소유에 기본을 둔 봉건지주토지사유설의 두 가지 설을 중심으로 한 양자 간의 논쟁이 활발하게 전개되고 있다. 사적 유물론이 지배하고 있는 중국학계에서는 봉건사회 성립을 진한제국에다 두고 국가(황제)를 최고지주로 간주하여 봉건국가토지국유론을 전개하였다. 장기간에 걸친 중국봉건사회를 당의 중기(안사의 난)를 분계로 하여 봉건 전기와 봉건 후기로 나누고 있는데 토지 국유에 의한 사적 토지 소유의 결여는 전 봉건사회를 일괄하고 있다고 주장하면서 송 이후, 후기봉건사회에 있어서의 전제지배의 기반도 官田, 皇田, 官莊, 皇莊 등의 토지국유에 두고 있다. 이에 대해 봉건지주토지사유제론을 내세우고 있는 논자는 송 이후의 토지소유 가운데 국가가 차지하는 국유토지 면적은 그다지 많지 않다는 견해를 제시하여 대립하고 있다.

이상, 일본이나 중국학계에서는 다 같이 송대의 역사적 성격을 규정하기 위한 기본과제로서 대토지소유제에 의한 지주와 전호관계가 중요한 연구테마로 부각되고 있음을 알 수 있다. 다만 송대를 중세봉건사회로 설정하여 농노제성립설을 내세운 논거는 송대의 지주·전호 사이에 작성된 계약관계가 결코 대등한 경제적 계약이 아니고 지주의 전호에 대한 불평등한 것으로 지주의 권력적 강성이 확연히 드러나고 있다는 주장이다. 그 위에 송대의 전호는 이주의 자유가 없기 때문에 서양 중세의 농노적 성격과 유사하다고 규정한 것이다. 그러나 이러한 전호의 농노적 성격에 대해 반대 의견을 내세운 입장이 송대근세론이고 이를 뒷받침하는 것이 전호를 근세적 자유인적 소작인으로 보고 지주·

전호의 계약관계는 근대적 성격의 대등한 관계로 규정한 것이다.

한편 이러한 송대 佃戶의 성격을 가지고 시대구분의 대립적 견해를 내세운 데 대해 또 하나의 문제의식을 가지고 송대사 연구를 진행한 입장이 대두되고 있다. 즉 송대 이후 기본적 계급관계를 지주·전호관계에 두는 것을 부정하지 않으면서도 다만 당송변혁기의 역사적 성격규정을 종래처럼 地主·佃戶 관계의 추구에만 의존하는 것은 이 시대의 전체상을 파악하는 데 문제가 있다는 점을 내세우면서 송조전제국가를 구성하는 요소로써 지주·자작농·자작 겸 소작농, 전호 등을 그 대상으로 해야 한다는 입장이다.

이러한 문제의식의 밑바닥에 깔려있는 논거의 초점은 세계사의 기본법칙을 중국사에서도 찾으려 시도할 때 그 방법은 정체론의 비판과 이에 대한 극복이론이 중요한 역할을 하였다. 그러나 서구사회의 발전을 모델로 이론화되니 이러한 발전법칙을 중국사에 그대로 적용하여 송대사를 이해하려 들 때 거기에는 일정한 한계가 있음을 부정할 수 없다는 시각을 강조하고 지금까지 제창되어온 중국사시대구분론의 송대근세론과 송이후농노제론 등이 반드시 개별적인 중국사의 파악에 성공하였다고 볼 수 없다는 견해를 내세우기도 한다.

우리가 여기에서 관심과 함께 흥미를 갖는 것은 일본학계의 이러한 시대구분론은 송대사연구의 중요한 활력소가 되고 있음을 간과할 수 없다. 송대근세설이나 중세설을 내세우고 있는 연구자들은 하나의 학파로 불려질 만큼 자신의 은사, 동료 그리고 제자들로 구성되어 있는 연구학단을 구축하고 자기주장에 대해 철저한 고증을 펴면서 한 발짝도 물러서지 않고 있다. 뿐만 아니라 지속적인 연구의욕을 발휘하고 반대론의 문제점을 점검하고 은사가 제창한 시대구분론을 방어하기 위해서는 계속된 자기설을 보완하고 있다. 또한 타 설을 비판해야 하기 때문에 새로운 문제의식을 고안하고 후학을 길러야 하는 연구 분위기는 긴장과 의욕의 연속으로 보인다. 그러므로 시대구분론은 송대사 연구를 위해 활력소가 되면서 송대사 연구자에게 채찍을 가하고 있다. 송대근세론이나 중세론을 총론으로 세워놓고 이를 뒷받침하기 위한 정치·경제·사회·문화 전반에 걸친 명론적 연구는 확실히 일본학계가 가지고 있는 장점인 동시에 학문을 하는 방법상에서도 다른 나라에서는 흔하지 않은 학적 자세가 아닐 수 없다.

우리는 지금까지 송대사 연구를 위한 기본적인 공구서를 주로 외국학자가 출판한 것을 사용해 왔는데 이에 대해서는 감사하게 생각하는 한편으로 우리도 외국학자의 신세만 질 것이 아니라 도움을 주어야 할 단계가 아닌가 생각된다. 사실 지금까지 송대사 연구를 위한 여러 가지 기본적인 공구서는 일본학자와 중국학자의 것에 의존해 왔다. 송대사 연구를 위한 연구논문목록, 문헌제요, 사료연구목록, 사료내용목록, 어휘색인, 전기 인명 색인, 지명 색인, 기타 색인, 연표 등은 우리의 연구를 한층 편리하게 만들었다. 공구서의 출판은 어느 특정학자의 개인적인 힘으로는 감당하기 어렵고 막대한 인력과 시간이 동원되어야 하기 때문에 학자들의 협력에 의해 조직적으로 만들어져야 하는 것이다.

## 3) 宋代史 硏究를 위한 提言

현재 한국에서 송대사를 연구하는 학자들은 외국의 대학에서 학위를 받고 국내에 들어와서 연구를 계속하는 분도 있고 국내에서 학위를 얻어 연구 활동을 하고 있는 분도 있다. 이들의 문제의식도 외국학계의 연구경향을 채용하면서 나름대로의 주제를 가지고 연구에 임하고 있는 형편이다. 이들의 연구관심도 당송의 변혁을 거쳐 획기적 시대로 부각되고 있는 송대정치체제를 비롯하여 문신관료체제의 사회내부적 제 현상, 사대부 서민사회의 성립, 그리고 송대의 사회경제사로서 지주·전호, 향촌문제, 사상사로서 주자학 등 다양한 분야의 연구가 추진되어 왔다. 70-80년대의 어려운 연구환경 속에서 그래도 송대사가 지니고 있는 뚜렷한 시대상에 이끌려 이 정도의 연구성과를 올린 것은 오로지 송대사에 관심을 갖고 연구를 계속한 동학들의 각고의 노력이 가져온 결실이라 생각한다.

그러나 이러한 연구결과에도 불구하고 한국의 송대사는 안팎으로 많은 도전과 함께 건너야 할 험로에 직면해 있다. 우선 생각해야 할 문제는 70-80년대의 송대사 연구는 혼자서 외골수로 연구를 진행하고, 그 결과를 연구지에 발표하면 어느 정도의 학문적인 연구업적을 인정받았고 그것으로 만족할 수도 있었다. 이와 같은 연구는 그 당시 우리가 접할 수 있는 한정된 사료나 외국연구지, 그리고 한정된 외국학자의 연구업적만을 참고하여 연구를 진행한 결과이고 또한 구독할 수 있는 연구지나 사료의 범위가 상당히 제한적이었다. 그러나 지금은 사정이 다르다. 우리의 귓전을 때리던 우루과이 라운드에 의한 한국의 개방은 비단 농산물에 한하는 문제만은 아니고 송대사 연구도 외국학자에게 개방해야 하고 그래서 우리의 연구논문은 곧바로 외국학자들에 의해 비판의 대상이 되어야 한다. 따라서 종래와 같은 소승적 연구방법으로서는 현재와 같은 국제화(세계화)시대에는 살아남기가 어렵다고 판단된다. 이른바 무한경쟁의 시대에 송대사만이 예외일 수는 없다고 생각된다. 지금까지의 국내학계의 비판만을 의식하던 자세에서 탈피하여 외국학계를 상대하고 연구를 추진해야 할 줄로 생각된다. 외국학계에 내놓아도 손색이 없는 독창성이 있는 연구논문을 지향해야 한다.

한국의 송대사 연구자는 불행하게도 자기 글을 읽고 비판해 주는

동학을 별로 갖지 못하고 외롭게 공부를 해 왔다. 나는 경북대의 고
高亨林 교수를 잃은 것을 퍽 슬프게 생각하는데 그것은 고 교수가 생
존해 있을 때는 늘 내 논문을 읽고 비평할 것이라는 긴장감을 갖고
글을 썼고 항상 나에게 예리한 비판과 함께 좋은 조언을 아끼지 않았
다. 학문에서의 좋은 경쟁자와 비판자를 갖는다는 것은 자신의 학문을
발전시키는 데 그 이상의 좋은 반려는 없는 것인데 외국에 비하면 한
국의 송대사 연구자는 자기 혼자 논문을 쓰고 혼자서 만족하는 그런
과정에서 지금에 이르렀다. 그러나 앞으로는 전혀 사정이 다르다. 동
반자적 의식 속에서 서로가 절차탁마하는 비판자가 없이 쓰인 우리의
논문은 외부에 그대로 노출되어야 할 것이다. 특히 대학평가제의 실시
로 외국학자와의 공동연구나 외국학회지에 실을 수 있는 논문을 요구
하고 있는데 이는 결코 쉬운 일이 아니다.

이를 위해서는 두 가지 문제가 우선적으로 개선되어야 할 줄로 믿
는다. 하나는 대학의 연구제도의 개선이고 다른 하나는 연구자 개인의
연구자세의 방향전환이다.

먼저 대학의 연구제도의 개선문제를 생각해 보자. 한국의 대학은
7·80년대의 학생데모의 소용돌이를 겪으면서 대학교수의 임무를 연
구, 강의, 그리고 학생지도라고 하는 삼각구도로 고정시켰고 그 가운
데서도 학생지도를 중요하게 강조하였는데, 이것이 대학교수의 학문적
황폐화를 가져오게 만든 요인이 되었다. 연구와 강의보다는 학생지도
를 우선하는 기형적 대학이 되었고 그 영향은 지금도 남아 있다. 사실
교수의 가장 중요한 임무는 연구(논문)이다. 연구가 없는 강의란 자기
주장이 없는 강의에 불과하고 연구를 수반하지 않는 학생지도는 중고
등학교면 몰라도 대학사회에서는 용납되지 않는다.

사실 60-70년대의 우리나라 대학의 사학과는 학부과정을 졸업할 때

면 졸업논문에 대해 상당히 무거운 비중을 놓았다. 이리하여 학부를 졸업할 때에 우수한 논문을 쓴 졸업생들이 그 후에도 훌륭한 학자로 발전하는 예를 흔히 볼 수가 있다. 이것은 비단 한국에서만이 아니고 외국에서도 학부의 논문은 그 사람의 장래를 점치는 중요한 바로메타가 되어 왔다.

그런데 언제부터인지 정확하지는 않으나 아마 학생데모가 격렬하던 70년대 후반 실험대학 제도가 도입되고 140학점으로 학부의 졸업학점이 축소되면서 슬그머니 대학의 학부졸업 논문이 있으나 마나 한 존재가 되어 사라져 버렸다. 그 대신 학부는 교양을 주로 하고 대학원에서 전공중심 교육을 이수한다고 하여 대학원을 강화하는 듯 보였다. 그러나 대학원에서도 논문은 그다지 중요시하지 않는 경향으로 흐르게 되었다. 이것이 한국의 송대사 내지는 동양사학계의 학문적 분위기를 상당히 위축시켜 놓았다. 대학학부에서부터 우수한 논문을 쓸 수 있는 제도적 장치를 마련해야 할 것이다.

이와 아울러 현재 각 대학 사학과의 교육과정은 사실상 우리가 대학 다니던 시절(50년대)의 그것과 그다지 달라진 바가 없다. 그 당시는 송대사 연구를 위한 기본사료조차 구하기 어렵고 학생을 위한 개설서나 시대사, 그리고 각 시대의 연구성과를 집대성한 논문집조차 전무한 상태로 이때에 만들어진 교육과정이 대체로 현재에도 그대로 통용되고 있는 실정이다. 그러나 지금은 사정이 전혀 달라졌기 때문에 오늘의 실정에 맞는 교육내용으로 개편되어야 한다. 이와 함께 대학원 교육과정과 학위논문제도에 대한 새로운 검토가 이루어져야 하는데 이는 비단 사학과나 동양사전공자에게만 해당되는 문제는 아니고 대학원의 전 과정에 대한 과감한 쇄신책이 마련되고 아울러 학위논문에 큰 비중을 두는 제도가 마련되어야 한다.

다음으로 송대사를 연구하고 있는 학자나 앞으로 연구하려는 지망자의 연구자세의 전환을 들 수 있다. 한국에서 송대를 연구한다는 것은 그 자체만으로도 이미 학문적으로 어려움을 안고 시작하는 일이다. 그런데 일차적으로 송대사를 지망하는 연구자는 두 개의 벽을 넘어야 하는데 하나는 漢字를 비롯한 외국어의 벽이고 다른 하나는 사료의 비판, 분석, 종합 등을 자유롭게 할 수 있는 자기훈련이다. 이와 함께 송대사에 뜻을 둔 학자들이 생각해야 할 일은 무엇보다도 뚜렷한 문제의식을 갖고 집중적으로 자기 영역을 연구해 들어가야 할 줄로 생각된다. 이는 마치 큰 광맥을 찾아 한 방향으로 집중적으로 추진해야 할 것이다. 이곳저곳의 강가에서 소량의 사금을 건져 올리는 듯한 분산적인 연구는 세속적인 연구주제가 고갈되어 버리는 결과에 직면하게 될 것이다.

이와 아울러 한국의 송대사 연구도 개별연구와 함께 공동연구의 두 방향으로 나가야 할 것이다. 연구에서 필요로 하는 사료와 논문의 소재를 파악하기 위해서는 연구자 상호 간의 문헌정보 교환이 필요하며 자신의 연구주제에 관한 동학의 끊임없는 비판과 조언도 공동연구에서 이루어져야 할 것이다. 한국 동양사학계에서도 宋遼金元史研究會의 결성을 보았다. 외국에서는 이미 1950년대에 'Sung Project'가 유럽학계의 송대사 연구의 공동연구기구로 발전하였고 일본이나 중국의 '宋史研究會', '宋遼金元史研究會' 그리고 일본의 '宋史編纂提要協力委員會'가 설치되어 공동의 연구활동을 추진하였고 그 결과 여러 가지 송대 연구의 공구서가 출판되기에 이른 것은 잘 아는 사실이다.

지금까지 한국의 송대사연구의 회고와 전망의 글을 쓰면서 동학들의 연구업적이나 구체적인 연구방향을 생략하였다. 아울러 우리 학계가 안고 있는 송대사연구에 대한 문제의식도 구체적으로 거론하지 못한 채 일반론적인 이야기만을 산만하게 늘어놓았다.

(『동양사학연구』 50, 1995)

# Ⅲ. 『歷史學報』 동양사연구 회고와 전망(1991~1993)

## 1) 總 說

한국 동양사학계가 지난 3년간(1991~1993) 걸어온 발자취를 살펴보면 많은 발전과 함께 그 이전에 볼 수 없는 몇 가지 특색을 찾을 수 있다. 우선 국내외의 여러 가지 환경변화가 이 기간 동안에 일어났고 이에 따라 동양사연구에도 커다란 변화를 가져왔다는 사실에 먼저 주목이 간다. 지난 3년간은 한국사회 내부의 정치적 변화로 동양사(중국사·몽골사·러시아사·월남사 등) 연구에 상당한 제약을 가하던 정치적 환경이 개선되어 공산권 연구의 문호가 열리게 되었고 이 지역에 대한 자유로운 연구활동이 가능해지면서 동양사연구의 폭과 깊이가 확대되었다.

특히 사회주의 체제의 붕괴와 한·중 수교에 따르는 자유로운 대륙여행으로 중국 대륙에 대한 관심이 봇물 터지듯 쏟아지면서 학문적인 면뿐만 아니라 대중들의 중국에 대한 관심이 높아져 역사 분야 이외의 문학·철학·정치학에 관한 출판물이 대거 간행되었고 그 가운데는 베스트셀러에 올라가는 출판물이 없지 않다.

이와 같은 국내외적 환경변화의 여파는 동양사연구의 중심 지역인 중국대륙과 몽골·만주·중앙아시아 그리고 러시아 지역을 연구자가 직접 답사를 통해 조사활동이 가능해져 종래 자신의 연구 지역을 문헌에만 의존하던 고립적 연구방법에서 탈피할 수 있게 되었다. 이에 따라 중국에 관한 연구가 대만이나 일본을 통해 간접적으로 진행되어 오던 종래의 상황에서 벗어나게 되었다. 이리하여 연구자들이 직접 아

시아 각지에서 개최되는 국제학술회의에 나가 주제를 발표하고 공동
토론에 참가하는 활발한 연구활동을 전개함은 물론, 학술조사에 의한
사료의 발굴, 고적지의 유물 확인 등 동양사연구의 다양성과 종합성의
성과를 서서히 거두고 있다. 이에 따라 중국사가 곧 동양사라고 생각
하던 좁은 시야가 필요에 의해 아시아사 전역으로 넓혀지면서 중국
사·일본사·동남아사·인도사·서아시아사에 관심이 쏠리고 있다. 다
만 한국과 긴밀한 관계에 놓여 있는 중국사에 대한 관심은 여전하고
연구인력 또한 여기에 집중되고 있는 형편이다. 이와 같은 동양사학계
의 성장은 한국 동양사학회가 중심이 된 여러 연구회를 통화여 주도
되고 있으며 공동주제를 가지고 동계 워크숍을 통해 활발한 연구토론
회를 하면서 그 결과를 책으로 출판하고 있으며 각 시대별로도 위진
수당사연구회에 의한 회보 및 명청사연구회와 근·현대사연구회의 회
보가 있어 시대별 연구를 활발히 추진하고 정보교환을 하고 있다.

　이와 함께 다른 분야에 비하면 얼마 되지 않지만, 그래도 학자들에
대한 여러 기간의 연구비와 출판비의 지속적 지원은 소장학자들의 연
구의욕을 자극하여 열악한 연구 환경을 개선하는 효과를 거두고 있는
것도 동양사연구 환경의 변화가 아닐 수 없다.

　그러나 이 기간 동안 동양사학회의 발전에도 불구하고 한국 동양사
학연구의 문제점 또한 적지 아니하다.

　먼저 지적할 수 있는 것은 동양사연구의 지역 및 시대적 편중성을
꼽을 수 있다. 한국 동양사연구의 주 무대는 중국과 그 주변 지역에
집중되어 있고 학문적인 면에서 볼 때에 체계적인 동양사(아시아사)에
는 못 미치고 있다. 세계화를 추진하는 현실을 감안할 때 동양사연구
의 범위도 동아시아는 물론이고 동남아시아·서아시아 세계로 확대되
어 이 지역에 대한 연구가 추진되어야 할 것이다. 또한 한국동양사는

시대적으로 고대사의 연구자가 많지 않다는 사실에 주목해야 한다. 한국 동양사학 연구의 고대사 분야 연구인원이 적은 것은 여러 가지 제약성 때문에 어쩔 수 없는 일이라고 생각되지만, 고대사연구의 수준이 바로 그 나라의 역사학 연구의 척도라고 생각할 때 고적한 동양 고대사연구의 타개를 위해 연구비를 비롯한 많은 제도적 장치가 마련되어야 할 것이다.

동양사학계의 또 다른 문제는 전체적인 학문업적을 총괄하는 통사와 각 시대의 연구업적을 정리하고 새로운 문제의식과 방향을 제시해 주는 시대사가 없다는 사실이다. 이는 우리 학계의 연구 폭이 좁고 시대별 연구층 또한 깊지 못하다고 하는 사실을 단적으로 증명하는 것일 뿐만 아니라 통사나 시대사에 대한 인식이 매우 부족한 것도 중요한 원인으로 작용하고 있는 실정이다. 특히 아직도 외국학자에 의한 통사나 시대사의 수준을 능가하는 일이 용이하지 못하기 때문에 외국학자가 쓴 통사나 시대사에서 벗어나지 못하고 있다. 이리하여 중국대륙에서 출판된 옛날의 통사류와 시대사들이 개방과 함께 번역되어 초보자에게 소개되고 있고 일본학자들의 이 방면의 연구 업적도 상당히 많이 번역되고 있다. 페어뱅크·라이샤워 교수의 개정판 『동양문화사』가 다시 출간되어 이용되고 있으며 페어뱅크의 『신중국사』도 번역되었다. 우리학자들에 의한 통사로는 李春植 씨의 『중국사서설』(교보문고, 1991), 申採湜 씨의 『동양사개론』(삼영사, 1993)을 들 수 있다. 후자는 특히 처음으로 한국학자들의 연구성과를 소화한 위에 체계적인 통사서술을 시도하였다는 점은 상당한 의미를 부여할 수 있다.

다음으로 한국 동양사학계의 문제로 제기될 수 있는 것은 연구주제에 대한 뚜렷한 문제의식의 부족을 들 수 있다. 우리가 역사학의 논문을 쓸 때 일반적으로 두 가지 방향설정을 하여 주제를 선정하게 되는

데 그 하나는 역사적 사실이 알려진 바와 다르게 서술되었거나 여러 가지 오류가 있는 것을 밝히고 이를 바로잡는 일이다. 다른 하나는 이미 선학들에 의하여 연구된 주제를 관점을 달리하여 자기주장을 부각시키고 선학의 연구에 대하여 비판을 가하는 일이다. 그러나 우리의 학문연구에서는 이 점을 소홀히 다루고 있고 경우에 따라서는 철저한 검증 없이 때로는 선학의 연구를 완전히 무시해 버리는 비학문적 태도가 그것이다. 이와 함께 연구논문의 질적인 문제를 들지 않을 수 없다. 상당히 많은 연구논문들이 지난 3년 동안 각 대학의 연구지를 통해 의욕적으로 발표되고 있는데, 논문의 문제의식이나 연구 내용이 창의성을 가지고 다듬어진 내용도 있고 그렇지 못한 논문도 있다. 실제로 지난 3년간 발표된 연구논문의 내용을 검증해 볼 때 수준의 현저한 차이성을 보여주고 있다. 어떤 논문은 세계적 수준에다 내놓아도 손색이 없는 반면, 그렇지 못한 논문은 대학원생의 습작정도에 머물고 있는 것도 없지 않다.

동양사연구자의 개인적 연구성과도 문제이지만 우리 학계의 전반적인 학문수위도 철저히 비판을 가해야 할 시점에 와 있다. 세계화를 내세우고 있는 우리의 현실에서 동양사연구의 수준은 국제적으로 어느 위치에 놓여질 수 있는가를 생각해야 할 것이다. 동양고대사를 전공하는 모 교수가 한국의 고대 연구수준은 외국의 그것에 비하면 30년 정도 뒤떨어져 있다고 실토하는 말을 들었는데 이는 비단 고대사에 국한된 이야기만은 아니다.

위와 같은 현실은 우리 동양사학계가 스스로의 반성과 냉엄한 비판을 겸허하게 받아들이면서 자신의 연구수준을 끌어 올리는 자구노력이 이루어져야 할 것으로 생각된다.

## 2) 中國古代史硏究

지난 4년간(1991~1994) 고대사(선사에서 삼국시대까지) 연구에 나타나고 있는 두드러진 경향은 은·주시대 및 춘추·전국시대에 관한 관심이 증폭되고 있다는 점이다. 많은 논문이 고대 부분에서 발표되고 있는데 이 가운데 은·주시대가 적지 않은 양을 차지하고 있음은 대단히 고무적이 아닐 수 없다. 그것은 역사학 연구의 뿌리는 역시 고대일 수밖에 없고 고대사연구의 학문적 수준이 역사학 연구수준과 비례한다고 볼 때 특히 고대사 분야에 대한 학문적 관심과 젊은 연구자의 연구논문 증가는 한국동양사학계의 장래에 밝은 전망을 던져주고 있다. 다만 여기에서 부언하고 싶은 것은 고대사연구의 기초작업을 위해서는 중국의 갑골문이나 주대의 고문, 금석문, 그리고 고고학적 유물에 대한 철저한 검토가 필요하고 이에 따라 갑골문·고문에 대한 관심을 가져야 할 것이다. 뿐만 아니라 중국대륙에서 진행되고 있는 고고학적 발굴 조사자료도 고대사연구에 직접 활용할 수 있기 때문에 문헌에만 의존하던 종래의 연구방법과 병행하여 출토되는 고고자료를 통해 폭넓게 고대사연구를 진행해야 할 것이다.

지난 4년 동안의 고대사연구는 은·주 시대사 연구가 거의 불모지대의 연구환경을 타개하고 있음을 알 수 있다. 다만 우리 학계의 열악한 고대사연구 환경으로 인해 연구자들의 대부분이 은·주 시대를 본격적으로 연구하려는 것이 아니라 그 이후 시대를 연구하기 위한 준비작업으로 은주시대를 다루고 있음은 연구의 주장을 놓아두고 객방에서 방황하는 듯한 감을 주고 있다. 우리의 고대사연구의 어려운 연구분위기 속에서 이만한 문제의식을 가지고 자기 영역을 개척하고 있다는 것은 고무적이라 하겠다. 다만 한 마디 추가하고 싶은 것은 자신

의 연구주제에 대한 선학들의 연구업적을 철저히 비판 평가하고 그
위에 자신의 논지를 펴나가야 한다. 종래 외국학술지의 구독난으로 해
서 자기연구 분야에 대한 각국의 연구업적을 쉽게 찾아보기 어려운
고립된 상황과는 달리 지금은 발표된 논문도 쉽게 찾아볼 수 있는 상
황에 와 있기 때문에 외국학자의 연구업적은 철저하게 여과시켜 비판
을 가한 위에 자신의 논지를 정리해야 할 것이다.

　이와 함께 보다 중요한 문제는 자신의 연구주제와 같은 선학의 연
구를 받아들이는 태도의 문제이다. 앞에서도 말하였지만, 기존의 연구
와 하등의 차이가 없는 내용을 다루고 있거나 아니면 제설이 분분하
고 아직 명확한 결론이 도출되지 못한 주제에 대해 자기의견을 명확
히 제시하지 못하고 논리를 전개시키거나 비약하려는 자세는 시정되
어야 할 과제가 아닐 수 없다.

　고대사연구의 또 하나의 문제점은 사료의 제한성에 오는 역사적 사
실규명을 위한 여러 가지 어려움이다. 몇백 년 후에 편찬된 문헌에 의
해 역사사실을 규명하려 들 때 시대적 격차에서 오는 사료상의 문제
와 실제적 역사현상과의 괴리를 어떻게 극복할 것인가 하는 문제이다.
예컨대 중국고대사회에 있어서의 토지사유제의 성립문제이다. 춘추·
전국 시대의 사회변동 속에서 가장 중요하게 취급되는 토지의 소유형
태, 철기의 사용과 농업생산성의 문제인데, 이에 대한 후대 사료의 분
분한 해석과 내용검토의 차이성에서 잘 나타나고 있다. 또한 춘추전국
시대 및 진한시대의 문제의식 가운데는 고대제국구조론, 생산구조상
나타나고 있는 생산주체를 둘러싼 논쟁이 활발히 취급되고 있다. 이
들 연구를 뒷받침하는 죽간, 목간문서가 최근에 많이 출토되어 새로
운 자료로 쓰이고 있는데 이 방면에 대한 연구와 검토가 있어야 할
것이다.

### 3) 宋遼金元史硏究

지난 3년간(1991~1993) 송·요·금·원 및 그 주변 지역에 대한 연구논문에 보이는 특징은 소장층 연구자들의 진출이 계속 증가되는 연구추세라 하겠다. 중국이나 일본학계의 이 시대에 대한 연구의 질이나 폭에 비하면 우리학계의 그것은 참으로 저조한 감이 없지 아니하다. 그러나 소장학자들의 활발한 연구는 이 방면의 연구에 고무적 현상이 아닐 수 없다. 이와 함께 우리 사회의 개방화는 이 시대사의 전공자들이 외국학계와의 연구교류를 활발히 추진하고 있음도 돋보이는 현상이다. 이들 가운데는 외국에서 수학한 후 귀국하여 계속해서 외국학계와의 관련을 그대로 맺으면서 학문교류를 추진하는 경우와 한·중문화교류의 일환으로 대륙학계는 물론이고 그 밖의 지역과 개인 또는 단체적으로 학문교류를 추진하고 있음을 살필 수 있다.

주지하다시피 송대는 당송변혁기의 신시대적 각광을 받으면서 많은 연구자들의 관심 대상 시대였고 요·금·원 또한 이른바 정복왕조로서의 특성 때문에 일찍부터 흥미 있는 연구 대상 지역으로 부각되어 왔다. 최근에 들어와 송대 사회의 내부적 구조에 대한 성격을 규명하려는 경향이 뚜렷하며 관료구조, 士大夫와 胥吏 등의 문제가 중요하게 다루어져 왔다.

우선 사대부관계의 논문은 송대 사대부의 활동과 그 유형분류 및 사대부사회의 발전형태를 주제로 선정하고 당대의 귀족사회가 군벌체제를 거쳐 송대 서민사회로 변천하는 과정에서 송대 사대부가 어떻게 발전하면서 그 활동범위를 넓혀 나가게 되었는가에 연구초점을 두었고 또한 송대 사대부 사회가 발전해 나가는 과정에서 나타나고 있는 여러 요인들을 분석하면서 사대부사회의 발전형태를 추론하고 있다.

사대부 간에는 항상 대립과 분열이 야기되면서도 이러한 요인이 한편으로는 사대부사회의 발전에 영향을 주었고 또 다른 면에서는 내면적으로 전통사상의 재해석(신유학)과 신질서의 추구를 시도하여 다양한 학파의 성립 및 정치사회의 분열과 당쟁의 심화를 불러오는 작용을 하였음을 밝히고 있다.

송대의 중앙집권적 문신관료체제의 중심에 위치하고 있는 황제권의 연구도 중요한 주제가 아닐 수 없고 이에 따라 송·명·청대의 황제의 성격규명을 위한 새로운 시도가 추진되고 있다. 특히 중국사의 시대적 성격과 맞물려 있는 송대 이후의 국가권력의 구조적 성격을 왕권에 초점을 맞추어 연구가 추진되고 있다.

중국왕조의 성격과 황제권의 특색을 보면 송 이전 왕조는 대체로 내부세력에 의해 멸망했고 송 이후의 왕조는 외부세력에 의해 멸망한 여러 원인이 분석의 대상이 되고 있다.

이와 함께 송대의 집권적 문신관료체제의 하부구조로서 중요한 의미를 갖는 서리문제에 대한 연구도 눈에 띄는 부분이다. 송대부터 정치일선에서 실무를 담당하면서 국정에 중요한 영향을 행사하게 되는 것이 胥吏이고 이에 따라 송대를 서리정치시대라고 부를 만큼 그들의 영향력은 큰 바가 있었다. 종래 胥吏문제는 그 성립과정과 제도적인 성격, 관료와의 갈등관계 등이 설명되었던 만큼, 앞으로는 송대 서리가 역사적 존재로서 지니고 있는 복합적 의미와 함께 정치사회의 발전방향에서 관료와 서리의 협조체제와 같은 긍정적인 면이 검토되어야 할 것이다.

송대의 당쟁에 관한 기왕의 연구는 이미 상당한 수에 달하고 있다. 그러나 송대 전반기에 걸친 당쟁의 상황이나 그 성격을 체계적으로 규명해 놓았다고 평가받을 만한 연구성과는 드물고 따라서 연구자의 시각에 따라 당쟁의 모습은 다르게 조명될 수 있는 여지는 많다.

경제사 분야에서는 조세문제, 수리관계, 토지소유문제, 주변국가와의 교역관계 등이 다루어졌다. 송대 경제사 부분은 국내·외 학계의 주된 관심대상으로 되어 연구의 깊이도 상당한 수준에 이르고 있다. 선학들의 연구업적을 토대로 자기의 입지를 강조하면서 문제점을 극복하려는 노력과 함께 지역경제 상황의 파악에도 힘을 기울이고 있다.

문화·사상사 분야에서는 특정인물을 주제로 택하고 있는 경우와 신유학 또는 화이론 등 학문이나 철학사상 분야 전반을 폭 넓게 조명하고 있다. 송대 사대부의 학문 사상적 활동내용은 개인마다 상당히 다양하게 나타나고 있으면서도 당대까지의 훈고 주소학과는 다른 새로운 학문을 추구하거나 국수주의적 입장에서 주변민족에 대해 배타적인 자세를 강하게 보여주는 등의 공통성을 지니고 있다. 때문에 앞으로 사대부 개인의 사상적인 측면들이 심도 있게 다루어져야 함은 물론 송학이나 신유학으로 표현되고 있는 송대 학문의 새로운 흐름 및 정치사회 질서체계 전반에 대한 인식문제도 다루어져야 하리라고 본다.

개방과 문화교류의 바람은 정복왕조사 연구에도 많은 진전을 가져와 정복왕조의 연구를 위한 학회의 결성과 국제학술회의도 주목이 된다. 즉 몽골학회가 결성되어 몽골과학원 학자들과 공동으로 현지답사와 발굴에 종사하여 한·몽공동학술조사보고서와 많은 논문이 발표되고 있으며 한국사와 관계가 깊은 몽골사연구에 기대되는 바가 많다. 이와 함께 국제요금거란여진사학술토론회, 동북아사국제학술토론회에서 거란의 부주현제와 거란사회 후기의 수렵풍습의 변천에 관한 연구발표를 진행하였다.

그러나 이 시대. 연구의 문제점은 중국왕조(송)의 경우에 기존의 외국학계의 연구성과에 대한 충분한 검토 위에 자기 연구를 진행시켜야

하는데 이점에서 여러 가지 어려움을 안고 있음을 인식하게 된다. 송
대 官僚制를 둘러싼 체제나 문신관료 형성의 요체가 되고 있는 科擧
制, 관료조직에 대한 구체적인 내용검토 과정에서 기왕의 연구성과를
논단하는 데 있어서 철저한 검증 없이 논리의 비약, 그리고 자기 합리
화의 흔적이 보이고 있다. 이러한 경향은 사회경제사에서 보이는 토지
소유형태와 地主·佃戶制의 성격, 그리고 사회변동과 인구유동 등에서
나타나고 있다. 뿐만 아니라 자료의 해석에서도 자기 논리에 부합시켜
안이하게 처리함으로써 비판의 여지를 남기고 있다.

　한편 정복왕조에 대한 연구는 자료의 제한성에도 불구하고 뚜렷한
문제의식을 가지고 나름대로의 연구를 진행하고 있으나 워낙 부족한
자료 때문에 제기된 문제를 충분하게 설명하지 못한 채 결론을 도출
하는 아쉬움이 없지 않다.


### 4) 明·清史연구


　우리나라의 명·청시대에 관한 연구는 다른 시대에 비하면 연구자
의 수가 많고 논문, 저서 등에 있어서도 꾸준한 증가 추세에 있다.
　명청사연구가 이처럼 연구자와 연구내용이 증가하는 데는 몇 가지
원인이 있다. 먼저 근자에 급속히 진전된 중국과의 수교를 들 수 있
다. 중국과의 수교는 중국 대륙에 대한 우리의 관심을 고조시켰으며,
자유로운 왕래는 지금까지 제한적으로 입수할 수밖에 없던 자료나 연
구성과를 쉽게 구할 수 있어서 명청시대 연구의 활성화에 상당한 영
향을 미쳤다. 이와 함께 10여 년간 지속적으로 활동해 온 명청사연구
회의 역할은 다른 시대를 연구하는 학자들의 부러움을 살 정도로 활

발히 그리고 지속적으로 이어지고 있다. 1983년에 시작된 명청사연구
회는 공동연구서를 계속 내놓았으며, 명청사에 관한 주요 자료 및 서
적들을 윤독해 왔고 회원의 꾸준한 증가를 가져와 앞으로 학문적 기
대가 크다. 뿐만 아니라 연구회를 거치면서 제기된 문제나 주제를 정
리하여 이들 발표논문과 각종 서평 등을 내용으로 담은 『明清史硏究
會회보』를 간행하고 외국학자들을 초빙하여 강연회를 개최하여 성과
를 거두었다.

　종래 명청사연구는 정체론의 극복을 공통의 과제로 출발하여 전근
대사회에 내재하고 있는 자율적 발전성을 해명하려는 데 연구의 초점
을 두면서 상품생산, 지주제 등의 연구테마에 관심이 쏠렸다. 그리고
이러한 문제의식의 구체적 전개로서 소농민단계에서 주체적 발전을
추구한 농민투쟁연구와 전제국가의 구조적 성격파악을 위한 부역제
연구 등을 통하여 명말청초의 사회변동기의 역사적 위치설정을 가능
하게 만든 향신론 연구에 이르게 되었다. 이와 같은 연구의 문제의식
을 통하여 명청사연구가 의욕적인 연구활동을 추진하고 있다.

　중국사에 있어서 명·청의 건국이 갖는 역사적 의미는 독특한 바가
있다. 이에 따라 명·청의 건국과 명청의 교체기에 나타나고 있는 사
회변동에 대한 정치·사회적 요인의 분석연구가 의욕적으로 진행되고
있다. 우선 명대의 정치사에서 보면 명의 건국 근거를 원말 동란기의
한인지주의 존재형태와 결부시켜 그들의 지향점을 사회경제적 여건과
관련시켜 朱元璋의 명건국 출발의 근거를 찾고자 하고 있다. 이는 원
명교체를 민족투쟁이냐 아니면 계급투쟁으로 인식할 것인가에 대한 학
계의 논란을 계급투쟁의 시각에서 보려 한 것이다. 한편 명태조의 건
국정책에 대한 연구도 활발한데 이는 두 방향에서 접근하고 있다. 하
나는 태조의 왕권강화를 위한 정치·경제·문화시책이고 다른 하나는

몽고지배하에 놓여 있던 한문화의 재건이라고 하는 문화적 측면이다.

이러한 연구경향은 청조의 경우에도 적용되고 있으니 청조 건국 전, 즉 입관 전 청조사회의 변화를 다루고 또 명말청초에 걸쳐 청의 중국 지배과정에서 청조권력의 지방침투과정, 명말청초 화북에서의 자위활동과 신사 등 위기 상황에 처해 있던 사회변혁 속에서도 한인 신사층의 존재형태와 청조권력과의 상호관련성을 통해 변혁시대의 사회변동을 중심주제로 하고 있다.

이 시대의 사회경제사 연구에서는 江南 수전농업, 중국근세의 농업과 사회변화가 있으며 소농민 지립화의 배경을 농업생산력의 증가에서 찾으려고 한 새로운 시각으로 보인다.

중국사에 있어서 체제에 대한 저항은 사회의 변동과 개혁이란 측면에서 중요한 문제로 제기되어 많은 연구자의 관심이 집중되고 있는데 명청대에도 예외는 아니다. 명 중기의 농민반란과 민변에 관해서는 鄧茂七의 난, 명 말 松江府의 향신 董其昌 사건, 그리고 청대의 백련교도의 난, 태평천국운동 등을 꼽을 수 있는데 다만 명말청초부터 태평천국 운동에 이르기까지의 동민반란을 역사적 연속성과 발전성으로 파악하려는 문제의식이 제기되었고, 특히 아편전쟁 이전의 민중반란이 그 이후의 여러 반란에 미친 영향을 탐구하려는 노력이 학계에서 제기되고 있다.

명청시대는 사상사에서도 의욕적인 연구가 전개되고 있다. 그것은 명말청초가 명청왕조의 교체가 있었을 뿐만 아니라 자본주의의 맹아기, 계몽운동기라고 할 만큼 정치적, 사회적, 문화적으로 큰 변화가 있었던 시기이기 때문이다. 이러한 시대적 조류에 맞추어 사상사에서도 주자학 대신에 양명학이 대두하여 큰 영향을 미쳤고 이에 따라 명대 사상사의 중심과제는 양명학에 집중된 감이 없지 않고 청대에는 경세

실학사상 그리고 청대 후기의 양무·변법·혁명론이 집중적으로 추구되고 있다. 이와 함께 명청의 사회변화 속에는 서학의 전래에 따르는 문화적인 문제가 중요한 연구과제로 등장되고 있다.

## 5) 近·現代史연구

지난 3년간(1991~1993년까지) 중국 근·현대사연구는 저서와 논문의 편수에서 획기적으로 증가하고 있다. 그리고 연구자의 층도 40대 이하의 소장 학자들에 의한 연구결과가 다수를 차지하고 있는데 이는 80년대 이후 본격화되기 시작한 중국 근·현대사 연구가 자리를 잡아가고 있음을 단적으로 보여주는 것이고 한·중국교 수립으로 나타난 대중국 관계의 진전과도 연관이 있다.

지난 3년간의 근현대사 분야 연구에 있어 괄목할 사실은 현대사 연구자들의 전국적인 학술단체로서 '중국현대사연구회'가 창립되었다는 점이다. 창립 이후 현재까지 연구발표회를 꾸준히 개최해 오고 중국이나 일본 등 외국학자들을 초정하여 그들의 관심사를 발표하게 하고 중국, 대만 등지의 국내 연구자들의 자료조사 성과를 발표하게 하는 경구가 자주 있어 학술정보의 교환에 상당한 비중이 있다. 이런 활동과 함께 현대사연구회에서는 ≪중국현대사연구회회보≫를 발간하여 회원들의 연구활동이나 발표회에서 행해진 발표 및 토론의 내용, 현대사 관련 책 소개 등이 실리고 있어 정보교환에 일조를 하고 있다.

이와 함께 국내학자들의 중국, 대만 지역으로의 자료조사 여행이 활성화되고 중국을 비롯한 외국학자들의 한국 방문이 본격화되고 있는 것도 근·현대사 연구 풍토의 새로운 변화라고 해야 할 것이다. 이러한 추세와 관련하여 연구자들의 훈련과정에서부터 현지자료조사 여행을 의무적으로 규정하고 재정적인 지원체제를 갖춘 대학도 생기게 되어 연구의 활성화를 뒷받침하고 있다. 그 결과로 젊은 연구자들의 현지 자료조사는 이제 빠뜨릴 수 없는 과정으로 정착될 전망이다.

현대사연구의 중심 주세는 역시 근대화문제에 집중되고 있다. 양무·변법·혁명이라는 3단계의 근대화전개에 대한 연구가 추진되고 있으며 신해혁명과 5·4운동, 그리고 국민당과 공산당에 관한 문제들도 의욕적으로 연구되고 있다.

다루는 시기나 분야도 그 이전과 비교하여 다양해지고 있다. 특히 현대사연구의 경우 이전까지 주로 국민혁명 시기에 집중되어 오던 것에 비하여 1930년대와 40년대의 연구로 그 범위가 확대되고 있다. 다만 중국현대사 연구의 문제점의 하나는 중국공산당에 대한 연구가 부진한데 이는 과거의 한국의 정치적 분위기와도 무관하지 않다. 중국공산당이 중국혁명의 최후승리자가 된 과정이나 중화인민공화국 수립 이후 문화대혁명에 이르기까지의 정치, 군사, 사회, 경제, 문화에 대한 객관적이며 과학적인 연구가 추진되어야 할 것이다. 특히 중국공산혁명의 지도적 역할을 담당하였던 군의 위상을 농촌혁명의 근거지 수립과 이를 중심으로 하여 통일전선 형성, 그리고 혁명을 전국적으로 확대시켜 승리를 거두고 중국대륙을 석권한 전 과정에 대한 연구는 앞으로 현대사가 지향해야 할 중대과제가 아닐 수 없다. 또한 논문의 체제나 질적 수준에 있어서 심각한 문제를 드러내고 있고 특히 사회경제사 분야의 경우, 자료의 구사나 논증 등 기본적인 작업에서부터 부실함을 보여주는 연구들이 적지 않다. 또한 심각하게 우려해야 할 문제는 이러한 논문들에 대한 본격적인 비평이 활성화되고 있지 못한 점이다.

## 6) 東南아시아史연구

동남아사에 관한 연구업적도 상당한 수준에 이르고, 이에 따라 동양사에서도 중국사 및 일본사와 분리하여 별도로 취급하고 있다. 특히 이 지역에 대한 연구는 우리나라의 정치·경제·문화적 관계가 중요한 적용을 하면서 연구성과가 양적인 면에서뿐만 아니라 질적인 면에서도 한층 발전했음은 대단히 고무적인 일이다. 그럼에도 불구하고 우리나라의 동남아사연구는 짧은 역사와 인적·물적 자원의 부족과 함께 여전히 초보적인 수준에 머물러 있어 세계적인 수준으로 발전하기까지는 극복해야 할 여러 문제점을 갖고 있다.

먼저 연구의 통시대적인 공백을 메우는 일로 동남아시아에 있어서도 고대사가 아주 적은 반면, 대부분의 연구가 고전시대와 근현대사에 집중되어 있다. 각 시대 안에서도 연구 분야의 편중현상이 두드러지며 동남아 현대사 발전과 관련해 세계학계의 깊은 관심을 모으고 있는 일본 점령에 관한 글은 전무하다. 이러한 문제를 극복하기 위해선 무엇보다도 우리나라 사학계의 동남아사에 대한 깊은 관심과 함께 연구인구의 확대가 시급하다.

다음은 나라별 연구의 불균형이다. 오늘날 동남아 10개국 중 대부분 한국과 관계가 깊은 베트남, 타일랜드, 인도네시아 및 말레이시아에 연구가 집중되어 있다.

이와 함께 우리말로 된 동사의 절대적인 부족을 들 수 있는데 현재 동남아시아를 총체적으로 조명하고 있는 세계의 주된 연구경향을 고려할 때 동남아연구 분야에 입문하려는 예비학자들에게 연구 지역과 연구시각의 편협성을 줄 우려가 있어 번역서든 새로운 저술이든 간에 우리말로 된 통사의 개발이 시급한 실정이다.

끝으로 제기될 수 있는 문제는 우리나라 연구자들의 연구관점의 편협성으로 대부분의 연구들은 나름대로의 질적인 수준을 갖고 있으나 동남아사 발전의 전반적인 맥 속에서 개개 연구가 속해 있는 위치를 설정하는 데 실패함으로써 연구의 초점을 일관되게 유지하지 못하는 문제와 함께 논문의 가치를 희석시키고 있다. (『역사학보』 144, 1994)

## 7) 『東洋史硏究』 동양사연구 회고와 전망
### ─ 송요금원사(1976 ~ 1978)

1976년도에서 78년도 사이에 발표된 이 시대에 관한 사학관계의 연구논문은 대략 30편으로 꼽을 수가 있다. 3년 동안에 30편의 논문수는 결코 많은 숫자는 아니나 현재의 우리나라의 동양사학계의 사정으로 볼 때에 그래도 이 시대에 관한 연구가 그치지 아니하고 꾸준히 명맥을 이어 오고 있다는 점에서 퍽이나 다행한 일이며, 30편 가운데 15편의 논문이 宋代史에 관한 연구라는 점을 고려할 때에 宋代史에 대한 관심이 높다는 것을 말하여 주고 있으며 遼・金・元의 북방민족사에 대한 연구도 지속되고 있으며 한중교섭사도 상당한 수준으로 연구가 계속되고 있음을 살필 수 있다.

遼・宋・金・元의 순으로 각 논문에 대한 소개를 하면 다음과 같이 정리가 된다. 먼저 金在滿 교수는 「契丹始祖 開國說話의 背景과 部族의 動態에 대하여」(上・下) (大東文化硏究 10輯 1975, 11輯 1976)에서 설화적 종족의 기원과 거란팔부의 전개를 다루고 중당팔부 이전의 거란부족의 역사적 변천과정을 살피면서 거란족을 종족사적인 분파작용의 측면에서 살펴 역사상 처음으로 거란명칭이 나타나는 것은 위서의 거란전으로 보고 있다. 이전에는 선비의 이름으로 범칭되던 선비권 내의 부족이었고 선비의 마우전설이 거란의 마우전설로 연결되는 것은 당연한 추세로 보았다. 거란족은 수 말경부터 민족주의와 대동단결, 그리고 동조의식이 강력하게 작동되고 당대초기에 거란부족 사이에 시조설화의 전의인 동조·동원의식은 민족의 단결력을 인도하면서 중당을 고비로 당조의 쇠퇴기를 거란족은 스스로의 발흥기로 활용하는 민족발전의 대전기로 맞이하였다고 하여 거란민족의 발전사에 있어서 시조설화가 갖는 정신사적 의미를 강조하고 있다.

崔益柱 교수는 「遼의 建國과 漢人」(史學論志 4·5合輯, 1977)에서 遼의 건국 시기에 있어서 漢人관료들의 기능과 역할이 종래 지나치게 강조되어 왔다는 사실에 비판을 가하고 漢人관료의 대두 또는 제도의 정비가 곧 군주권의 강화라고 하는 등식이 성립할 수 있을까에 대한 의문을 제기하면서 遼의 건국과 관계되는 漢人의 역할을 구체적으로 제시하고 있다. 이어 본 연구의 속편이라 할 수 있는 「遼太祖·太宗代의 漢人官僚」(大丘史學 15·16, 1978)에서도 앞서의 문제의식을 가지고 太祖 太宗대의 대외팽창의 양상과 漢人관료의 성분 및 제도의 정비와 漢人관료의 기능에 대하여 언급하고 있다. 崔교수는 太祖의 대외팽창에서 주목해야 할 사실로서, 주된 팽창의 대상은 북방제종족이었고, 정복지를 遼國편제에 포함시키기 위한 효율적인 통치체제를 아직 마련하지 않고 있으며, 정복된 농경민의 遼내지에로의 사민이 나타나고 있다는 점을 들어 太祖 太宗전반기의 그들의 주요 관심이 한지에 있지 아니함을 자세히 논증하고 있다. 그런데 遼朝 초기에 있어서의 이상과 같은 팽창양상을 가지고 반드시 漢地 또는 漢人에 대한 관심도의 깊고 얕음을 단정한다는 것은 문제가 있다. 왜냐하면 遼朝뿐만이 아니라 이른바 정복왕조로 불리는 지방 왕조들의 건국 초기에 있어서

의 발전양상을 보면 부족의 통일에 이어 근린 제이족의 정복, 이 경우에 있어서는 정치 군사적인 의미에서 못지않게 전리품이 가져다주는 경제적 의의도 무시할 수 없는 것으로 이러한 주변 정리를 거쳐 중원에 대한 관심과 침략을 시작하는 것이 일반적인 현상이다. 그런데 필자도 논증하고 있듯이 요사의 太祖본기에는 太祖가 주변 제국의 정복과 병행하여 華北地方에 여러 차례 침략하고 있으며 遼史本紀 이외의 중국쪽 자료가 이를 보충하고 있다. 뿐만 아니라 五代十國의 사신들이 부지런히 遼朝에 조공하고 있는 本紀의 기록도 중원제국의 요조에 대한 일방적인 관심 표명이라기보다는 遼朝의 中原에 대한 주요 관심의 결과로 풀이할 수 없을지 의문이며 특히 太祖四年 秋八月 丁酉條에 보이는 '謁孔子廟'의 기사는 阿保機의 漢人에 대한 중요한 관심으로 풀이할 수 있을 것 같다. 그리고 漢人관료의 성분에 있어서도 필자는 자세히 이를 분석하고 있는데 그들이 거란사회의 구성분자로 포함되는 계기가 타의든 자의든 간에 그들의 공통적인 면은 거란의 영향을 받고 있는 華北地方의 인물이 압도적으로 다수라고 하는 사실은 遼의 관심과 압력이 그만큼 강하게 華北地方에 이미 작용하였음을 입증하는 것이다.

거란은 이미 太祖朝에 복합국가를 형성하고 특히 장성 내외에 전개되는 농경사회를 포섭하고 있다는 점에 주목해야 할 것이며 초원지대와 농경 지역을 倂有하는 외민족국가의 색채는 太祖에 이어 太宗朝의 燕雲 十六州 領有에 의하여 더한층 선명하여지는 것이다. 遼의 발전과정에서 漢人관료의 지위도 중요하지만 그에 못지않게 漢人을 크게 의식하여 마련한 정복왕조로서의 이중체제의 정비가 중대한 의미를 내포한다고 하겠다.

다음 宋代관계의 연구를 살펴보자. 唐末·五代를 거쳐 宋代에 이르는 사이에 일어난 격심한 정치 사회적인 변혁은 농민층의 분해를 촉진하였고 그 결과 농촌사회의 새로운 생산관계를 형성하게 되었다. 그런데 이 새로운 생산관계는 어떠한 형태의 것인가? 학자들의 관심은 이러한 문제의식에 집중되었고 宋代의 莊園, 形勢戶, 佃戶문제가 중요한 관심의 초점이 되었으며 특히 宋代의 佃戶의 성격에 관하여서는 일본학계의 의욕적인 연구가 추진되고 있으나 이직도 확실한 결론에는 도달하지 못하고 있음은 이 문제의 복잡성과 중요성을 더한층 실감하게 하여 주고 있다.

이 어려운 문제에 대하여 우리나라 학계에 있어서도 최근에 高奭林 교수의 의욕적은 논문이 나와서 주목을 끌고 있다. 먼저 高교수의 「宋代佃戶의 諸類型과 性格」(大丘史學 10, 1976)은 일본인 학자들 간에 이론이 분분한 佃戶의 성격을 유형으로 나누어 파악하려고 시도한 야심작이라고 보겠다.

즉 高교수는 佃戶의 제 유형을 ① 有力佃戶 ② 下等戶 佃戶 ③ 無籍佃戶 ④ 隸屬佃戶로 분류하여 宋代의 佃戶를 이들의 유형에다가 집어넣을 수 있는 것으로 보았고 宋代 佃戶의 다수는 ②와 ③에서 찾을 수 있고 따라서 이들이 宋代 佃戶의 전형적인 것으로 간주하고 있다.

그런데 宋代 佃戶의 성격은 매우 복잡하고 더구나 지역에 따라 상당한 차이를 보이고 있는데 이와 같은 분류방법을 가지고 일률적으로 佃戶의 성격을 규정할 수 있을까 하는 의문이 생긴다. 宋代의 佃戶는 高교수로 언급하고 있듯이 그 성격이나 개념파악조차 힘든 것이 현재의 宋代史연구의 현황인데 이를 4개의 유형으로 분류하여 성격을 이해하려고 한 필자의 의도는 충분히 이해가 가지마는 송대의 문헌 가운데서 主·佃관계에 대한 사료는 흔하게 볼 수 있으나 佃戶의 계층이나 佃戶의 성격에 대한 확실한 사료는 매우 희귀한데, 主·佃관계의 자료를 가지고 佃戶의 유형을 분류하고 거기에 입각하여 佃戶의 성격을 파악하려 한 것은 상당한 무리가 따르게 마련이다. 특히 ②군의 有力佃戶의 사료가 두드러지는 예라 하겠다.

오히려 『歐陽文忠公文集』 外集 卷 9 原弊條에 보이는 사료는 일본 학자들이 佃戶의 계층을 설명할 때에 기본적으로 인용하고 있는데, 이 사료를 기본으로 하거나 아니면 다른 구체적인 자료를 가지고 佃戶의 성격을 파악하는 것이 논리전개에 무리가 덜 갈 것 같은 감이 든다. 그러나 宋代의 佃戶문제에 있어서 이를 지나치게 서구 중세적인 농노나 근대적인 소작인의 성격을 의식하면서 이에 결부시키려고 한 일본 학자들의 연구방법을 배격하고 高교수 나름대로의 뚜렷한 문제의식을 가지고 종합적이고도 거시적으로 이를 추구하여 나간 방법은 높이 평가되어야 할 것이다.

이어 高興林교수는 「宋代의 租田契約法」(大丘史學 12·13合輯, 1977)에서 宋·元代의 主·佃관계를 相資相養관계로 보고 佃戶가 담당하여야 할 핵심적인 相資相養의 조건을 租課의 수납을 성실히 수행하는 데 租契의 근본정신이 있다고 하였다. 이렇게 본다면 宋代 佃戶의 신분은 특히 지주와의 관계에서 볼 때에 상당히 확고한 지위로 부각되며 계약서가 갖는 법률적 상호권리와 의무가 동격시된다고 가상할 수 있을 것 같다. 그러나 高교수도 의문점을 던지고 있듯이 租契의 기본적인 성격을 相資相養的인 것으로 보았을 때에 계약서가 갖는 상대성(상호성)에서 검토할 때에 계약상에 지주가 담당해야 할 相養조건에 대해서 언급이 없다는 것을 문제로 남기고 있는 것으로 보아야 하겠고 지주에게 유리하고 佃戶에게 불리한 계약조항이나 租佃계약상에 지주의 서명은 없고 戶와 見人의 서명만이 있는 사실을 송대 특유의 租佃계약으로 파악하지 아니하고 단지 중국의 조계법상의 변천과정의 일환으로 파악한 것은 선뜻 이해하기 어려운 바가 있다.

또 高奭林교수는 「南宋 土地經界法에 보이는 砧基簿에 대하여」(大丘史學 15·16 合輯, 1978)에서 남송의 紹興 12년, 李春年에 의하여 실시된 經界法의 목적을 누대에 걸친 豪猾들의 부당한 착취행위를 제지하고 細民을 구제하고자 한 데 있다고 보았다. 經界法의 실천방법으로 砧基簿와 같은 簿籍을 정비하고 이를 효과적으로 운영하여야 하며 침기부는 민호들이 所持하는 私簿와 관에서 작성 보관하는 관부의 양종이 있다 하였고 私簿는 人戶 각자가 자신의 總田產을 집계하고 各田地의 田形, 坵端, 畝步, 四至, 典賣, 祖系 등을 사실대로 明記하여 縣印으로 그 합법성을 인정받은 것이고, 관부는 다시 鄕·都簿로 구분되어 鄕簿는 향에서 관내의 전산을 기준으로 하여 작성하고 縣司에서 이를 유취하여 도부를 작성하였는데 이때 향부 그대로를 작성한 것이 아니라 人戶를 기준으로 제향에 산재한 전산을 집계하여 각호를 중심으로 전산의 내역을 명기하였다고 논하고 있다.

高교수는 砧基簿의 성격을 명청대의 魚鱗圖冊과 다를 바가 없고 그런 점에서 토지대장으로 간주하고 문헌통고와 송회요를 인용하여 부동산등기부와 같은 의미가 강하게 내포되어 있는 듯 하다고 추론하고 있다. 만약 이와 같은 추론을 전제로 할 경우 私簿와 鄕簿와의 관계가 좀 더 구체적으로 명시되어야 할 것 같고 이를 위해서도 자료의 제시가 있어야 될 줄 생각된다. 그 위에 經界法의 실천방법으로 실시된 砧基簿의 효과가 어떠하였는가가 뚜렷하지 않은데 紹興 12년 이래의 李春年의 상주문만을 본다면 이는 단지 李의 개혁안에서 그다지 구체화하지 않은 것이 아닌가 하는 의문마저 갖게 한다. 실시내용과 개혁안의 효과가 구체적으로 밝혀졌으면 하는 감이 든다.

鄭秉學교수의 「宋代交子小考」(東洋史學硏究 12·13合輯, 1978)는 부

제가 명시하고 있는 바와 같이 交子의 기능의 변화를 취급하고 있다. 宋代는 상업경제가 발달하여 화폐의 유통이 활발한 시대로 交子의 역할은 매우 중요한 것으로 알려져 왔다. 宋代 交子의 기원에 대해서는 諸說이 분분한데 먼저 『宋史』 食貨志 會子條에는 眞宗 시에 張詠이 蜀을 진압하고 '質劑之法'을 설치한 데서 비롯되었다고 했으며 「山堂群書考索」 後集 62, 財用門 楮幣條에도 같은 내용이 있다. 다음 『續資治通鑑長編』 卷 101의 仁宗 天聖元年 11월 戊午條에는 張詠에 대한 기사는 없고 단지 蜀地方에서 鐵錢의 불변함을 완화하기 위하여 민간에서 私造한 것으로 되어 있는데 이와 같은 기사는 『玉海』 卷 180 錢幣, 天聖交子條, 『文獻通考』 卷 9, 「錢幣考」 卷 9, 『宋朝事實』 卷 15 財用條 등의 기록들이 서로 비슷하다. 셋째는 『續資治通鑑長編』 卷 95, 眞宗 景德 2년 2월 庚辰條에 보이는 李順의 난 후에 蜀에서 철전의 불변으로 이를 파하고 민간에서 交子를 만들었다는 기록이 있다. 加藤繁은 宋代 交子의 기원에 관한 수편의 논문을 발표하면서 『長編』 卷 95의 기록을 가장 옳은 것으로 보고 있다. 그러나 加藤의 이러한 주장에 대해서는 交子의 지폐로서의 역할과 결부시켜 이의를 제기하는 학자들이 많은데 鄭교수는 交子의 기원에 대해서는 眞宗時로 보고 있다. 그리고 『山堂考索』 後集 卷 62 財用門, 楮幣類條에 나오는 '…… 六十五年 三年二界'를 鄭교수는 二十二界로 잘못 인용하고 있는데 계산상으로는 65년간을 3년 1계로 환산하여 보면 이십이계가 맞는 것이지마는 사료상에는 三十二界가 분명하다.

李鉉교수는 「宋太祖의 商業政策考」(釜山女子大學論文集 卷 6, 1978)에서 주로 宋太祖의 상업정책 특히 商稅·免稅·漕運·貨幣·貿易에 대하여 논하고 있다.

宋代의 경제사를 연구하는 데 있어서 부딪히는 문제는 사료의 대부분이 정책적인 면에 대한 것이 많고 경제활동의 실제적인 것에 대해서는 소홀히 취급하고 있다는 사실이다. 따라서 연구의 방향도 자연히 제도사나 정책사에 흐르게 마련이다. 李교수는 이러한 사료상의 제한성으로 하여 종래의 송대상업사연구 업적을 토대로 太祖의 상업정책과 내용을 고찰하고 상업발달의 원인을 개략적으로 밝히고 있다. 송대의 사회경제사연구도 종래의 정책적 방법을 바탕으로 하여 보다 깊이 있는 구체적인 내용을 밝혀야 할 때가 되었다.

李鉉 교수의 사회경제사에 대한 관심은 金代에도 쏠리어 「金代 和糴制에 대하여」(釜山史學 2, 1978)와, 「金代 奴良妻所生의 身分歸屬에 대하여」(釜山女子大學論文集 5, 1977)가 있다.

趙点淑氏의 「北宋朝의 絹織業에 대한 一考察」(梨大史苑 15, 1978)은 관영견직업의 규모와 구성을 중심으로 살피고 농촌 도시의 견직업에 대해서는 생산 유통의 발달을 통하여 간접적으로 취급하였다.

『宋史』 食貨志의 布帛條에서는 국가정책적인 면이 대부분을 차지하고 포백의 생산과 상업유통적인 관계에 대해서는 언급됨이 없는데, 이와 같은 사료의 경향은 연구가들로 하여금 국가정책적인 면을 다루게 하고 있다. 본 논문에서도 이러한 경향을 반영하고 綾錦院의 기능, 조직, 구성, 생산규모에 대해 살피고 있으며, 이 밖에 지방의 관영견직을 다루고 조정의 견직물구입책으로 豫買絹法, 蠶鹽法, 折稅絹法에 대하여 언급하고 있다.

그런데 宋代의 지역별 생산량을 파악하는 데 있어서 『宋會要輯稿』의 기록을 자세히 정리하고 있는데, 이러한 통계가 북송대의 어느 시기에 해당하는가 하는 점을 밝혀야 하며 이를 위하여서는 會要 이외의 다른 사료와의 대비가 필요하다. 또 국가재정상에 있어서 견직물의 위치를 설명함에 있어서 필자는 至道 3년의 중요한 세입액을 사료에

서 찾지 못하고 王志瑞의 송원경제사를 인용하고 있는데 지도말(至道
는 3년에서 끝나니까 至道末은 3년에 해당함)의 천하 총 세입은 사료
에 뚜렷이 나타나 있다.

申採湜氏는 「北宋時代의 墾田에 관하여」(歷史學報 75・76合輯, 1977)
에서 宋初에 있어서 墾田에 대한 국가적 대책을 논하고 농지의 개간에
선행되어야 할 逃戶문제를 墾田문제와 결부시켜 다루고, 이어 송대의
墾田면적을 검토하고 기록상에 보이는 수치와 실제의 내용과를 대조하
고 있다. 그리고 북송대의 墾田의 실태가 어떠하였으며 宋朝의 관리조
직 내에 있어서 관료의 승진과 墾田문제가 상호 밀접한 작용을 하고
있음을 정리하고 있다.

에르하르트・엘스러 氏는 「朱子學과 中國經濟原則의 發展」(退溪學
報 19, 1978)을 발표하고 있다.

李榮德 氏는 송대 보수파의 영수인 司馬光의 사상을 다루고 있다.
먼저 「司馬光思想에 있어서의 分의 性格」(南溪曺佐鎬博士華甲論叢,
1977)에서 司馬光의 인물관이나 사회관의 출발이라고 할 수 있는 分
(智・愚・勇・怯・貴・賤・貧・富)의 문제를 天分과 人德, 欲求를 중
심으로 논하고 있으며 이어 「司馬光의 社會觀과 그 背景」(成大史林 2
輯, 1977)에서는 전통중국의 사대부의 전형적인 인물로 司馬光을 들고
그의 사회관을 통하여 송학을 다른 각도에서 이해하려 하였다.

李玲兒씨는 「朱子의 敎育思想에 對한 小考」(淑大史林 9輯, 1976)에
서 朱子의 교육사상은 그의 우주관에서 시발하여 거기에서 형성된 윤
리관을 실현하는 것으로 보고 性理二元說이나 宇宙不變說은 그대로
朱子의 敎育思想에 반영되고 있다고 하였다.

安炳周氏는 「四書의 成立과 四書集注의 意義」(淵民論叢, 1977)를
발표하였고, 申採湜氏는 「宋代士大夫의 忠孝意識研究」(歷史敎育 24輯,

1978)에서 唐末·五代의 타락된 유교적 가치기준이 仁宗의 慶曆 연간
을 고비로 하여 크게 달라졌고 사대부 간에 충효사상이 고조되었다고
하였다. 그런데 이 시기에 사대부의 충효의식을 고조케 만든 학자로서
는 胡瑗과 孫復을 들고 그들의 사상은 慶曆시대의 士風을 형성하는 데
중요한 역할을 한 范仲淹에게 깊은 영향을 주었고 사상의 근간은 春秋
學이라고 하였다. 또한 宋學의 특징으로 꼽히는 정통주의에 의하여 당
말·오대의 反動으로 충효사상의 확립을 가져 왔으며 황제를 정점으로
한 문치주의 관료체제가 충의의식을 크게 높이게 되었다고 보고 그 결
과로 송사 열전속의 충의열전과 효의열전을 분석하여 그들의 출신과 사
건내용, 사망시의 관직 사망정황을 자세히 검토하고 있다.

다음에는 金·元代에 관한 연구를 살펴보면 黃鍾東 敎授는 「東鑑綱
目의 女眞關係記事에 對하여」(大丘史學 12·13合輯)에서 저자인 宋秉
璿의 생애를 간략히 소개하고 東鑑綱目은 綱目體로 되어 있고 兪棨의
麗史提綱을 본받은 것으로 보고 資治通鑑綱目의 서술 방식을 따랐으며
女眞관계기사에서는 華夷思想을 노골적으로 표현하고 있는데, 이는 朱
子學의 교양을 받은 宋秉璿의 道學者的 한계라고 단정하고 있다.

南相亘 敎授는 「元朝의 千戶制와 宿衛 鎭戍軍制度」(史學志 11輯,
1977)에서 成吉思汗시대의 몽고 특유의 千戶制와 世祖 이후의 漢化된
宿衛鎭戍軍制度를 다루고 있다.

북방민족의 발전과정에 있어서 그들 특유의 병제는 정복왕조출현의
원동력이 되고 있음은 비단 몽고족에 限한 문제는 아니며 선비나 거
란·여진에 있어서도 같은 현상으로 나타나고 있다. 북방민족 고유의
병제는 병목(농)일치적인 성격을 띠는 전투적 편제에 의하여 중원을
지배하면 운명적인 漢文化의 영향으로 그들의 병제에 커다란 변화를
가져오고 그 결과로 전투적 병제는 방어적인 형태로 바뀌게 되고 그

결과 정복왕조 자체의 허약성을 들어내게 된다. 이러한 변질과정을 군사제도적인 면에서 자세히 다루고 있다. 그런데 여기에서 한 가지 아쉬움이 있다면 成吉思汗시대의 千戶制가 宿衛軍制度나 鎭戍軍制度로 변형되는 과정에서 일어나는 제반 문제를 군제의 통계만이 아니라 사회적 현장에서 추구되어 몽고족의 힘의 원천인 병제가 한민족지배 후의 한화과정에서 일어나는 사회적 변형까지도 결부시켜야 할 것으로 본다.

周采赫 敎授는 「札剌와 撒禮塔」(史叢 21·22合輯, 1977)에서 高麗 高宗 5년에 있었다던 江東城戰役時의 몽고군 부원수 쟈라(札剌)와 13년 뒤에 고려에 쳐들어온 몽고군 원수 사르타이(撒禮塔)가 異名異人이라는 주장을 한 箭內亘의 견해를 비판하여 元朝秘史의 札剌亦兒台는 撒兒台의 誤寫가 아니라 撒兒台를 音譯을 달리해서 표기한 것일 뿐으로 札剌나 撒兒台가 모두 札剌亦兒台로 쓰일 수 있다고 주장하여 札剌와 撒禮塔을 同名同人으로 보고 있다. 氏는 몽고측이 동일한 인물을 지휘관으로 파견치 않을 수 없었던 고려 측의 배경에 대하여, 고려의 국토가 바다로 둘러싸여 물을 두려워하는 몽고 병사에게 겁을 주었고 평원전투에 익숙한 몽고병에게 험한 산악으로 구성된 지리환경이 지리에 밝은 지휘관을 필요로 하였고, 게릴라적 민중의 항전이 전황의 예측을 할 수 없었다는 작전여건을 들고 있다.

다음 이 시대의 韓中關係史에 관한 연구를 살펴보면 먼저 全海宗 敎授는 「中世 韓中貿易形態小考 ─特히 公認貿易과 密貿易에 대하여 ─」(大丘史學 12·13 合輯, 1977)에서 唐代로부터 宋·元代까지, 즉 신라통일기에서 고려시대 후기까지의 韓中간의 무역형태를 고찰하였다. 여기서 中世라고 한 것은 편의적으로 붙인 것을 중세의 무역의 형태를 官貿易, 附帶貿易, 公認民間貿易, 密貿易의 네 가지로 구분하고 있다.

관무역은 협의의 朝貢貿易을 뜻하는 것으로 보고 있는데 조공무역
은 엄격한 의미에서 무역이라고 하기는 어려우나 근세 이전의 韓中
간의 물자교류에 있어서 조공이 차지하는 비중이 매우 크기 때문에
이를 무역으로 간주하고 있다. 官貿易에는 朝貢무역 이외에 使行에 수
행하는 상인이 공적인 무역을 행하는 공무역이 있는데 조선조의 尙方
貿易, 內局貿易 등 別包貿易과 貿帽 등이 그것이다.

관무역의 기회를 이용하여 사무역과 밀무역이 행하여질 가능성이
있고 附帶貿易은 사신이 개인자격으로 교역하는 것을 뜻하는데 당대
에 附帶貿易이 행하여진 뚜렷한 기록은 없으나 가능성은 충분히 있었
던 것으로 보고 있고 宋 이후에는 성행하였음을 밝히고 있다.

公認貿易은 공인된 민간무역을 말하며 호시나 개시로 불리며 북송
대에 성하였고 밀무역은 다른 형태의 무역에 부수되거나 독립하여 행
하여질 수 있다고 보았으며, 특히 北宋 중기 이전에는 엄격한 의미에
서 공인된 민간무역이 없었기 때문에 비공식무역 또는 밀무역이라고
규정하고 있으며 원대에 있어서는 밀무역이 많았을 것으로 추론하고
있다.

본 연구는 韓中간의 무역에 관한 광범위한 연구에 커다란 시사를 하
고 있으며 무역의 성격에서 중국 왕조의 대외정책을 살필 수가 있다.

이어 金海宗 敎授는 「麗·元貿易의 性格」(東洋史學硏究 12·13合輯)
을 고찰하였다.

원과 고려와의 무역관계에 대한 연구는 전무한 형편으로서 본 연구
는 이와 같은 공백을 메우려고 시도한 것이다. 麗·元貿易은 관무역에
해당하고 이 기회를 이용하거나 사행의 왕래 시에 附帶私貿易 또는
附帶密貿易이 행하여졌다고 보았다. 또한 麗·元 간에는 공인무역이 2

개월간을 제외하고는 없었는데 그 이유는 元은 조공관계에 의하여 약취에 가까운 형식으로 고려의 물자를 획득할 수 있었기 때문으로 보았다. 제도적으로 민간무역이 공인되지는 아니하였으나 문헌상으로나 유물상으로 실증되는 바와 같이 麗·元 간에는 해로를 통한 밀무역이 행하여졌고 규모도 적지 않은 것으로 보고 있다.

본 논문은 주로 高麗史, 元史, 新元史에 의거한 것이기 때문에 사료의 한계성으로 더 깊이 파헤칠 수는 없으나 다른 자료, 특히 문집이나 일본 측 자료를 이용한다면 앞으로 더욱 보충될 수 있는 여지가 있다고 본다. 金渭顯 敎授는「麗宋關係와 그 航路考」(關東大學論文集 6, 1978)에서 고려와 북송관계에서 麗宋의 交聘始來, 문화교류, 고려의 무역을 자세히 논하고 麗末 이전의 항로와 麗宋航路에서는 위진남북조 이래로 麗宋시대의 항로가 이미 개척되었다고 주장하고 使行路와 南路가 구분되었다가 후에 와서 일치한다고 하여 使行은 甕津—登州路를 이용하고 南行은 黑山島—定海路가 이용되었으나 黑山—定海路로 통합되었다고 주장하였다.

徐炳國 敎授의「高麗時代 女眞交涉史硏究」(關東大學論文集 6, 1978)는 여진족의 생존을 위한 활동을 3단계로 구분하여 발해의 멸망 직후부터 나타나기 시작한 동·서 여진의 고려에 대한 조공과 침탈이 계속된 시기를 제1단계로 보았고, 尹瓘에 의해 9城이 설치된 전후의 시기를 제2단계, 阿骨打에 의한 金의 건국 이후를 제3단계로 설정하였다. 그리하여 고려에 대한 조공과 침탈이 반복되는 제1단계야말로 女眞의 발전과정에서는 중요한 초석이 놓여지는 시기로 특히 조공과 침탈행위는 동여진에 의하여 독점되었음을 주목하고 여진의 발전은 동여진에 의하여 추진되었다고 주장하고 있다. 그 후 東女眞의 배후에 있으면서 여진의 순수성을 간직해 온 생여진이 고려의 문화에 물든

동여진과 접촉하게 됨으로서 발전을 지향한 제2단계 활동이 전개되고 9城의 환부가 있었을 당시의 여진의 세력은 막강하였고 거란을 멸하고서는 고려에 대해 강경한 자세로, 나오고 抱州(義州)의 영유권을 둘러싸고 금의 태도는 강경하였으나 금의 자성으로 고려에 귀속하게 되었음을 논하였다.

高福禧 氏의 「三別抄의 對蒙抗爭」(君子社會 5, 1978)은 三別抄문제에 대한 새로운 평가를 시도한 것으로 문제의식은 뚜렷하나 자료의 인용이 미흡하고 개략적인 서술에 그친 감이 있다.

한중관계사 이외에 중국과 南海諸國과의 교섭관계를 다룬 논문으로서는 李東潤 敎授의 「마르코폴로 이전의 印度洋世界에 관한 文獻」(檀國大學校 大學院學術論叢 2, 1978)과 「嶺外 代答硏究」(佛文)(東洋學 8, 1978)가 있다.

(『歷史學報』 84, 1979)

# Ⅳ. 世界史敎育의 문제와 그 대책
## - 한국세계사 교육과정 개편안의 문제점을 중심으로-

이번에 개편이 진행되고 있는 중·고등학교 6차 교육과정개편안에 나타나 있는 세계사 교육과정은 많은 문제점을 내포하고 있다. 교육과정개편안의 문제점을 중심으로 하여 세계사 교육의 당면문제와 이에 대한 대책을 살펴보겠다.

## 1) 중·고등학교 사회과 교육과정안의 문제점

### (1) 사회과 교육의 목표설정을 위한 교육철학이 없다.

이번 6차 교육과정의 사회과 교육과정안이 지니고 있는 치명적인 결함은 교육과정 개편을 위한 확고한 교육철학이 없다는 사실이다. 한국의 교육, 특히 교육과정은 이제 외국 교육과정의 대리점 역할을 청산하고 우리의 생각이나 동양문화를 바탕으로 하는 우리 몸에 맞는 방향으로 개편되어야 할 시점에 이르렀다고 생각된다. 그러나 불행히도 사회과 교육과정으로서는 벌써 그 이론적인 가치를 상실하고 있는 통합사회과 교육과정이 이번 6차 교육과정에 있어서 아직도 기본적인 논리로 사용되고 있다는 사실이다. 주지하는 바와 같이 미국에서 출발한 통합사회과(social study)이론은 이미 미국 자체에서도 수정을 가한 지 오래되었고 일본에서도 이를 전면 개편하고 있다. 통합사회과 이론이 지니고 있는 학문적인 비과학성과 교육효과적인 면에서의 近視性으로 해서 이제 선진국에서는 통합 사회과 이론이 완전히 설자리를 잃었는데도 한국에서만은 이 이론을 바탕으로 또 다시 6차 사회과 교육과정이 개편되고 있음은 우리나라의 교육과정을 전공하는 학자들의 학문적 양식을 의심치 않을 수 없게 한다.

### (2) 통합사회과 교육과정은 이미 실패하였다.

현재 중·고등학교에서는 역사과뿐만이 아니고 사회나 지리과목을 담당하고 있는 일선교사들이 다같이 통합사회과 교육은 부적합하다고 주장하고 있다. 왜냐하면, 역사·지리·일반사회는 그 학문적 성격상 도저히 통합이 불가능함에도 불구하고 일부 교육과정 개편론자의 무모한 주장으로 아직도 시행착오를 번복하고 있음은 참으로 불행한 일이 아닐 수 없다. 통합사회과 교육과정이 실패하였다는 사실을 지금까지 5차에 걸쳐 단행된 교육과정 내용을 통하여 살펴보자.

① 1955년에 실시된 제 1차 교육과정내용을 보면

중학교 사회)세계의 역사)는 서양사 시대구분의 3분법을 근간으로 내용을 조직하고 연대사적 구조로 편성하고 있고,

② 1963년의 제 2차 교육과정에서 이미 국사와 세계사를 무리하게 통합하여 중학교 사회Ⅱ(국사, 세계사)라 하고 한국사의 발전과정에 따라 세계사의 관련 내용을 조직하였고,

고등학교 세계사는 1955년의 교육과정과 동일한 구조로 편성하였으나 역사와는 관계없는, '생활'이라는 용어를 단원명으로 사용하여 생활중심 교육과정의 영향을 보이고 있다.

③ 1973, 1974년의 제 3차 교육과정에서는 세계사를 중학교 사회Ⅱ (세계사)라 하여 시대구분에 따른 단원 설정으로, 연대사적 구조로 하고, 고등학교 세계사는 동양과 서양세계(문화)를 내용조직의 근간으로 하고 특히 고등학교 세계사의 구조적 특징을 '문화사'에서 찾기 시작

하였다.

④ 1981년의 제4차 교육과정의 내용을 보면, 중학교 사회는 2학년 사회에서 지리와 세계사를, 3학년 사회에서 세계사와 공문분야를 다루는 통합구조를 채택하여 세계사와 지리 혹은 공민과의 관련학습을 하였고 지리와의 관련학습을 고려하여 지역중심의 구조적 특성을 채택하였다. 이는 지리의 아시아 단원에 이어 학습하게 되는 '중국 사회의 발전'을 위·진·남북조에서 명·청까지를 다루어 시대순에 따른 역사이해보다는 중국이라는 지역(문화권)에 대한 체계적 이해로 하였으나 학습내용이 불합리하였다.

⑤ 1986, 1987년의 제5차 교육과정에서는

중학교 사회를 제4차 교육과정에서 2, 3학년에서 다루어지던 세계사 영역을 1, 2학년으로 옮겨 초등학교 5,6학년의 국사학습과 중학 1,2학년의 세계사 학습, 다시 중학 2,3학년의 국사학습으로 무모하게 섞어 놓았다.

세계사 분야의 내용구조는 제4차 교육과정의 일부 단원에서 채택한 지역중심 구조의 특성을 버리고, 다시 연대사적 구조로 돌아가고 있다.

고등학교 세계사는 중학교 사회의 세계사 분야와 내용·구조상의 차이를 '문화권'중심의 학습이란 명분을 내세워 내용을 개편하였다.

이상 다섯 차례에 걸쳐 단행된 사회과 교육과정의 내용구조에서는 뚜렷한 교육목표나 일관된 원칙이 없다. 즉, 제2차 교육과정개정에서 중학교 사회로서 국사와 세계사를 통합하고 고등학교 세계사에 갑자기 단원명에 생활이란 용어를 삽입하고 있고 제3차 교육과정개편에서는 중학교는 연대사적 구조로, 고등학교는 문화사 중심구조로 바꾸었다가 제3차에서는 중학교는 사회를 2학년에서 지리와 세계사를, 3학

년 사회에서는 세계사와 공민분야를 섞어 채택하였으며 제5차에서
는 다시 2, 3학년에서 다루어지던 세계사 영역을 1.2학년으로 옮겨
놓았다.

특히 제 6차 교육과정 내용의 문제점 가운데 중학교에서는 세계사를
역사교육에서 가장 중시되는 시간적 체계를 무시한 채 해체하여 「사회
」과목에 통합하고 있고 고등학교에서는 교육부 지정 필수과목인 「공
통사회」과목이 일반사회와 국토지리만으로 구성되고 세계사를 선택과
목으로 밀어내고 있다.

통합사회과 이론이 훌륭한 교육이론이라고 한다면 30년 가까이 실
시한 통합사회과 내용이 지금쯤은 좀더 체계화되어 훌륭한 교육과정
내용, 좋은 교과서 그리고 이를 잘 가르칠 수 있는 통합사회과 교사가
일선에서 활약해야 하는데 이 가운데 사회과를 담당할 수 있는 교사
를 양성하지 못하고 있으며 중·고등학교에서의 사회과 교육의 수업
환경은 참으로 어려운 형편에 있다.

뚜렷한 교육철학이나 역사의식이 없는 사회과 교육과정은 가능하면
개편하지 않는 쪽이 낫다고 생각한다. 과거 5차례에 걸쳐 단행된 교육
과정, 특히 통합사회과 이론을 바탕으로 단행된 교육과정은 그 어떤
것도 성공적이라고 볼 수는 없기 때문이다. 뿐만 아니라 현재의 한국
교육은 가장 심각한 어려움에 봉착하고 있고 이러한 어려움의 중요한
원인은 교육정책의 졸속행정과 일부학자의 무원칙적인 빈번한 교육과
정개편이라 하겠다.

### (3) 현재 진행되고 있는 세계의 변화를 도외시하였다.

현대사회는 격변하고 있다. 현재 소련과 동구권 그리고 중국 등 공
산주의 사회에서 진행되고 있는 공산주의 몰락의 세계사적 의미와 세

계사 발전에 대한 역사의식이 6차 교육과정에는 전혀 반영되지 않고 있다. 주지하는 바와 같이 唯物論에 입각하여 세계사의 발전형태가 原治共産社會에서 古代奴隷制社會 그리고 近世資本主義社會로 전개되고 자본주의사회가 계급적 모순에 의하여 필연적으로 共産主義社會로 발전되어 나간다고 보았던 유물론적 역사발전 법칙이 붕괴되고 있다. 이러한 변혁을 우리가 세계사의 전개과정을 통해 직접 목격하고 있는 현시점에 있고 따라서 세계사의 발전법칙과 역사적 전개의 원동력을 구체적으로 교육해야 할 가장 중요한 교육환경에 처해 있음에도 불구하고 교육과정 개편작업에서 세계사의 혁명적인 변화에 대한 인식이 결여된 채 현대세계를 마치 60·70년대의 통합사회과 이론이 적용되던 냉전시대로 착각하고 있는 오류를 범하고 있다.

세계사 교육의 가장 시급한 당면과제는 共産主義의 몰락이 가져온 세계사의 변화를 재해석하고 재교육해야 한다는 사실이다. 자라나는 2세에게 공산주의 몰락과정을 윤리나 도덕을 강조하는 반공교육적인 차원이 아닌 과학적 역사 사실을 토대로 가르치고 이에 따라 역사의식을 고양해야 하는 중대한 문제를 역사교육계가 짊어지고 있다. 이와 같은 현대세계의 혁명적 변화과정을 최우선 순위에서 가르쳐야 할 변혁의 시대에 처해 있는 현실을 도외시하고 6차 교육과정개편이 진행되었다는 것은 세계사를 필수로 할 것인가 선택으로 할 것인가의 문제를 떠나 세계사의 역사적 발전의 시대적 상황을 전혀 인식하지 못하고 있다는 데 교육과정개편의 중대한 과오가 있다.

### (4) 현대사회의 학문적 발전추세에 역행하고 있다.

주지하는 바와 같이 현대는 모든 학문이 다같이 세분화 되어 나가는 추세이고 그에 맞추어 교육과정도 전문화되고 있다. 선진국의 교육과정을 살펴볼 때 70년대 이후에서부터 현재까지 교육과정은 모두가 세분화·전문화되고 있고 이런 경향은 자연과학에서 더욱 두드러지는 현상이다. 그러나 어찌된 일인지 사회과만은 역사, 지리, 일반사회를 통합하려는 시도가 역사나 지리, 그리고 일반사회의 전공자가 아닌, 일부학자에 의하여 교육과정개편 작업이 진행되고 있다. 통합사회과 교육과정이 아니라 사회과도 그 학문적 성격을 살펴 전문화·세분화되어야 한다.

특히, 역사학은 그 학문의 성격상 주변의 어떤 인접학문과 통합이나 접목이 거의 불가능하다. 왜냐하면 역사적 사실은 인간이 창출한 수많은 현상 가운데서도 다시 이를 축소하고 생략하여 아주 중요한 사실만을 정리하여 공간과 시간적 의미를 부여하여 놓았기 때문에 이미 역사 자체가 종합성을 지니고 있기 때문이다. 따라서 세계사는 인간과 시간과 공간을 총체적으로 서술해야 비로소 이해가 가능한데 거기에 성격이 다른 지리나 일반사회를 접목시킨다는 자체가 비과학적 발상이다.

### (5) 사회과 교육과정의 결정과정에도 문제가 있다.

종래 통합사회과 교육과정이 시행된 이래 사회과 교육과정이 개편될 때마다 역사(세계사·국사), 지리, 일반사회 교과목의 이수단위 배정과 교과목의 학년 배정에 대하여 항상 치열한 싸움이 전개되어 왔다. 그때마다 세계사는 교과목의 중요성과 관계없이 항상 뒷전으로 밀렸다. 그 이후로는 세계사 교육에 있어서 역사학자들의 교육과정에 대한 인식의 소원함과 함께 무엇보다도 지리와 사회영역은 각각 2개의 교과목을 포함한다고 하여 참여자의 숫자로 세계사를 압도하는 경향을 들 수 있다. 이번 6차 교육과정 개편에 있어서는 이러한 영역싸움외에 또 다른 현상이 나타났다. 즉, 6차 교육과정안에 국사를 선택으로 돌렸다가 여론의 빗발치는 공세에 몰려 국사를 필수로 바꾸면서 마치 사회와 지리측이, 역사과가 차지하는 몫을 국사를 필수로 하였기 때문에 그만큼 할당받았다고 착각하면서 국사의 지리를 뺀 나머지 몫이 세계사의 입지인 것으로 생각하는 커다란 오류를 범하고 있다. 국사와 세계사는 같은 역사과목이기는 하나 한쪽이 필수로 되었기 때문에 다른 쪽은 선택으로 돌려야 한다는 단순논리로 처리할 성격이 전혀 아니다.

### (6) 사범대학 교육과정에 맞지 않는다.

현재의 중·고등학교 교육을 담당하는 교사 양성기관으로서의 사범대학 교육과정도 여러 가지 문제점을 안고 있고, 이러한 문제는 80년대에 단행된 실험대작제의 도입에 의한 전국대학 교육과정의 개편에 원인한다.

사실상 현재와 같은 대학(특히 사범대학) 교육과정을 가지고서는 훌륭한 역사교사 양성이란 거의 불가능에 가깝다. 他科도 마찬가지지만 여기에서 말하는 훌륭한 역사교사란 역사적 사실에 대한 해박한 지식의 소유자, 역사교육에 대한 투철한 역사의식과 역사관, 역사철학의 소유자를 말한다. 한국의 대학교육은 80년대에 단행된 대학교육과정의 개정으로 대학교육의 질적 저하를 가져오게 되었고 특히 사범대학이 심하다.

일부 교육학자에 의해 주장된 실험대학 교육과정으로 한국의 대학은 엄청난 질적저하를 초래하였다. 몇 사람의 학자에 의해 주관적인 연구결과를 토대로 단행된 실험대학제도로 말미암아 사범대학은 전문적인 역사교사 양성이 사실상 불가능한 상태에 놓여 있다. 그 중요한 원인으로 우선 종래의 160학점에서 140학점(대학에 따라 150학점으로 환원)으로 학점을 축소 조정한 것을 들 수 있는데, 이는 역사교육을 체계적이며 계통적으로 강의 할 수 없게 만들었다.

사범대학의 역사교육과에서 가장 중요한 교과목이 전공필수인데 실험대학 교육과정에서는 전공필수를 대폭 축소하고 있다. 즉 종래의 교육과정에서는 전공 필수가 60학점이던 것을 24학점으로 축소하였고 (대학에 따라 약간의 차이는 있음) 그 대신 전공자유선택을 종래의 30학점에서 60학점으로 확대시켜 그 가운데서 선택하도록 하였다. 이는 교육과정 개편자의 말을 빌리면 학생들에게 학과목의 자유로운 선택을 통하여 보다 넓은 지식을 취득할 수 있는 기회를 부여하는데 목적이 있다고 하고 있으나 사실은 정반대의 결과를 가져왔다는 것을 대학사회의 풍토를 보면 알 수 있다.

또 140학점으로 대학의 학점을 축소하는 과정에서 교육과정 내용이 충분한 연구를 거쳐 축소 조정된 것이 아니라 편의주의에 따라 무원칙하게 축소되었기 때문에 거기에는 상당한 문제점을 이미 안고 출발하였고 그 결과는 현재 그대로 나타나고 있다. 따라서 현재와 같은 사범대학 교육과정을 가지고서는 훌륭한 역사교사 양성은 바라기 어렵고 이는 비단 역사과에 한하는 문제만은 아니다.

## 2) 세계사 교육이 필수가 되어야 하는 이유

제 6차 세계사 교육과정은 본인이 지적한 이러한 내용을 기본으로 하여 마땅히 시정되어야한다. 이와 아울러 세계사교육이 필수적으로 중·고등학교에서 교육되어야 할 이유는 다음과 같다.

### (1) 세계사는 인문과학의 기초로서 선택 교과목이 될 수 없다.

현재의 사회과 교과목(세계사, 지리, 일반사회) 가운데 가장 어려운 교과목을 세계사라고 하는 것은 일선 교사나 학생이 다 같이 인정하고 있는 사실이다. 왜냐하면 세계사가 학문으로 존재하는 기본요소로서 역사를 창출한 人間과 역사무대로서의 空間 그리고 역사가 전개된 時間을 빼놓을 수 없기 때문이다. 그러므로 세계사에서는 등장하는 인간이 다양하고 역사적 사건의 인과관계가 복잡하며 또한 역사무대도 넓다. 따라서 세계사는 이러한 복잡성과 총체성 그리고 다른 학문과의 관련성 등으로 해서 인문과학의 기초학문의 위치를 차지하는 것이다. 그런데 이러한 세계사를 다른 교과목(지리, 사회, 기타)과 동일한 선상에서 선택하도록 교육과정을 개편한다고 한다면 그것은 바로 세계사를 포기하라는 말과 같은 것이다. 세계사교육은 중·고등학교에서 필수과목으로 교육하여야 한다. 이는 마치 훌륭한 야구선수가 성인이 되어 갑자기 나타나는 것이 아니고 중·고등학교에서의 체계적으로 교육하여야 한다. 그러한 이유로 역사학이 서양에서는 인문과학의 기초학문으로 중국에서는 학문 중의 학문으로서 왕좌의 지위를 누려왔던 것이다.

### (2) 중국 문화에 있어서 史學의 중요성

중국의 학술사에 있어서 학문을 분류하는 방법으로 經史·子·集의 四分法을 쓰고 있는 것은 隋唐 經籍志 이래 淸末까지 적용되어 왔다.

사실 세계사 가운데서 동양사는 서양사에 비해 어렵다고들 하고 있고 동양사연구를 기피하는 현상이 없지 않았다. 오늘날 한국사회에 만연하고 있는 힘들이지 않고 목적을 이룩하려는 僥倖主義나 모든 활동을 실리적으로 처리하려는 實用主義로 해서 역사학은 참으로 어려운 지경에 놓이게 되었고 마침내 교육과정 개편과정에 그대로 반영되고 있다. 역사학이란 본래가 어려운 학문이었다. 그러나 다른 학문의 기초가 되었기 때문에 文字를 익힌 후에 곧바로 史學을 가르쳤다. 세계사가 종합교과이기 때문에 배울 가치가 있는 것이고 특히 동양사(중국사)는 학문의 중심적 위치를 계속 고수하고 내려왔다.

중국에서 斯學이 漢代의 司馬遷이나 班固 그리고 劉知幾나 司馬光에 의해 발전되었고 마침내 經史・子・集으로 분류되면서 사학은 부동의 위치를 고수하고 있다. 그리하여 중국의 국가 발전시대에 위대한 史學의 名著가 쏟아져 나왔으며 특히 사학을 통하여 중국의 文化를 세계적인 수준으로 끌어올린 위대한 역사가가 배출되었다.

따라서 史學은 儒學(經學)과 諸子百家 그리고 文學과 함께 학문의 왕좌의 위치에서 발전하여 내려왔다. 그러므로 중국문화를 이해하려 할 때 역사학을 배우지 않고서는 중국문화에 대해서 종합적인 이해가 거의 불가능한 것이다.

### (3) 한국文化와의 관계에서 中國史는 필수적으로 배워야 한다.

한・중은 2천여 년을 두고 정치・사회・군사・문화적으로 밀접한 관계를 지니고 내려왔고 앞으로도 계속해서 양국관계는 긴밀하게 전개될 것이다. 해방 후 지금까지는 주로 자유중국을 상대하였으나 이제 광활한 중국대륙이 우리 앞에 다가오고 있다. 우리는 중국의 문화와 민족을 세계사로서 이해해야 하지만 세계사 가운데서도 특히 동양사는 한국사와의 관계를 고려할 때에 필수가 되어야 한다. 동아시아文化의 공통적 요소를 漢字와 儒敎, 佛敎文化 그리고 律令國家體制라고 한다면 이러한 요소가 한국에서 어떻게 발전되어 왔는가를 이해하기 위해 필수적으로 중국사를 이해해야 할 것이다.

사실상 한국문화의 특수성을 파악하기 위해서는 한국사에 영향을 주어 온 중국사의 이해없이 한국사만을 가지고는 곤란하다. 또 한국사의 보편성을 이해하기 위해서도 역시 동양사의 학습은 필수적이 아닐 수 없다. 이와 함께 중국·인도·이슬람권의 인구는 세계 인구의 거의 3분의 1을 차지하고 있고, 이 지역에서 파생되고 있는 종교문제를 비롯한 민족간의 갈등, 문화의 다원성 등 여러 가지 문제들이 제2차 세계대전 이후 지역분쟁으로 심각하게 지기되고 있는 것이 현실이다. 따라서 이들 지역의 역사적 이해는 절대로 필요한 것이다. 우리는 이제 60~70년대의 한국이 아니다. 21세기를 향한 현재의 한국에서는 우리 문화에 못지 않게 세계문화에 눈을 돌려야 하고 이를 위해서는 세계사교육을 필수적으로 강화해야 할 위치에 있다.

### (4) 국제화시대의 세계사 교육의 중요성

과학기술의 발달로 세계는 이제 이웃나라로 그 거리가 단축되었고 이에 따라 지구촌이란 용어가 부담 없이 사용되고 있다.

현재 北韓에서는 중등학교와 대학에서 세계사교육을 전혀 하지 않고 있다. 상식적으로 북한과 가까운 중국이나 동구·소련의 역사를 가르쳐야 마땅할 것으로 생각되나 전혀 세계사교육을 하지 않을 뿐만 아니라 서양사나 동양사를 연구하는 학자도 없다. 이는 북한의 폐쇄주의와 교조주의가 세계사 교육에 그대로 반영된 결과라 하겠다. 현대세계는 어떤 민족이나 국가도 독자적으로 고립되어 살아 나갈 수 없다는 것은 너무나 자명하다. 외국의 언어와 함께 외국의 역사(세계사)는 국제화 시대에 있어서는 필수적이 아닐 수 없다. 왜냐하면 외국문화를 이해하지 않고 외국을 알 수 없으며, 외국을 알려면 그나라의 역사는 필수적으로 배워야 하기 때문이다.

미래의 건강한 사회를 위하여 가장 바람직한 인간상 그것이 바로 교육의 목적이다. 그런데 한국의 교육정책 수립자나 교육과정 전문가들은 인군교육의 중요성을 제쳐놓고 교육제도 개선에만 열중하였고 그것이 제 6차 교육과정개정안으로 나타나고 있다.

만약에 제 6차 교육과정안에 나타나 있는 바와 같이 인문교육의 기초가 되는 세계사교육의 희생 아래 통합사회과안을 강행하여 지리·일반사회만을 필수로 하고 세계사를 선택으로 밀어버렸을 때 고등학교의 세계사 교육은 전멸할 것이다. 그것은 곧 인문과학의 위기로 이어져 인간성 상실의 교육이 될 것은 너무나 자명하다.

6차 세계사 교육과정개편안에 대한 새로운 검토와 시정이 마땅히 있어야 하겠다.


(『역사교육』 제52집, 1992)

## V. 역사의식과 역사교육

### 1) 문제제기

우리는 과거, 현재, 그리고 미래에 있어서 歷史를 의식하였고, 그리고 의식하면서 생활할 것이다. 그런데 歷史를 의식하는 관점은 시대에 따라서 달라지는 것이니 이른바 歷史觀의 문제가 된다.

"歷史를 어떻게 의식할 것인가?"라는 문제는 사람에 따라 달라질 수도 있고 마땅히 달라져야 한다. 그러기에 歷史는 항상 다시 쓰여지고 그 시대의 정신을 반영하게 되는 것이다. 歷史를 전공으로 하는 사학도는 물론이고 생각 있는 지성인은 누구나 다 자기 나름대로 歷史를 보는 눈을 가져야 한다. 왜냐하면 올바른 歷史觀의 바탕위에 비로소 바른 가치관이나 인생관을 세울 수가 있기 때문이다. 우리가 살고 있는 현재가 바로 歷史的 산물이기 때문에 현재를 올바르게 인식하기 위해서는 歷史的인 과거를 바르게 의식하여야 하며, 훌륭한 교육자가 되려면 무엇보다도 올바른 歷史意識을 지녀야 한다. 그래야만 미래에 대한 뚜렷한 주관을 세울 수가 있고 교육자로서의 자기신념을 확고히 하게 되며 또한 현재 당면하고 있는 난제를 극복할 수도 있기 때문이다.

"歷史意識이란 무엇인가?"를 생각해보자. 歷史意識이란 과거의 歷史를 현재의 눈으로 바라보는 관점이다. 과거의 사실이 歷史的 사실이 되기 위해서는 그것이 단지 과거에 존재하였다는 사실이 아니라 현재의 歷史家의 정신 속에서 재인식됨으로서 비로소 歷史的 사실이 된다. 이러한 인식의 바탕 위에 비로소 歷史란 현재에 살아있는 과거가 되는 것으로 歷史的 인식은 歷史的 현재에 있어서의 과거의 재구성인

것이다. 그러므로 歷史는 항상 재구성되는 것이고 다시 쓰여지는 것이다. 司馬遷은

『史記』를 통하여 새로운 세계를 쓰려고 하였으며 班固는 『漢書』로 司馬光은 『資治通鑑』에서 歐陽脩는 『新唐書』와 『新五代史』에서 그리고 金富軾은 『三國史記』를 통하여 一然은 『三國遺事』를 빌어 각기 자신의 歷史意識을 재현하려 하였던 것이다. 우리는 이들 歷史家에 의하여 재현된 歷史意識을 그대로 받아들일 수도 있고 아니면 이에 대해 각자의 생각을 더할 수도 있다. 문제는 어떤 歷史書를 어떻게 읽고 그것을 어떻게 소화하느냐에 달려 있는 것이다.

그런데 한국인의 歷史意識속에는 과거 중국인의 歷史意識이 많은 영향을 주고 있음을 부정할 수가 없고, 이러한 중국적인 歷史意識은 중국인의 관점에서 歷史를 서술하였기 때문에 중국이외의 지역에 대해서는 반드시 바르게 서술하였다고 볼 수 없다. 中華主義的 편견으로 왜곡 서술할 수도 있겠고 지적부족으로 잘못 서술할 수도 있었을 것이다. 그러나 이러한 중국인의 歷史意識은 오랜 동안 한국의 지식인들의 歷史意識을 지배하였으며, 그 결과로 한국사 서술에 사대주의적인 경향이 작용하게 된 것도 부정할 수가 없다. 그러면 한국인의 歷史意識에 영향을 준 "중국의 歷史意識은 어떠하였는가?"를 보자.

중국의 歷史意識은 「史記」나 「春秋」에까지 거슬러 올라가지 않더라도, 이스라엘의 예언자나 고대 인도의 종교가가 주장한 歷史와 神(초월적 존재자), 혹은 종교적 진리와의 깊은 관계를 갖는 경우는 거의 없다. 오로지 정치적 인간(皇帝)에 의해서 역사가 존재한다는 歷史的 논리를 가지고 역사를 서술하였다. 그러므로 神의 존재가 역사 발전에 작용한다는 일은 부정되었다.

이와 같은 중국인의 歷史意識과는 반대로 서구세계는 특이한 歷史

意識을 지니고 있었다. 즉, 서구세계에서는 歷史를 神의 의지의 실현 과정으로 보고 神과 人間의 관계를 불가분의 것으로 생각하는 기독교 적 歷史觀이 있었다. 歷史에 관한 이와 같은 기독교적인 사고가 중세 의 유럽세계를 수백 년에 걸쳐 지배하였다. 그러나 르네상스운동과 종 교개혁으로 神중심의 역사관에서 인간 중심의 역사관으로 역사의식이 바뀌고, 18세기 계몽주의적 歷史觀에서 無神論이 나타나고, 다시 19세 기에 들어와서 唯物辨證法으로 전개되었다. 서양인의 歷史意識의 주체 가 神에서 인간으로, 인간에서 다시 투쟁으로 변전되었음을 살필 수가 있다.

이와 같은 중국이나 서양의 歷史意識은 직접 내지는 간접적으로 우 리의 歷史意識에 영향을 주었다. 그런데 이러한 歷史意識은 한국인의 입장에서 역사를 고찰한 것이 아니기 때문에 世界史 발전의 하나의 유형으로서 인정될지는 모르겠으나 우리의 입장에서는 중국이나 西歐 적인 歷史意識을 참조하면서 재검해야할 중요한 歷史意識의 문제가 있다고 생각된다.

우리가 처해 있는 현재의 한국적인 歷史上의 위치에서 재인식되고 재검토되어야 할 歷史意識의 문제는 어떠한 것이 있으며 그러한 문제 는 어떻게 인식되고 과학적으로 극복되어 교육의 현장에서 또는 한국 인의 歷史意識속에 다시 구현하여야 하겠는가.

이에 대한 몇 가지 문제를 여기에서 제기하는 것이니 이 문제를 놓 고 학생 여러분과 함께 생각할 기회를 갖고자 한다.

필자가 제기하고자 하는 歷史意識의 첫째 문제는 「韓國民族論」이다. 한국民族을 논함에 있어서 절실히 요청되는 것은 한국사에 대한 올바 른 인식 내지는 새로운 歷史意識이다. 「韓國民族論」에 대해서는 종래 여러 각도에서 언급되었다. 부정적인 시각 즉, 이는 주로 일본의 어용

학자들에 의한 植民地史觀이 주도적 역할을 하였다. 다른 면에서는 긍정적이기는 하나 배타적인 각도 즉 이는 주로 國粹主義的 입장에 선 民族主義的 史家들에 의해 만들어 진 것이다. 전자가 韓國民族을 말살하려는 歷史意識을 취한데 반하여 후자는 지나치게 한국民族의 우월성을 강조하고 있다.

본인은 東아시아史의 역사 흐름 속에서 한국사를 올려 놓고 이 문제를 검토하여야 것으로 생각한다. 왜냐하면 이는 한국民族의 존립에 관한 문제이며 동시에 교육의 기본입장이 되는 것이기 때문이다. 우리 조상들이 이룩한 문화적인 업적도 물론 중요한 것이지만 그 보다도 더 중요한 것은 우리 조상 그 자체, 그 피를 이은 우리들이 民族的으로 어떤 부류에 속하는가 하는 문제로서 이는 가장 근본적인 歷史意識이라고 생각된다. 따라서 이를 다루는데 있어서는 한국사만으로 생각할 것이 아니라 시야를 넓혀 東아시아史 내지는 世界史 전체의 歷史과정에서 한국民族의 歷史的 위치가 어느 정도에 놓을 수 있는가를 고찰해 보아야 하겠다.

둘째로 본인이 제기코자 하는 歷史意識은 「近代化論」이다. 60년대 이래 한국사에 서 가장 활발히 논의되어 온 문제로서 「近代化」를 빼놓을 수 없는데 이제 십여 년 이상이 지나간 현재에 다시 한번 歷史的인 고찰을 해야 할 필요를 절실히 느끼고 있다. 왜냐하면 현재에는 「近代化」라고 하는 단어의 개념파악조차 통일되어 있지 못한 형편이기 때문이다. 이는 비단 한국에 있어서 뿐 아니라 선진제국에도 「近代化」의 해석이 구구하고 이 「近代化」를 다루는데 제기되는 몇 가지 문제가 있다. 먼저 「近代化」를 「西歐化」로 동격시할 수가 있겠는가 하는 것이고 또 하나는 흔히 이야기되고 있는바 아시아史에 있어서 근대화에 성공한 유일한 나라가 일본인데 일본이 근대화에 성공을 한 원인을 歷史的으로 일본의 봉건제도와 결부시키려는 라이샤워 (Edwin O. Reischauer) 교수의 이론을 어떻게 받아드려야 할 것인가 하는 문제들이다. 이러한 문제들이 東아시아史의 전체적인 각도에서 재인식되어야 할 중요문제로 생각된다.


## 2) 동양사에 있어서의 한국민족

본인은 「韓國民族論」을 동양사의 전반적인 각도에서 이를 생각하여 볼까 한다. 왜냐하면 어떤 게인. 民族을 논함에 있어서 독립적인 평가는 불가능하고 비교에 의해서만 그 우열을 가려낼 수가 있기 때문이다.

흔히들 말하기를 「國家는 망하여도 民族은 멸망하지 않는다」라고 하는데 이는 歷史的 지식의 부족에서 오는 오류이다. 동양 역사상 무수한 民族들이 멸망한 예가 있고, 현재 멸종되어 가는 사실을 살필 수가 있다. 국가는 반드시 멸망한다고 하는 것은 世界史의 절대적인 법칙이다. 세계 역사상에 망하지 아니한 국가는 없다. 이는 마치 사람이 태어나서 죽는 것과 같은 歷史의 법칙성이다. 그런데 民族은 어떠한가. 물론 멸망하지 않고 世界史의 주도권을 잡고 현재까지 발전하고 있는 民族도 있다. 그와 반대로 과거에 대제국을 건설한 民族이 현재는 흔적도 없이 멸망한 예를 동서양사에서 살필 수가 있다. 특히 아시아의 歷史를 民族史的 입장에서 볼 때 南·北民族의 대항사라고도 할 수 있겠다. 남방의 농경민족(漢民族) 대 北方의 유목민족의 대립이 그것이다. 北方의 遊牧民族은 틈만 있으면 생활환경이 좋은 남방으로 진출을 꾀하였고 이에 대해 남방의 漢民族은 자신의 생활근거지를 빼앗기지 않으려고 모든 수단을 다하여 이를 저지하려 하였다. 유명한 만리장성은 이러한 南·北方 民族의 대립사가 가져다 준 歷史的 유물이다. 가장 대표적인 南·北方民族의 대립을 보면 秦·漢시대의 남방의 漢民族과 北方의 흉노족, 위진남북조시대의 남방의 중국인과 북방의 五胡족(선비, 흉노, 저, 강, 갈) 그리고 수·당시대의 돌궐, 송대의 契丹, 여진, 서하 및 蒙古 그리고 명대의 女眞과 蒙古를 들 수가 있겠다. 이들 북방민족은 남방의 漢民族에 대해서 끊임없는 도전을 가하여 마침내 위진남북조시대에는 五胡에 의하여 화북지방이 점령 되었고 송대에 契丹이 황하의 北方을 차지하였으며 女眞의 金나라는 다시 화북 전체를 차지하여 漢民族을 강남으로 몰아냈다. 蒙古族의 元은 전 중국을 점령하여 처음으로 북방유목민족이 남방의 漢民族 전체를 무력으로 지배하는데 성공하였다. 이는 오랜 남·북민족의 대립사에서 처음으로 北方民族이 승리한 것이다. 그러나 明의 건국과 함께 남방의 漢民族에 의하여 중원이 회복되고 蒙古族을 북으로 몰아냈으나 여진의 淸에 의해 중국은 다시 東北方民族의 지배하에 들게 되었다.

歷史시대 이후의 중국 3천여 년사에서 볼 때 北方民族에 의해 중국의 절반(화북지방)이 정복된 것이 2회(五胡, 女眞) 황하 북쪽만 정복된 것이 1회(契丹) 그리고 전 중국이 정복된 것이 2회(元, 淸)이다. 이를 중국사에서는 정복왕조라고 하는데 이 정복왕조의 시기는 전후 약 700년 가까이 된다. 그 중에서도 전 중국을 지배한 蒙古의 元(1206~1306)과 여진의 淸(1616~1912)의 지배 시기는 전후 약 400여년에 이르고 있다.

이들 北方民族은 스스로 한문화의 동화력을 경계한 나머지 혹은 강압에 의한 民族의 차별정책(元)으로 혹은 변발호복(淸)에 의한 중화 민족의 말살정책으로 漢民族을 女眞化하려고 하였지만 종래에 가서는 北方民族이 漢化되는 결과를 가져 왔다. 무력으로 중국을 지배한 이들

北方民族은 도리어 문화적으로는 漢民族에게 동화되는 결과가 아시아 歷史의 특색이기도 하다. 현재에는 五胡, 契丹民族 그리고 여진족은 모두 멸종되었다. 또 대제국을 세운 蒙古族도 점차 멸족의 위기 앞에 놓여 있다. 이렇게 볼 때 民族이 멸망하지 않는다는 것은 전혀 근거가 없는 것이다.

그러면 이상과 같은 東아시아史에 있어서의 남·북民族의 대립과 우리 한국民族史와는 어떠한 관계를 지니고 있는가를 살펴보아야 하겠다. 중국의 남·북民族의 대립사는 항상 한반도에 커다란 영향을 주어왔다. 한국사를 동양사의 일환으로 볼 때에 거기에는 뚜렷한 몇 가지 사실을 찾아낼 수가 있다.

먼저 중국대륙의 정치적 변동이 한반도에 언제나 커다란 영향을 미치고 있다는 사실이다. 다시 말하면 중국대륙에 통일왕조가 수립되면 한반도에 침략의 손길이 뻗힌다는 사실이다. 중국최초의 통일제국인 秦은 단명으로 그쳤기 때문에 미처 한반도에 정치적 영향을 미칠 겨를이 없었지만 漢의 통일제국이 출현되자 한무제의 침략을 받아 한사군의 지배를 받게 되었다. 隋가 통일제국을 건설하자 전후 3차에 걸쳐 침입을 받았으며 隋에 이어 唐이 중국을 통일하자 고구려와 백제는 멸망하고 한국의 歷史는 한반도로 축소되었다. 北方왕조인 契丹이 만주와 황하北方을 통일하자 契丹의 遼나라는 3차에 걸쳐 고려침입을 하였다. 蒙古가 東北아시아를 통일하자 전후 8차에 걸쳐 고려를 쳐들어 왔고 이러한 蒙古의 침입에 고려인은 항쟁을 계속하다가 드디어는 蒙古에 굴하였다.

여진족의 淸나라도 조선에 두 차례(정묘·병자호란)나 쳐들어와 한국사상 일찍이 없었던 삼전도의 비극을 당하였다. 6·25동란 때에 북의 남침을 극복하고 북진을 하여 民族의 숙원인 통일을 눈앞에 바라

보고 있을 때에 만약 중국내부가 분열되어 중국이 통일되지 않았더라면 중공의 한반도개입은 불가했을 것이다.

그러므로 한국사는 중국본토나 그 北方에 강력한 통일제국이 출현하면 항상 침략을 받았다고 하는 사실을 알 수가 있으며, 중국의 침략은 경우에 따라서는 우리民族이 東아시아史에서 자취를 감출 수도 있을 만큼 강력하고 위험한 고비로 생각되는 경우도 있다. 이러한 통일제국의 침략에 대항해서 우리 조상은 강인한 의지와 슬기로 이를 잘 극복을 하였다.

東아시아史에서 한국民族이 자취를 감추게 될 위기가 세 번 정도 있었음을 의식할 수가 있다. 먼저 漢에 의한 한사군의 설치(B.C.108)와 그 이후의 漢의 고조선 지배이다. 우세한 한문화의 지배하에 우리 民族은 송두리째 자취를 감출수도 있었으나 도리어 한문화에 자극되어 民族의식을 기르고 고유한 자기문화를 보존육성하여 마침내 부족국가에서 民族국가로 발돋움하는 歷史를 이룩하였다. 다음으로 한국사의 위기시대는 唐에 의한 고구려, 백제의 멸망과 신라의 문무왕을 계림도독으로 임명한 시기가 아닌가 한다. 唐은 고구려와 백제를 병합한 후에 동맹국인 신라까지도 병합하려 하였다. 만약 신라인들의 대항이 없었더라면 한반도는 만주와 함께 중국문화권 속에 흡수되었을 것이다. 그러나 신라인은 과감하게 어제의 동맹국인 당에 저항하여 한반도를 지키는데 성공하였다. 이는 외세를 끌어들여 동족국가를 멸한 신라의 높은 歷史的 의의로 인정된다. 그 후 신라는 성당문화를 받아들여 찬란한 통일신라의 문화를 꽃을 피우는데 성공을 하였고 이로써 우리 民族고유문화는 발전을 이루는 획기적인 계기를 마련하였다.

셋째로 한국사의 위기의 시대는 蒙古제국의 출현과 함께 전후 8차에 걸친 蒙古의 침입과 그 후의 蒙古의 지배하에 들어간 시대라고 생각된다. 한국사의 전시대를 통람할 때 가혹한 수난의 시대가 여러 번 반복되었지만 몽골침략 시대도 우리민족에게는 고난의 시대로 생각된다. 특히 元의 지배하에 들어간 고려는 蒙古의 부마국으로서 상류사회에는 다투어 蒙古語를 사용하고 蒙古의 생활풍속을 그대로 모방하여 蒙古인 행세를 하는 것이 자랑으로 여기는 사람들도 있었다.

民族이 다른 民族으로 흡수동화되는 과정에서 가장 중요한 것이 언어이다. 가령 여기 두 개의 다른 언어를 사용하는 異民族이 있을 때에 서로의 의사를 소통하는데 어느 쪽의 언어를 사용하느냐에 따라서 한쪽 漢民族은 그대로 자기문화를 보존하게 되지만 他民族의 언어를 사용하는 쪽은 결국 그 民族속에 동화되는 것이다. 중국의 北方民族이 무력으로는 남방의 漢民族을 지배하였지만 결국 漢民族化하는 원인이 바로 언어에 있다. 이러한 관점에서 볼 때에 蒙古지배하에 있던 고려의 상류사회가 다투어 蒙古語를 사용하고 蒙古풍습에 동화되어 가던 이 시기는 우리 民族史에 위험한 시대라고 보아야 할 것이다.

東아시아 세계에 놓여 있는 한국의 위치는 대륙에 연한 반도의 地政學的 위치로 항상 대륙의 정치적 영향을 받아 온 것이 사실이지만 이상에서 살핀 바와 같이 우리民族은 외부로부터의 압박에 굴하지 아니하였을 뿐만 아니라 도리어 그러한 외침을 딛고 일어서서 새로운 문화적 발전을 마련하였다. 中華民族이 주변국가에 대한 흡수·동화력은 世界史에 그 유례가 드물고 중화문화의 흡인력에 말려 들어가서 흉노, 오호, 여진, 당항족, 契丹族도 모두 자취를 감추었다.

그러나 우리 民族은 중화문화의 동화력에 굴함이 없이 고유한 民族언어와 歷史를 가지고 여기까지 발전하여 왔다는 것은 놀라운 歷史的 사실이다.

## 3) 동양사의 근대화론

東아시아史에서 중요한 문제로 제기될 수 있는 또 하나의 歷史的 사실은 「近代化」문제이다. 특히 동양역사에서 볼 때 유럽의 아시아 침략 이래 일본을 제외하고는 아시아의 모든 국가(태국은 독립을 유지하였지만 자의와는 무관함)가 식민지 내지는 反식민지로 전락하여 世界史의 대오에 낙오 하였고 그 여파가 현재까지 남아 있다. 우리는 여기에서 近代化論에 대한 라이샤워 교수의 흥미 있는 비교론을 살펴보면서 이에 대한 나름대로의 歷史的 인식을 가져야 할 필요를 느끼게된다.

근대화이론이 「새로운 歷史觀」으로 나타나게 된 배경에는 기술혁명과 공업화(산업화)라고 하는 근대적 현상과 산업화에 기초를 둔 특징적인 현대사회 변동이론을 극대화하려는데 있다. 따라서 아시아사회 근대화란 곧 서구화 내지는 산업화란 공식이 적용 되는데 이에 대한 논란은 다방면에서 제기되고 있다.

에드윈 O. 라이샤워교수의 논문 "Modernization in 19th century, Japen and China," 에서 아시아史의 近代化論을 살펴보자.

60년대 초기에 미국으로부터 들어온 「近代化」론의 선구적 발언으로서 특히 근대화에 관하여 중국과 일본을 비교한 라이샤워 교수의 논문은 일본의 「近代化」성공과 중국의 「近代化」실패 원인을 비교하면서 일본은 「近代化」에 성공하였는데 반해 중국은 근대화에 실패하였다는데 초점을 맞추고 있다. 이러한 이론은 그대로 수긍하기에는 몇 가지 문제가 있다. 왜냐하면 라이샤워교수의 이론이 획일적으로 근대화를 적용하여 일본은 근대화에 성공하고 중국은 그렇치 못한 것으로 단순 비교논리를 가지고 설명하고 있는데 우선적으로 논리전개의 비약성을 지적하지 않을 수 없다. 다음으로 라이샤워 교수의 이론을 그대로 받아들인다고 한다면 현재 근대화를 추진하고 있는 아시아 각국으로서는 중국이 근대화에 실패한 몇 가지 요인을 그대로 지니고 있기 때문에 이를 그대로 수긍할 수 없다.

또한 라이샤워교수가 논문의 문제의식 내지는 문제설정에 있어서 中·日 양국의 「近代化」의 성공 여부를 「自明」한 사실로 결론을 내리고 있는 판단이 과연 정당한 것인가에 문제가 된다. 왜냐하면

「近代化」의 개념내용에 따라서는 여러 각도에서 「近代化」를 다룰 수 있기 때문이다. 이 점에서 라이샤워 논문은 그가 제시한 과제로서 「近代化」의 내용을 정의하면 「보다 고도의 기술수준」 또는 「경제성장률」을 그는 「近代化」의 내용으로 파악하였다. 여기에는 근대시민혁명과 사회변혁을 인정하지 않고 일본과 중국의 「近代化」의 결과만을 설정하려 꾀하고 있다. 이러한 경우 「近代化」된 결과가 문제이지 근대화 과정은 별로 문제되지 않는 것이다. 그리하여 일본이 「近代化」에 성공을 거두게 된 「自明」한 원인으로서 라이샤워 논문은 다음 4가지 요인을 들고 있다.

첫째 전통적으로 中國人은 文明과 中華는 同義語라고 하는 中華主義 사상을 지니고 있었는데 대해 이와는 달리 日本사회는 늘 다른 문명국을 의식하고 있었다는 兩國의 對外觀의 차이, 거기에 따르는 서양으로부터 배우려는 태도의 차이성

둘째, 일본이 封建制度下에 분할되어 있었기 때문에 중국의 중앙집권체제의 경우보다도 훨씬 서양의 학문과 힘에 대하여 보다 쉽게 적응을 하고 내용이 풍부한 반응을 할 수 있다는 차이성

셋째, 중국사회는 원칙적으로 평등사회로서 상당한 사회적 유동성이 있었기 때문에 모든 사람들이 地位指向性을 지닌데 반해 일본에서

는 봉건제도하에서 신분질서가 고정되어 높은 관직이나 사회적인 요직으로 나갈 수 없기 때문에 직업에서 최고의 목표 달성을 이상으로 여기는 目標指向性을 지니게 되었다는 사회심리상의 차이성

넷째, 德川시대와 같은 안정기의 일본은 봉건제도하의 관습법에 따라 각 신분은 사회적 위치와 활동의 유형이나 역할이 확정되어 있고 직업의식화 되었기 때문에 이러한 직업의식이 그대로 근대 기업의 발전에 접목되었기 때문에 중국의 중앙집권적 국가체제 보다도 큰 효과를 올리게 되었다는 차이성을 들고 있다.

이어서 라이샤워 교수는 일본과 중국의 근대화의 속도에 차이를 가져온 이유로 위에서 든 4가지 가운데에서 3가지 요인이 일본의 봉건적인 과거와 밀접한 관계가 있는 사실에 주목을 하였다. 이러한 3가지 요인은 유럽의 「近代化」발전과도 유사하다고 지적하였다. 다시 말하면 라이샤워 교수는 일본을 중국과는 달리 서구와 비슷한 봉건사회의 신분제도하에서 공적인 지위에로의 지향성이 막혔기 때문에 수많은 유능한 인재들이 기업에 대한 목표달성의 지향성을 갖게 되고 이것이 일본의「近代化」를 가져오게 된 要因이 되었다는 것이다.

이러한 라이샤워 교수의 歷史意識은 비판을 많이 불러오고 있다.

그것은 먼저 서구근대의 충격과 식민지 지배를 아시아의 「近代化」에 유리한 조건으로 판단하고 이에 대한 아시아인의 反자본주의·反식민지·反제국주의투쟁을 거의 도외시하고 있다는 사실과 다음으로 「西歐化」를 곧 「近代化」로 보고 일본만이 봉건사회의 신분제도적 기능을 가지고 근대화=서구화에 성공하였다고 평가하는 것은 문제가 있다. 왜냐하면 사회구성의 변혁, 歷史의 발전요인 등을 외면한 채 부분적인 요인론만으로 일본이나 중국의 근대화과정의 현실전체를 과연 파악할 수 있겠느냐 하는 문제가 제기되기 때문이다. 일본의 근대화과

정에 **빼어놓을** 수 없는 외적요인으로 한국의 갑신정변 동학농민전쟁, 청·일전쟁, 의화단사건, 한·일합병 등을 제쳐놓고 단지 봉건적 요인만으로 일본의 근대화성공을 논할 수 있겠느냐 하는 사실이다.

60년대 이후 한국에서 「近代化」논의가 활발하여짐에 따라 「近代化」라는 개념자체를 간단히 「西歐化」또는 「工業化」를 뜻하는 것으로 생각하여 왔다. 그러나 70년대에 들어와서는 이러한 양상은 많이 비판을 받아 수정되고 있다. 또한 근대화라고 하는 문제를 歷史的으로 고찰할 때에 봉건제도의 존재유무가 마치 근대화운동의 성패를 결정지우는 요인으로 의식되는 歷史的 관점은 깊이 반성되어야 할 것으로 생각된다. 더구나 封建制度를 거지지 아니한 아시아 각국으로서는 봉건제와 근대화를 결부시켜 이론을 전개시키려는 라이샤워 교수의 이론은 지나치게 일본歷史를 의식하면서 문제를 다루고 있다고 보아도 과언은 아닐 것이다.

우리는 보다 종합적인 의미로서의 근대화의 개념설정을 함과 동시에 「近代化」를 어떻게 성공적으로 추진해야 할 것인가에 대해서도 냉정한 歷史意識을 지녀야 할 필요를 느낀다.

(公州大學 學報 10호, 1976)

# Ⅵ. 日本 近代史學의 성립

## 1) 머리말

日本의 근대적 학문의 성립은 明治維新(1868년) 이후의 서양학문의 수용과 이식의 과정에서 이루어진 것이며 역사학도 예외는 아니다.

그런데 「日本 近代史學의 成立」이란 문제를 놓고 생각 할 때에 거기에는 두 가지 기본조건이 필수적으로 수반된다.

첫째는 近代史學이 江戶時代의 유교적 名分史觀의 극복에서 출발하고 있다는 점, 둘째는 西洋史學의 이론과 방법을 도입하여 이를 원용 내지는 재구성함으로써 근대적 사학의 기반을 형성하고 있다는 사실이다.

그러나 이와 같은 두 가지 조건이 안고 있는 한계성은 근대적 역사연구에는 史料를 기반으로 하는 사실고증과, 역사발전의 원리를 추구하는 史論이라고 하는 두 가지 요소를 구성요건으로 하고 있기 때문에 일본의 근대사학은 고증적인 면에서 江戶時代의 유교적 명분론을 극복하고 사료적 연구방법을 도입하였다고는 하나, 역사서술에 있어서는 江戶時代의 고증적 방법을 그대로 답습하고 있는 실정이고 史論的인 면에 있어서도 서양사학의 방법론을 그대로 수용하고 있거나 아니면 이를 소화하여 변형시켜 역사를 다루고 있다는 점에서 서양의 역사 연구방법에서 벗어나지 못하고 있다는 사실이다. 이런 연유로 해서 일본의 근대사학은 성립 당시로부터 두 가지 흐름을 내포하고 있다. 즉, 하나는 고증을 중시하는 관학적 아카데미 사학이고 다른 하나는 사학연구방법의 이론을 내세운 文明史論 내지는 理論史學·마르크스

주의사학이다. 그런데 이들 양자도 독자적 자기영역을 형성하지는 못
하였다. 考證史學의 경우에는 역사연구의 방법이나 史論은 서양의 그
것을 인용하고 있고, 理論史學의 경우에도 고증사학의 연구성과를 이
용함으로서 비로소 자신의 이론전개가 가능하였던 것이다.

이와 같은 복잡한 원인으로 해서 일본 근대사학의 성립이란 문제는
史學史에 있어서 다양한 이론이 제기되어 왔다.[1] 여기에서는 이와 같
은 이론을 소개하는 일은 오히려 번거로움을 더 하는 것이므로 단지
일반론으로 정리되어 있는 바를 살펴보겠다.

여기에서는 일본 근대사학의 성립과정을 3期로 구분하여 서술하여
보았나.

제 1기는 明治初(1868)로부터 1888년까지의 20년간이다. 이 시기의
사학은 江戸時代의 유교적 명분사학의 극복에 치중하고 있으며 고증
사학과 함께 서양사학의 도입에서 유행하고 있는 문명사론이 지배하
고 있던 시기로서 근대사학의 성립이란 관점에서 볼 때에 과도기적인
啓蒙時期이다.[2]

제 2기는 1887년부터 1898년까지의 약 10년 동안을 꼽을 수 있는데
이 시기는 東京大學에 사학과·국사과의 설치와 더불어 독일 사학의
방법론이 도입되고 史學會의 창립과 史料編纂掛를 중심으로 史料의

---

1) 日本 近代史學의 成立을 다루고 있는 史學史的로 이론으로는
　大久保利謙, 『日本近代史學史』, 白楊社, 1940년.
　小澤榮一, 『近代日本史學史의 研究(明治編)』, 吉川弘文館, 1968년.
　家永三郎, 『日本의 近代史學』, 日本評論社, 1957년.
　歷史學研究會·日本史研究會編, 『日本歷史講座 8卷(日本史學史)』 東京大學
　出版會, 1957년.
　『岩波講座 日本歷史』 22卷 別卷 1, 岩波書店, 1963년.
　酒井三郎, 『日本西洋史學發達史』, 吉川弘文館, 1969년 등이 있다.
2) 柴田三千雄, 『日本近代史學의 再檢討』, 岩波講座世界歷史 30卷 (別卷), 岩波
　書店, 1971, 448～451쪽, 참조.

발행이 이루어지는 시기로서 제도적인 면과 역사연구의 방법상에서 근대사학의 성립이 이루어지는 중요한 기간이다.

제 3기는 1898년 이후의 일본 근대사학의 전개시기이다. 이때는 제 2기에 이루어 놓은 제도적인 기반 위에 일본의 근대사학이 그 성격을 분명히 나타내면서 학문적인 발전기로서 이때를 전후하여 일본 근대사학은 자신의 진로를 정착시켰다고 볼 수 있겠다.

## 2) 傳統史學의 극복과 西洋史學의 수용

明治維新을 계기로 나타난 역사학연구의 새로운 조류는 정부의 修史事業에서 시작된 고증사학과 서양사학의 수용에 의한 洋學의 흐름을 받아들인 문명사론의 두 방향으로 나누어진다.[3]

이 두 방향은 다 같이 종래의 유교적 名分史觀의 비판자라고 하는 공통성을 지니고 있지마는 문명사론이 史論의 형식을 빌려 전통적인 역사의식의 전환을 꾀한데 반해 고증사학은 고증적인 방법을 통하여 江戶時代 이래의 舊史觀의 기초를 이루고 내려 온 여러 가지 사실을 밝히려 하였다.

먼저 修史館을 중심으로 전개된 과도기적인 고증사학이 일본의 근대사학 성립에 계승되는 바를 살펴보고, 아울러 문명사론을 통하여 서양의 학문이 일본에 어떻게 수용되어 나아갔는가를 검토하여 보겠다.

고증사학이나 문명사론적 서양학문의 수용은 다 같이 전통사학에서 근대사학으로 넘어가는 과도기의 역사학이라는 성격을 지니고 있다.

---

3) 柴田三千雄, 『앞의 책』, 448~451쪽.

## ① 考證史學의 전개

明治 이전의 일본사학은 중국의 正史편찬을 그대로 모방한 범위를 벗어나지 못하였고 史學은 經學에 예속되어 있었다. 그 위에 經學은 봉건정권과 긴밀한 관계를 유지하면서 막부 정권에 대한 봉사를 위한 御用學으로 일관하고 있었다. 따라서 江戸時代의 사학의 기본입장도 바로 봉건적 사회질서를 유지하며 이를 옹호하는 관학의 성격을 띠고 있었다.

그러나 幕末 明治初의 정치·사회적 전환기를 맞이하여 史學史에 나타난 변화 현상은 이와 같은 傳統史學의 극복과 御用史學의 탈피라 하겠다. 이 과정에서 나타나고 있는 변형이 바로 修史館을 중심으로 하는 고증사학의 출현이다.

明治初의 수사사업은 정치복고에 따르는 萬世不朽의 大典으로서의 正史編纂을 위하여 출발하였다. 그리하여 1875년에 수사소를 창설하고 1877년에 修史局으로 개명하여 역사편찬에 임하게 되었다. 修史館은 3국으로 구성되어 있어 제 1국은 總局으로 修史 전반 업무를 총괄하였고 제 2국은 甲乙科로 나뉘어져 甲과는 吉野朝 이후의 사료와 皇親系圖의 작성을 담당하였으며 乙과는 江戸時代의 史料食貨志, 先朝志略 등을 취급하였으며, 제 3국의 甲科는 復古記·明治史要를 편찬하는 업무를 담당하고 또 다른 부서는 地誌科로 나누어져 있었다.[4]

처음 修史局 창설 당시에는 정사편찬의 준비로서 먼저 사료수집과 편년사료의 편찬이 진행되었다. 이 사료수집의 사학사적 의의는 사료의 수집범위가 광범위하고 망라적이었다는 사실이다. 특히 종래에 거의 방치하던 개인소장의 장서와 古文書가 철저히 수집대상에 들어갔

---

4) 大久保利謙, 「明治史學成立の科程」, 『歴史學研究』 105號, 1942, 3~30쪽, 참조.

다는 점과 일단 수집된 사료에 대한 객관적이면서도 치밀한 고증을
하였다는 점이다. 이는 바로 近代史學의 成立에 있어서 史料學的 期初
를 열었다고 하는데 중요한 意義가 있다.

修史觀의 史料蒐集이 일단락되면서 正史編纂의 논의가 일어나게 되
자 編纂派와 反對派의 의견이 대립되었으나 1882년에 正史編纂이 시
작되어 編年體로된 「大日本編年史」의 刊行을 보게 되었다. 이와 함께
修史館의 기구도 개편되어 皇親系圖는 宮內省으로, 地誌科는 內務省으
로 이관되면서 修史館은 正史編纂에 전념하게 되었다. 이 업무를 담당
한 인물을 보면 重野安繹을 필두로 久米邦武, 星野恒, 藤野正啓, 管正
友, 田中義成, 日下寬, 池田晃淵, 巖谷修, 岡谷繁實, 小倉秀貫 등 거의
가 經學에 조예가 깊은 漢學出身者로 짜여져 있는 것에 주목이 간
다.5) 그러나 이들은 經學에 대한 批判意識이 강하고 漢學者이면서도
西洋學問에 대한 깊은 관심과 이해를 하고 있다는 점에서 고루한 保
守的 漢學者와는 성격을 달리하고 있다.

修史館의 史料蒐集과 編年史의 편찬 등에서 보이는 활동은 傳統史
學科과 近代史學의 分岐點에 나타난 과도기적인 업적으로 평가된다.
그 이유는 전통사학의 범위를 벗어나지 못한 점을 들 수 있다. 즉, 修
史의 담당자가 대부분이 經學的 지식을 주로 하고 있는 漢學者들이었
다는 점 그리고 역사서술의 문체가 「古書記」・「六國史」・「大日本史」・
「本朝通鑑」 등에서 사용되고 있는 漢文體를 그대로 채용하고 있다는
점, 그리고 서술형식을 編年體制로 한 官撰史書라고 하는 점에 있어서
는 傳統史學의 영역을 벗어나지 못하고 있다.

그럼에도 불구하고 이를 近代史學의 연원으로서의 과도기적인 것으
로 볼 수 있는 점은 먼저 史料蒐集의 方法論에서 찾을 수가 있다. 즉,

---

5) 『앞의 책』

修史觀의 史料蒐集 대상은 그 범위가 광범위하게 망라되어 있으며 이
는 近代史學에 있어서 史料學의 대상으로서 종래 官選의 기록을 벗어
나고 있음을 보여주고 있는 점이다. 다음으로 史料에 대한 철저한 批
判과 考證을 들 수 있겠다. 100년이 지난 오늘에 있어서도 日本史學의
서술형식이나 歷史學者들의 學問的 자세는 철저한 考證主義를 그대로
유지하고 있다. 그것은 독일의 Ranke史學의 方法論이 日本에 도입된
영향이 크다고 하겠지만 이와 같은 史料의 批判정신은 독일史學이 도
입되기 이전에 이미 修史館의 編史方法에 그대로 적용되고 있다. 이는
淸代의 考證史學의 영향도 결코 무시할 수 없는 것이지만 經學적 方
法을 가시고 史學을 다루면서도 비판적인 입장을 취하고 있는 점은
近代史學의 연원으로 보아야 하겠다. 또한 編年體制를 취하고 있으면
서도 전혀 전통에 얽매이지 않은 점을 꼽을 수 있겠다. 紀傳體를 버리
고 編年體를 취한 것은 六國史를 계승한 결과이기는 하지마는 傳統的
인 編年體에 구애되지 않고 制度·財用·刑律·錢穀·貨幣 등 社會經
濟史的인 내용을 과감히 추가 하여 서술형식에 있어서 반드시 舊史의
例를 그대로 따르지 아니하였다는 점 등을 들 수 있다.6)

이와 같은 修史館의 學風은 이후 日本의 近代史學 성립시기에 활동
을 한 대부분의 史家들이 修史館 출신이거나 아니면 이들로부터 學問
을 배운 인물들이라고 하는 것을 고려할 때에 修史館의「大日本編年
史」의 史學史的 의의는 전통과 변형의 과도기적 작품으로 꼽아야 옳
을 것이다. 그 위에 종래의 史學의 입장은 勸善懲惡論的 敎訓史가 주
축을 이루었다. 이는 江戶時代의 封建體制에 있어서는 절대적으로 필
요한 思想的 기반으로서 의리와 신의를 강조하여 왔다. 日本의 近代史
學의 성립에 前提가 되어야 할 思想的 과제는 바로 이와 같은 勸善懲

---

6) 大久保利謙,「明治史學成立の科程」.

惡史觀의 타파와 客觀的 사실의 추구에 있는데, 史料의 엄격한 批判 그리고 역사는 그 시대의 사실을 사실 그대로 서술하는 것이 良史라는 입장을 취하고 있는 점은 近代史學의 단서를 여는 충분한 계기를 마련하였다고 보아야 하겠다. 그런데 修史館을 중심으로 전개된 考證史學은 여러 경향을 나타내고 있었는데 그 가운데 右派를 대표한 것은 重野安繹이다. 그는 이 派의 長老이며 학문의 기반은 幕末의 考證學에 있었고 그의 史學思想도 이 가운데서 싹텄다. 壯年에 이르러 島津家의 史官으로 歷史家로서의 출발을 한 후 明治 이후에는 官府의 史官으로 대성한 인물이다. 그리하여 考證史學의 보수적 경향을 대표하였다.

重野와 대립적 입장에 서서 考證史學의 左派를 대표한 것은 久末邦武이다. 그는 佐賀藩에서 태어나 歐美巡回에 의하여 서양근대문화를 흡수하여 修史館에서는 이색적인 존재이었다. 그는 純考證보다는 實證的 合理主義에 기울고 있고 시대의 전환, 근대자본주의사회에 대한 인식이 그의 史觀에 깊이 투영되고 있다. 「時代의 思想」(1889년) 「英雄은 公衆의 奴隷」(1890년)에서 역사를 지배하는 시대의 힘, 社會力에 착안할 것을 力說하여 종래의 編年史에 대한 계몽적인 비판을 가하고 있다.[7]

그는 史學硏究方法의 문제에 있어서도 뛰어난 생각을 지니고 있었으니 西洋史學의 이해에 노력하였고, 「史學의 獨立」(1893년), 「史學의 標準」(1894년), 「史學의 活眼」(1895년) 등의 논문을 발표하였다. 이들의 내용은 계몽적 강연의 범위를 벗어나지는 못하고 있으나 이 가운데 考證史學의 근대화를 주장하고 있다. 즉, 「史學의 活眼」에서는 사학연구에 있어서 想像力의 필요성을 논하여 活眼은 바로 想像力으로

---

7) 小澤榮一, 『近代日本史歷史の硏究(明治編)』 참조.

서 역사는 단순한 史料之義에 그쳐서는 아니 됨을 강조하였다. 史料에 없는 것을 想像力을 가지고 읽는다는 것은 史學의 活眼을 사용하는 가장 긴요한 조건이다. 數千年來의 사회의 발전이 역사에 남겨져 있는 것은 극히 일부분에 지나지 않는 것이며, 電報 한 장을 가지고 戰爭狀況을 알 수 있는 것 보다 더 분명한 것이다. 따라서 史家는 想像力을 통하여 史料에 없는 것을 읽을 줄 알아야 한다고 주장하여 考證史學의 史料至上主義에 대하여 비판과 반성을 촉구하고 있다.

「史學考證の弊」(1901년)에서 그는 史學에서 考證은 필요한 것이지마는 考證만으로는 史學이 될 수 없고 史家의 정해진 견해를 가지고 판단을 내리시 않으면 史學으로 성립되지 못한다고 주장하였다.

이와 같은 그의 주장은 考證史學에 대한 반성과 비판을 담은 것으로 새로운 歷史研究 方法論을 제시하였다는데 그 의미는 크다.

그런데 考證主義史學은 近代的 史學과는 거리가 있고 그 나름대로의 한계를 지니고 있다. 修史館의 史學은 編年史로 역사서술을 하였기 때문에 역사의 대상은 자연히 역사적 현상보다는 개별적 사실의 추구에 있었고 그 결과는 단순한 考證主義에 빠져 들게 되며 기계적으로 史料에 의존한 결과는 相對論으로 흐르고 確論을 내세울 수 있는 史料가 없을 경우에는 자연히 懷疑論에 빠지게 된다. 考證史學에 내재하고 있는 이와 같은 경향은 그것이 학문적으로 발전하려 할 때에 새로운 近代的 史學方法論을 필요로 하는 계기를 마련하게 되었고 그것은 東京帝國大學 史學科의 창설과 史料編纂掛의 설치, 그리고 유럽史學方法論의 도입에 의하여 新考證史學이 나타나기 까지 그 시기를 기다려야 하였다.[8]

---

8) 小澤榮一, 『앞의 책』.

## ② 文明史論의 형성

明治初期의 修史館을 중심으로 전개된 이상과 같은 考證史學과 병행하여 나타난 것이 서양학문의 영향으로 이룩된 文明史論이다. 이는 近代史學과는 거리가 먼 계몽적인 성격이 강하기는 하나 일본근대사학 성립의 기반조성에 중요한 일익을 담당하고 있다.

文明史論의 선구는 幕末의 洋書에서 찾을 수 있다. 幕藩體制의 補强學으로서 자연과학분야에 한정되었던 藩學은 開國 이래 인문·사회과학분야를 포함한 西洋學으로 발전하였다. 이러한 전환점에서 주목되는 사건은 1862년의 西周, 津田眞道의 네덜란드 유학이다. 이들에 의하여 접촉한 實證主義·功利主義 영향으로 人文科學의 기초가 되는 西洋哲學의 日本移植은 대체로 文久年間에 藩書調所를 중심으로 진행되었다.[9] 西洋哲學에 처음으로 눈을 뜨게 된 학자는 西周와 津田眞道이다. 그리고 철학과 함께 法律學·政治學·統計學 등의 사회과학의 移植이 진행되었는데 이와 같은 계기를 마련하게 된 것은 西와 津田의 유학에 의해서였다.

두 사람은 네덜란드留學 기간에 性法學(法理學)·萬國公法(國際法)·國際學·經濟學·政表學(統計學)등 5개 과목을 주로 연구하였다. 西에 의하면 이들 5개 과목은 國際關係의 증진에 자료가 되며 內政과 諸般施設에 대한 여러 가지 改良을 하는데 필수적인 학문으로 개국당시의 日本에 가장 요구되는 것이라 하였다. 그가 네덜란드에서 私師한 피세링(Physeling)敎授는 프랑스의 Baschia의 弟子로 古典的 自由主義 학문을 몸에 익힌 학자이다. 그에 의하여 日本에 전파된 것은 유럽 先進資本主義 諸國에서 거의 완성된 학문으로 그에 의하여 日本에 移植

---

9) 大久保利謙,「明治史學成立の科程」의 (一)「西洋近代間文の移置と新史觀の 形成」, 참조.

된 것은 開國 초기의 日本으로서는 지극히 다행스럽고 타당한 것이었다. 이 밖에 이들은 콩트의 實證主義 哲學을 배웠다.[10]

西洋의 학문은 이와 같은 과정을 통하여 차츰 日本에 이식되었는데 여기에다 東洋傳來의 학문과 비교 종합하여 이해하려 하였다. 西는 東洋의 儒學에 대하여 西洋의 哲學을 대비시키었다. 그는 西洋의 哲學을 가지고 東洋의 성리학을 이해하려 하였으며 西洋의 哲學槪念을 모든 학문을 통일하는 것으로 파악하였다. 이와 같은 입장에서 모든 학문을 체계화한 것이 그의 「百學連環」(1870~1873년경)이다.[11] 여기에서 그는 學과 術의 개념을 구분하여 學은 진리를 탐구하는 純利, 術은 그이 응용으로서, 學에 의하여 얻어진 진리를 인생에 有用시키는 것이 術이라 하였다.

그는 다시 學을 普通學(基礎學)과 特別學으로 나누고 특별학을 다시 心理上學(精神科學)과 物理上學(自然科學)으로 나누고 있다. 기초학에는 역사, 지리, 문학, 수학의 4學을 열거하였다. 그의 이와 같은 학문의 체계화는 콩트의 사상에 영향을 받은 바가 큰데 특히 歷史學을 기초학의 첫머리에 올려놓은 것은 주목이 간다. 또한 歷史學의 설명에서 西洋史學이 소개되고 있으며 史學의 方法論的 認識이 강조되고 있고 학문체계는 역사학을 기초로 하고 있다는 점에 그 특색을 나타내고 있다. 이리하여 학문의 체계화를 수립함과 아울러 각 학문의 영역을 두어 한계를 식별하고 모든 학문을 체계화하여 학문의 기초에 의하여 한계를 정립하고 있다는 점, 근대적 학문의식을 명백히 하였다는 점에서 본서의 가치를 평가 할 수가 있다. 특히 기초학문의 첫머리에 歷史學을 두고 있는 것은 史學의 중요성을 강조한 탁견이라 하겠다.

---

10) 『앞의 책』.
11) 『위의 책』.

그러나 明治初期의 思想的 主流는 유럽의 實證主義·自然主義의 영향을 강하게 받고 있었으므로 史學思想도 西에 의하여 유도된 方向으로 나가지 못하였고 理論보다는 史觀이 강조되고 受容된데 그 특징이 있다.

밀·스펜서에 의하여 대표 또는 英國系의 自由主義·實證主義가 史學界를 풍미하여 西洋思想의 수용도 순수이론 보다는 實證的인 정치론이나 경제론이 지배하였다. 이와 같은 實證主義思想의 영향으로 나타난 것이 바로 文明史論이다.

文明이라 새로운 가치관에 의하여 日本의 역사가 비판되고 특히 봉건문화에 대한 신랄한 비판과 근대문화에 대한 새로운 가치관의 정립이란 두 가지 측면을 내포하면서 전개되었다. 1870 (明治 3)년으로부터 私塾 育英社에서 서양의 근대학문의 체계적인 학습이 시작되었으며 역사학에서는 歐美의 역사서가 다수 번역되어 소개되었다. 이 가운데 특히 明治初期의 文明史論의 기초를 형성하는데 영향을 준 것은 기조 (Guizot)의「유럽文明史」와 버클(Buckle)의「英國文明史」이다.[12]

이 兩書가 특히 日本에 영향을 주게 된 것은 외적인 도입사정과 이론내용의 두 가지 측면에서 고려되어야 한다. 기조의 佛語版原本이 1872(明治 5년)에 수입되어 太政官飜譯局에서 번역되고 또 선구적인 서양학자인 福澤諭吉이 기조의 英譯本과 버클의 著書를 1872~3년 경에 입수하여 읽고 있었다.[13] 특히 많은 역사서 가운데 이 두 책이 福澤의 관심을 끌게 된 원인은 버클의「英國文明史」(1857)는 참신한 이론으로 종래 유럽 역사학계의 지배적인 흐름인 이야기風·연대기風

---

12) 安士正夫譯,『ギゾー, ヨーロッパ 文明史』, 日本評論社, 1948참조.

13) 明治初期의 유럽역사서의 번역물과 기조·버클의 번역본에 관해서는 小澤 榮一,『近代 日本史學の硏究(明治編)』第1章에 비교적 자세히 서술되어 있다.

역사의 분위기에 충격적인 반응을 일으키어 유럽각국과 미국역사학계에 선풍적인 영향을 주고 있었기 때문이다. 기조의 「유럽文明史」도 英譯本이 판을 거듭하고 英語圈의 여러 나라에 널리 읽히면서 이들의 名聲이 日本知識人의 관심을 끌기에 충분하였던 점을 들 수 있다.

기조에 의하면 "「文明」이란 一般的으로 눈에 보이지 않는 종합된 사실로서 이를 서술한다던가 강의하는 일은 지극히 어려운 일이다. 그럼에도 불구하고 文明은 과거에 있어서 最高度의 事實이며 앞으로 나타나는 일체의 事實이 文明에 歸着하며 文明 속에 요약되는 것은 普遍的·決定的 事實이다." 이라고 보았다.14) 또한 文明이란 사회(인간 상호의 관계)및 인간성의 진보의 일이며 하나의 보편적 사실로서 유럽에 典型的으로 나타난다. 왜냐하면 다른 지역에서는 한 가지 원리의 우세가 專制體制를 탄생시킨데 반하여 유럽에서는 문명의 여러 가지 요소의 다양성과 거기에서 파생된 투쟁상태로부터 자유가 탄생하였기 때문이라고 보았다.15)

기조와 버클의 兩書는 明治啓蒙主義時代의 福澤諭吉·田口卯吉의 文明史論에 커다란 영향을 주고 있는데 福澤의 「學問의 나갈길」(1872년) 「文明之槪略」(1875)이 기조의 영향을, 그리고 田口의 「日本開化小史」(1877~82)가 버클의 영향을 받고 있는데서 살필 수 있다. 16)

福澤·田口에서 나타난 明治啓蒙期 역사관의 이념은 西洋主義였다.17) 거기에는 서양근대의 보편적 문화로서의 시민적 문화 내지 시

---

14) 安士正夫譯,『ギゾー, ヨーロッパ 文明史』, 참조.

15) 『위의 책』 및 기조의 歷史學·政治理論에 대해서는 前川貞次郎, 『フランヌ 革命史研究』, 創文社, 1951 및 田中治男, 『フランヌ 自由主義の生成と展開』, 東京大學出版會, 1970년 참조.

16) 小澤, 『近代日本史歷史の研究』 및 岩波文庫版, 『文明之槪略』, 『日本 開化小史』, 遠山茂樹, 『福澤諭吉』, , 東京大學出版會, 1970, 참조.

민계급적 문화가 아직 未分離 상태에서 동일시되고 있기는 하지만 實證主義에 의한 진보적인 사관에 인도되어 여러 민족이 동일한 문화발전의 단계를 거치게 되는 것을 想定하고 있다. 이 당시의 두 사람의 세계사적 시야 속에는 西洋과 日本과의 대치만이 존재하고 있었다.

이와 같은 福澤의 文明史論은 그 후 明治 10년대 이후에 實證主義史學으로 전개되면서 그 내용이 더 다양하게 발전하였다. 물론, 實證主義史學의 발달을 가능케 한 큰 계기는 당시의 自然科學의 발달에 있다. 모오스의 進化論의 소개는 사회사상에 커다란 충격을 주었고 다시 大森貝塚의 발견에 의한 考古學·先史學·人類學의 연구도 이때에 시작되었다.

또 東京大學에 초청된 외국인 교수와 日本에 건너온 외국인에 의한 일본연구가 「亞細亞協會雜誌」에 발표되었고 이들의 연구성과는 역사학연구에 많은 자료를 제공하여 역사의 실증적 연구 풍조를 가져오게 되었다. 古典學者인 橫山由淸이 「日本人種論」을 쓴 것은 이와 같은 영향에서 나온 것이고 후에 三宅米吉이 「日本歷史提要」에 영향을 주었다.[18] 그런데 이 당시의 實證主義史學에는 다음과 같은 여러 경향이 있었다.

明治初期의 계몽사상에서 싹이 튼 유물론적 사상이 역사관에 투영되어 唯物論, 또는 경제론적인 역사해석이 발생하고 다시 진화론의 영향으로 버클 등의 사상과 경합하여 자연과학적, 특히 생물학적 역사관을 발생시키었다.

이는 實證主義史學의 極左라 할 수 있는데 加藤弘之가 그 대표적인 인물이다. 또 實證主義史學의 正統에 해당되는 사회학파에는 「日本知

---

17) 河野建二, 『日本近代思想史一』, 有斐閣, 1968.
18) 大久保 「앞의 논문」, 참조.

識道德史」를 쓴 外山正一, 「社會學」의 著者 有賀長雄 등이 있고 이와
같은 學風을 받아들여 日本史의 재구성을 꾀한 것이 「日本史學提要」
(1886년)를 지은 三宅米吉이다. 「日本史學提要」는 제1편 氣候人種古物
篇만을 남기고 있으나 實證主義史學이 낸 대표적 저서이다. 권두에 그
는 역사방법론을 제시하여 종래의 中國式의 역사서술을 불완전한 것
으로 비판하고 역사는 사회전체를 그 대상으로 다루어야 하며 따라서
인류발전의 大道 社會變遷의 法則을 조사하고 발견하는 학문이 되어
야 함을 강조하고 있다. 그의 저서는 버클·기조·콩트에 이르는 사회
학에 미쳐있고, 그 종합적 실증적 학풍을 찬양하고 있다. 그리히여 社
會學의 根柢에 역사학 고찰이 필요성을 지적하여 역사연구는 사회학
적 원리를 도입하여 이를 연구하여야 하며 社會學의 定法을 발견하는
것이 바로 역사학 연구의 목적이라고 주장하고 있다.[19]

이상과 같은 초기의 文明史論은 日本 近代史學의 성립기에 새로운
史觀을 가져오고 문화운동으로서 커다란 자취를 남기었다. 그러나 史
學으로서 학문적 조직은 미숙하였고 역사를 法則學으로 파악한 점에
있어서는 과학성을 부여하고 있으나 아직 史學의 기초가 되는 史料學
的 방면에 전혀 고려와 관심이 없었다는 점에서 史學方法論의 미숙이
있다.


## 3) 近代史學의 성립

1886(明治19)年은 日本의 大學史에 중요한 의미를 갖는 해이다. 이
해의 3월에 帝國大學令이 공포되어 東京帝國大學이 5개 학부를 갖춘

---

19) 大久保 「앞의 논문」.

종합대학으로 출발하였다. 그리고 이듬해에 文科大學 내에 史學科의
설치를 보게 되었다. 日本의 史學史에 있어서 1887년의 史學科 설치는
근대아카데미 史學의 성립을 의미하는 계기를 마련하고 있다는 점에
서 그 의의를 찾을 수 있다. 1887년을 日本의 史學史에서 근대아카
데미 史學의 출발점으로 잡는 이유는 여기에 있다.[20]

독일의 루드비히 리스(Rudwich Reiss)에 의하여 Ranke史學의 도입
과 수용과정을 살피고 아울러 과도기의 考證史學이 대학의 사학과와
史料編纂掛를 통하여 新考證史學으로 발전하면서 근대사학이 성립되
어 나아가는 과정 등을 검토하여 보겠다.

### ① Reiss에 의한 Ranke 史學의 도입

日本의 近代的 學問發展에 독일의 영향은 크며 특히 近代史學의 성
립에 독일 史學의 영향을 많이 받고 있다. 그것은 東京大學에 史學科
를 설치하면서 독일에서 루드비히 리스(Rudwich Reiss)를 초빙한데
중요한 원인이 있다.[21] 리스는 독일 正統史學의 기반을 이룩한 Ranke
의 직계 弟子로서 전형적인 Ranke 史學의 추종자이다. 그의 지도하에
독일 正統史學의 이론과 史學方法論이 도입되어 본격적인 史學研究와
역사교육의 성립을 보게 되었다.[22] 日本 近代史學의 성립에 Reiss의
영향은 중요하고 Ranke史學이 日本의 歷史學界에 영향을 미치고 있
는 것은 바로 이와 같은 인연으로 해서 이루어진 것이다.

그런데 독일 국내에 있어서의 Ranke史學의 입장과 이를 日本에 도
입한 과정에는 몇 가지 중요한 史學史的 문제가 따른다. 그것은

---

20) 柴田, 「앞의 논문」, 457쪽, 「アカデミㇷ゚ムの成立と考證史學」,참조.

21) 「위의 논문」 및 田揚, 大久保論文 24쪽, 참조.

22) 吉川幸次郎編, 『東洋學の創始者たち』.

Ranke의 후계자에 의하여 설정되고 있는 Ranke像은 사료 비판을 중요시하는 경제주의적인 입장과 이와는 대조적인 理念說(Idea Lehere)의 입장으로 분립되어 있었다.

그러나 편협한 프로이센학파의 몰락에 따라서 다시 Ranke부흥 기운이 고조되었던 1880년 이후 즉, Reiss의 渡日 당시의 Ranke像은 경험주의적 흐름을 계승하고 있으면서도 단순한 사료 비판만이 아니고 諸史實의 상호관련 위에서 역사발전의 개념을 중시한 Ranke像을 내세우고 있는 E. Bernheim과 Ranke를 독일 觀念論의 전통 속에서 파악하고 역사의 배후에 神을 직관하는 Ranke像을 내세운 A.d Dove 등으로 갈라져 있었다. 후자의 관념론적 이해가 드디어 第1次世界大戰後의 Meinecke 등의 역사주의에 이어지는 本流的 見解가 되었다.[23]

日本에 Ranke 史學의 전달자가 된 Reiss의 Ranke像은 그가 당면하고 있는 日本史學界의 현상과 관련되어 있다고는 하지마는 Bernheim 이상으로 Ranke의 客觀主義史家의 측면을 강조하고 있었던 것이다. 史學雜誌 10編 1號(1899년)는 책머리에 Ranke의 초상을 싣고 이어 「空前絶後의 最大史家」라고 주제를 단 Reiss의 Ranke 評論을 싣고 있다. 여기에서 Reiss가 열거하고 있는 Ranke의 가치는

　(1) 新史料를 발견하여 이를 역사서술에 이용하고 있다는 점.

　(2) 史料의 철저한 批判

　(3) 史料 解釋의 뛰어난 見解

　(4) 歷史서술의 絶巧性

　(5) 歷史硏究範圍의 廣大함

　(6) 뛰어난 時事批判能力

　(7) 위대한 文筆家

---

23) 柴田, 「앞의 논문」 459쪽, 참조.

(8) 文明發達의 理解力 등을 들고 있다.[24]

같은 해 箕作元八은 「Ranke의 歷史硏究法에 관하여」(史學雜誌 10-6)란 논문에서 Ranke이 歷史硏究法의 특색으로서

(1) 考證的 연구법(事實推定)

(2) 連結的 연구법(因果關係의 發見)

(3) 哲學적 연구법(총괄적인 眞理發見)

세 가지를 들고 특히 哲學的 연구법을 강조하여, 단지 史學을 독립된 사건으로 구명하여서는 역사는 과학의 범주에 들어갈 수 없다고 단언하고 있다.[25] 이리하여 새로운 Ranke像의 구축을 통하여 近代史學을 형성하고자 한 새로운 움직임이 성립되었다. 考證史學에 原流를 지니고 있는 日本의 近代史學은 Reiss에 의하여 도입된 Ranke史學을 매개로 하여 近代史學의 단계에 도달하였다.

1889년에는 日本史硏究와 교육을 목적으로 한 國史學科가 설치되었다. 이는 지금까지 內閣에 부설되어 있던 政府의 國史編纂事業이 1888년에 帝國大學으로 옮겨진 것과 관련이 된 것으로서 內閣의 修史局에 모아진 도서를 이용하여 日本歷史의 연구를 전개시키고자 계획한 대학당국의 의도가 반영된 것이다.

國史科의 창설에 리스는 다음과 같은 의견을 제안하고 있다. 즉, 그는 사학연구법을 훈련하기 위한 방법으로 史料學의 필요성을 강조하였고, 그와 함께 歷史學의 여러 가지 補助科目 즉, 古文書學, 歷史地理學, 古泉學, 印章學 등을 설치할 것, 日本史學史와 함께 사료비판의 필요성, 대학의 강의연습·연구실 등 기초교육 전반에 걸친 내용을 開陳하고 있는데 이는 초창기의 史學硏究를 위한 적절한 제안이었다.[26]

---

24) 柴田, 「앞의 논문」.

25) 「위의 논문」

이와 함께 그는 「史學會」의 創設을 건의하고 이에 따라 1889년에 重野安繹을 회장으로 史學會가 창설되고 史學會雜誌(후의 史學雜誌)의 발간을 보게 되었다. 또한 리스는 근대적 사학연구를 위한 史料集 編纂의 필요성을 대학당국에 건의하였고 그 결과로 史料編纂掛의 설치를 가져오게 되었다.

### ② 史料編纂掛와 新考證史學

東京帝國大學의 부설기관으로 설치된 史料編纂掛의 연혁은 1869년에 明治政府가 官撰의 日本歷史를 편찬할 목적으로 출발한 修史館이 1888년에 東大로 移管된데서 비롯한다. 그러나 중간에 폐지되었다가 다시 1895년 4월에 문을 열면서 종래와 같은 官撰日本歷史의 편찬을 지양하고 사료의 編修와 출판을 통하여 연구자의 이용에 도움을 주려는 방향전환을 하게 되었다.[27]

그런데 修史館의 帝國大學 이관으로부터 약 10년간은 근대사학의 성립에 필요로 하고 있는 제도적인 정비는 큰 진전을 가져왔다. 그러나 학문적 연구의 내용에는 혼돈 상태를 면치 못하였고 서양사학의 수용 또한 초보적인 단계에 머물고 있었다. 이와 같은 역사학 내부의 침체를 탈피하는데 중요한 역할을 하게 된 것이 東大의 史料編纂掛가 중심이 되어 간행하기 시작한 「大日本史料」와 「大日本古文書」이다. 1901년부터 출판을 시작한 양대사료의 간행은 修史館 폐지 이후의 사학계의 침체를 재조직하는 활력이 되었으니 史料編纂에는 三上參次이하 新進史學徒와 舊修史館在職史家가 다수 참가 하고 있다. 史料編纂掛의 사료간행과 간행을 위한 과학적인 사료비판과 考證은 日本의 근

---

26) 大久保, 「앞의 논문」, 24쪽, 참조.
27) 「앞의 논문」, 23쪽, 참조.

대사학성립에 중요한 작용을 하고 있다.28) 그것은 官撰史가 지니는 객관성과 과학성의 결여를 보완하고 있을 뿐만 아니라 편년사료와 古文書의 편찬은 정밀한 古文의 연구와 엄격한 考證下에 이루어지는 것임으로 그 자체가 근대적인 자유로운 사학연구방법의 범주에 속하는 것이기 때문이다.

그 위에 풍부한 사료를 이용한 자유로운 學의 연구분위기 또한 근대사학의 성립에 중요한 작용을 하게 되었다. 明治時代의 日本의 사학자는 이곳에서 연구를 한 학자들이건 아니면 여기에서 연구생활을 한 사람들로부터 修學을 한 사람들이 대부분을 이루고 있기 때문에 史料編纂掛는 근대적 사료의 간행이라는 면과 아울러 근대적 史家의 양성이라는 두 가지 면에서 日本 근대사학 성립에 중요한 역할을 하였다.

東京帝國大學을 중심으로 한 이와 같은 近代史學은 사료의 비판과 考證을 중심으로 史風이 형성되고 있으므로 이는 과도기에 보인 考證史學의 학풍을 그대로 계승하면서도 역사서술의 방법에 있어서나 사료를 보는 입장에 있어서 독일사학, 특히 Ranke 사학의 영향을 강하게 받고 있다. 따라서 이를 史學史에는 新考證史學이라 부르고 있다.29)

이리하여 考證史學은 다시 史學界의 중핵을 이루고 확고한 사학풍을 진작시키게 되었다 이미 고증적 사학방법에 대한 여러 가지 논의를 거쳐서 버릴 것은 과감히 버린 새로운 考證學風을 가져오게 되었으니 이는 「大日本史料」의 출판을 계기로 사료에 대한 정확한 考證에 의한 사료편찬 위에 역사가의 새로운 역사서술이 전개된 것이다. 이와 같은 新考證史學의 대표적 사학자는 修史館 출신의 田中義成이며 그의 著書 「南北朝時代史」는 新考證史學의 전형적 학풍을 나타낸 것이

---

28) 大久保「전제논문」, 24쪽, 참조.
29)「위의 논문」, 23~26, 참조.

다. 또 早稻田大學에서 간행된 「大日本時代史」는 신고증사학파의 史風
을 종합한 것으로 평가 받고 있다.[30]

　新考證史學의 특징은 修史館 이후의 사료 비판이 보다 철저하게 다
져지고 사료 분석에 있어서도 합리적인 시야가 넓어지면서 사료의 이
해에 주관을 배제하였다는 점이다. 또한 史風은 전통적인 정치사에 기
울고는 있지만 문화적 현상을 중시하는 경향이 많아지고 史實의 파악
도 보다 구체적이고 종합적이었다. 그 위에 오랜 전통을 지니고 있었
으므로 學風이 대단히 견실하고 이로 인해서 史學界를 이끌고 나가는
힘이 강력하였다.

　그러나 오랜 고증주의적 경향은 史風에 여러 가지 제한을 주었고
정치사적 유형이 아직도 역사서술을 지배하고 있었다. 編年史를 무너
뜨리기 위한 官撰史的 골격이 남아 있기는 하였으나 新考證史學은 종
래의 日本史學의 전통을 버리지 않고 계승 발전시켜 일본 근대사학의
정통적인 學風으로 발전하였다.[31]

　新考證史學은 오늘날에도 계속 유지되어 내려오고 있는 것은 日本
의 역사학계가 근대적 사학을 전개하는 과정에서 전통을 청산하지 못
하는 강한 保守性에도 중요한 원인이 있다.

　이와 함께 東京帝國大學內에 國史科와 史學科의 성격 또한 뚜렷한
면을 나타내고 있었다. 즉, 國史科는 근본사료를 자유로이 구사하여
종래 불분명한 역사적 사실을 밝혀내고 誤記, 誤傳되었던 사실을 바로
잡는 일에 주력하게 되었고, 史學科는 西洋史學의 방법론과 史論을 소
개하고 이를 보급하여 史學理論의 체계적 정립과 함께 歷史方法論의

---

30) 小澤榮一, 『近代日本史學史の硏究(明治編)』 및 歷史學硏究會·日本史硏究
　　會編, 『日本歷史講座 8. 日本史學史』, 참조.

31) 『위의 양책』 참조.

새로운 學的 體系를 수립하는데 큰 역할을 담당하여 근대적 사학성립에 중요한 일익을 담당하였다.32)

그 후 學科의 편성에도 개혁이 있었으니 1910년의 新制度下에서 國史學科 이외에 漢學科에서 분립된 東洋史學과, 史學科를 개편한 西洋史學科의 三科가 사학연구의 전문학과로 3分되었다. 日本의 역사 연구가 日本史・東洋史・西洋史의 3部로 나눈 것은 大學에 있어서의 이와 같은 학과의 분립에서 시작되어 오늘에 이른 것이다.33) 東京帝大에서 시작된 3學科 구별은 그 후 각지의 帝國大學에서 답습되었고 早稻田・慶應을 비롯한 私立大學에서도 채용되어 3部分에 걸친 전문적인 史學徒의 배출을 보게 되었다.

이와 아울러 日本 近代史學의 성립과 발전에 있어서 결코 경시할 수 없는 것이 사학연구 단체와 거기에서 간행된 학술지이다.

史學硏究團體로는 역시 리스의 건의에 의하여 1889년 東京帝國大學 史學科와 史料編纂掛의 學者들이 모여서 조직한 史學會가 그 출발이다. 史學會는 이 해로부터 月刊으로 「史學會雜誌」를 발행하여 硏究 발표의 기관지로 그 전문성의 方向을 잡았고 그 후 「史學雜誌」로 개칭하여 오늘에 이르고 있다.34)

한편 史學會가 東京大學을 중심으로 운영되면서 Academicism의 권위를 더해가는 것에 자극되어 學校나 地方에 구애되지 않고 同好人을 결집하여 광범한 인적 구성으로 계몽적인 學會로 출발한 것이 1899년에 성립된 日本歷史地理研究會이며 이곳에서 간행된 雜誌『歷史地理』도 현재까지 계속되고 있다. 다만 學會의 명칭은 日本歷史地理學會로

---

32) 『앞의 양책』.

33) 『歷史敎育』 7-9 「明治以後における歷史の發達」, 501~503쪽, 참조.

34) 史學會編, 『史學會雜誌』 창간호(1889년), 참조.

改名되었다. 이 밖에도 京都大學의 史學硏究所와 기관지 『史林』, 九州
大學의 九州史學會와 기관지 『史淵』, 東北大學의 東北史學會와 기관지
『歷史』, 早稻田大學의 早大史學會와, 기관지 『史觀』, 國學院大學의 國
史學會와 기관지 『國史學』, 慶應大學의 三田史學科 기관지 『國史學』,
東京敎育大學의 大塚史學會와 기관지 『史潮』, 廣島大學의 廣島史學硏
究會와 기관지 『史學硏究』, 北海島大學의 北大史學會와 기관지 『北大
史學』 등은 모두 東京大學의 史學會와 『史學雜誌』의 모형을 본 딴 대
학중심의 사학연구단체들이다. 35)

　그리고 社會經濟史學會와 그 기관지 『社會經濟史學』, 土地制度史學
會와 기관지 『土地制度史學』, 歷史學硏究會와 『歷史學硏究』, 日本史硏
究會와 『日本史硏究』, 日本西洋史學會와 『西洋史學』, 東洋史硏究會와
『東洋史學』, 古代史協會와 『古代學』 등은 학교를 떠나서 전문영역에
의한 망라적인 학술단체와 기관지로서 이들의 活動은 日本의 歷史學
성립과 발전에 기여한 바가 크다.36)

## 4) 日本 近代史學의 성격과 전개

　東京帝國大學의 史學科 (후에 西洋史學科로 개칭), 國史學科 그리고
東洋史學科의 설치와 史學編纂掛를 중심으로 한 사료의 편수와 출판,
그리고 사학연구회의 결성은 日本 近代史學의 기반을 마련하였고 이
로써 제도적으로 아카데믹사학이 성립되었다.

　이와 같은 近代史學의 기초위에 대학을 중심으로 歷史學의 활발한

---

35) 小倉芳彦, 「日本にける東洋史學の發達」, 『岩波講座・世界歷史』 30, 별권,
　　482쪽, 참조.

36) 「위의 논문」, 483쪽, 참조.

연구와 史學敎育이 진행되면서 졸업자를 배출하여 正統史學의 진로를 마련하여 궤도에 진입하게 되었으며 개인적인 연구가 발표되어 日本 近代史學은 그 성격을 뚜렷이 드러내었다.

그런데 日本 近代史學의 전개과정에 나타나는 성격은 과도기적인 考證史學科 文明史論 그리고 史料編纂掛와 대학을 중심으로 마련된 新考證史學을 바탕으로 하여 형성되고 있으므로 이들은 近代史學의 성립이라는 관점에서 볼 때에 不可分의 관계가 있다. 따라서 이들 상호관계는 되어야 할 史學史的 문제이다.

日本 近代史學의 성립과 전개과정에 나타나고 있는 몇 가지 뚜렷한 성격은

첫째가 西洋의 史學方法論을 日本의 역사연구에 적응시켜 日本史를 서술하고 있다는 사실이다. 이의 대표적인 인물로 內田銀藏을 들 수 있다.

둘째로는 近代史學의 성립과 전개에 日本史와 함께 東洋史學의 성립과 발전이라는 학문영역을 결코 무시할 수 없다. 西洋史의 경우에 史學科의 명칭이 그대로 西洋史學科로 개칭된 것을 보아도 近代史學의 성립에 西洋史學의 영향이 절대적이라는 사실을 고려할 때에 西洋史學은 日本史나 역사이론·東洋史學의 성립과 밀접한 관련을 지니고 있으므로 이를 따로 설명할 필요는 없다. 그러나 東洋史學의 경우에는 近代史學의 새로운 학문영역이 되고 있다. 이와 같은 東洋史學의 성립은 日本帝國主義의 대외침략정책과 깊은 관계를 지니고 전개되었다.

이의 대표적인 인물로 東洋史學科의 창립자인 白鳥庫吉이고 그를 중심으로 東京帝大의 東洋史學科 敎授를 꼽을 수가 있다. 東洋史學이 近代史學의 성립에 큰 비중을 차지하는 원인은 바로 이러한 점에 있다 하겠다.

셋째로 나타나고 있는 성격은 日本帝國主義와 자본주의의 발전에 따르는 사회적 모순을 새로운 마르크스주의 사관을 이용하여 서술하고 日本史를 포함한 전체의 역사서술 방법에 있어서 唯物史觀을 수용하여 歷史學을 재구성하려 한 것이다.

그런데 이상과 같은 세 가지 성격의 공통적인 현상은 日本 近代史學이 이론이나 방법론상에 있어서는 철저하게 西洋史學으로 무장하고 있다는 점이고, 또한 제국주의발전과 역사학이 직접 또는 간접적으로 유착되어 있다는 점이다. 이는 日本의 近代史學이 지니고 있는 특성임과 동시에 한계성이라 하겠다.

그럼 이와 같은 세 가지 방향에서 日本 近代史學의 성격을 대표하는 몇 사람의 논문과 활동을 통하여 좀더 구체적으로 이를 검토하여 보겠다.

먼저 西洋의 史學方法論을 日本史에 적용하여 考證史學의 역사서술을 탈피하고 近代史學의 체계를 수립한 것이 內田銀藏이다.[37]

그는 「經濟史性의 質及範圍에 관하여」(『史學雜誌』9-1, 1898)에서 經濟史의 방법론을 제시하여 참된 경제사연구는 경제현상의 상호관련성과 영향성을 파악하고 경제외적 제현상과의 밀접한 관계성 위에 종합적으로 연구되어야 한다고 주장하고 있다. 또한 「歷史의 理論 및 歷史의 哲學」(『歷史雜誌』 11編5 · 7 · 8 · 9 · 10 · 12號 1900年)은 치밀한 이론과 특성을 지닌 논문으로서,[38] 그는 여기에서 역사학이 과학으로 성립하기 위해서는 史料의 考證만이 아니라 事實相互間의 인과관계를 구명하고 또한 事實의 해석을 통하여 보편적 이치를 찾아내지 않으면

---

37) 中村吉治, 〈明治史學의 大成期-內田銀藏博士 などお中心に-〉, 《歷史學研究》, 105호, pp. 31~52참조

38) 前揭. 柴田論文 pp. 460~462, 內田銀藏 참조

안된다고 하여 종래의 고증사학적 歷史研究方法論을 비판하고 있다. 이와 함께 그는 역사연구에 歷史家에 의한 史實選擇의 불가피성을 내세워 전통적인 考證史學의 한계를 극복하려 하였다. 이를 위하여 一般理論을 위한 방법의 추구와 서술을 위한 연구의 대립성을 지적하였다.

이와 같은 內田의 관점은 독일 歷史學派의 이론에서 영향을 받고 있기는 하지만 明治初期의 西洋史學의 무조건적인 수용 자세에서 벗어나 西洋史學을 충분히 소화한 위에 그와 같은 방법론을 日本史에 접목시킨 것으로 清日戰爭을 계기로 勞動運動의 대두에 따라 종래의 자유주의 경제학의 토대 위에 독일 역사학파 경제학이 등장하는 시대적 전환점에 文明史論에서 벗어난 새로운 歷史思想의 기반을 형성하게 된 것이다.[39] 그리하여 이를 학문적 체계 위에서 더 한층 발전시켜 日本의 近代史學의 기반을 마련한 것이 그의 『日本近世史』(1903년)이다.

『日本近世史』의 史學史的 의의는 중요하다. 그것은 종래의 考證史學에서는 볼 수 없는 세계사적 관점을 제시하고 있다는 점이다. 물론 이것은 그의 독창적인 것 이라기보다는 考證史學이 이룩하여 놓은 성과를 기반으로 하고 서양사학적 방법론을 도입하여 이룩된 것이다. 그는 여기에서 日本의 近代가 江戶時代로부터 시작된다고 견제하고 그이유를 유럽의 문예부흥, 경제적 발달, 절대국가의 발달 과정 등과 비교하면서 日本의 발전을 서술하고 있다.[40] 또한 근세라고 하는 시대 구분 방법을 사용함으로써 종래의 왕조중심적 편년체 기술법을 지양하고 문화사적 입장과 鎖國과 開國을 國際關係 위에서 시대 성격을 추구하고 있다.

---

39) 中村, 柴田, 「앞의 논문」, 참조.
40) 「위의 논문」, 참조.

그는 국가의 대외적 관계를 중요시 하여 외국 관계가 시대성격을 결정짓는다고 보았다. 그리하여 幕末 이래의 開國이 日本의 世界史的 位置를 어떻게 설정하였는가라는 문제의식을 가지고 日本 硏究에 임하고 있다. 問題意識의 독창성뿐만 아니라 그의 역사를 보는 폭이 종합적이고 世界史속의 日本史의 추구라는 면에서 높게 평가 되고 있다.41)

다음으로 그는 開國의 역사적 의미를 평가하여 日本의 근대적 발전이 開國이라는 사실 만에 의한 개별적인 것이 아님을 강조하고 있다. 즉, 日本의 역사적 현상을 開國이라는 外的 자극에만 귀착시키는 것을 피하고 日本社會에 내재하고 있는 원인에서 찾고 鎖國下에 있어서 日本 고유문화의 원숙된 의의를 평가하고 있다. 日本史의 특성은 국가편성, 민족, 정신적 문명의 연속성이 현저하여 古代에 존재하였던, 신앙·사상·습속 등이 문화발전의 기초가 되어 이와 같은 토대위에 새로운 외적 문화가 유입되어 이루어진 것으로 파악하고 있다.42)

이리하여 考證史學의 전통은 日本 近代史學의 주류를 형성하면서 그 전개과정에는 西洋史學의 방법론을 수용하면서 다양하게 변화하였으나, 考證的方法과 西洋史學的 이론이 아직도 日本史學界에 큰 힘을 가지고 있는 것은 近代史學成立에서 이룩하여 놓은 뿌리에서 싹터 나왔기 때문이라 하겠다.

이와 아울러 역사학연구가 다양하여짐에 따라 經濟史·法制史·外交史·美術史·風俗史 등 特別史가 개척되면서 역사의 시야가 점차로 확대되어 나아갔다. 이는 모두 日本의 考證史學과 西洋史學의 方法論을 기반으로 한 正統史學의 범위를 계승하여 발전시킨 것이다.

---

41) 「앞의 논문」.

42) 「위의 논문」.

다음으로 日本 近代史學의 성립에 나타나고 있는 특성은 東洋史學과의 관련성 문제이다. 초기의 東京大學 東洋史學科가 日本 近代史學의 성립과 발전에 기여한 공헌은 크다. 그런데 근대사학 성립단계에서 동양사학연구는 日本의 대외팽창과 긴밀한 관련을 지니면서 研究領域이 변화되고 있다는 사실은 매우 중요한 의미가 있다. 아시아 침략은 明治初로부터 2차대전 敗戰에 이르기까지 계속되어 朝鮮과 滿·蒙 그리고 中國·東南아시아 방향으로 추진되었다. 그런데 日本의 아시아 연구는 침략세력의 원조를 받아 진행되었기 때문에 대체로 연구진행이 이와 같은 침략방향과 거의 일치하고 있다.[43]

明治初期의 日本의 대륙침략의 제일보가 朝鮮에 향하고 있을 때 學界의 관심이 朝鮮에 집중하였고 日本의 東洋史學이 학계의 기반을 구축한 것은 1910년의 조선병합과 때를 같이 한 것은 결코 우연한 일은 아니다. 日本의 東洋史學이 中國 본토 보다는 주변의 塞外民族研究에 집중된 것도 대륙침략과 밀접한 관련 하에 전개된 것이다.[44] 연구 대표적인 인물이 白鳥庫吉과 그의 弟子 津田左右吉이다. 白鳥는 日本 近代史學 성립에 영향이 큰 Riess의 지도를 받은 東京大 史學科 1回 졸업생이다.(1890년 졸업)

이 당시의 史學科는 Riess의 지도하에 西洋史學의 방법론과 역사이론을 익히는 西洋史學科의 성격이 강하게 지배하였다. 그런데 白鳥와 함께 東洋史學 창립에 노력한 那珂通世는 西洋文明의 열렬한 찬미자인 문명론자 福澤諭吉의 문인이었다.[45] 白鳥의 뒤를 이어 동경대의

---

43) 旗田 魏 「日本における東洋史學の傳統」 『歷史學研究』 270호,1962, 28~34
　　쪽,, (『歷史像再講成の課題』, 御茶の水書房, 1966 所收) 참조.

44) 「위의 논문」 및 小倉, 「앞의 논문」, 479~480쪽, 참조.

45) 『東洋史の創始者たち』,. 19쪽에 의하면 白鳥가 千葉中學 在學時에 那珂가
　　校長으로 활약하고 있으며 三宅米吉이 英語先生으로 白鳥에 깊은 영향을

東洋史學을 주도한 箭內亘, 池內宏 등도 동경대 史學科 출신으로 西洋 史學을 배운 인물들이 東洋史學의 개척자로 활약하게 된 것은 日本의 대외침략 특히 朝鮮과 滿洲侵略과 밀접한 관련이 있고 실제로 이들 침략세력의 지원하에 東洋史學을 연구하게 된 것이다. 만약 당시의 日本의 대외 침략이 조선이나 만주가 아니고 남방이나 태평양쪽이었다면 이들의 연구 방향도 그 방면으로 쏠렸을 것이다.

東洋 史學科 출신의 인물들이 유럽역사학 특히 독일史學의 영향을 많이 받고 日本 전통의 漢學者가 아니라고 하는 사실은 日本 近代史學 成立에 매우 중요한 의미를 갖는다. 왜냐하면 江戸時代로부터 明治 初에 걸쳐 日本의 학계를 대표하는 것은 漢學 특히 儒學이고 史學도 儒學의 종속으로 봉건체제를 유지하는 어용적 학문이었다. 따라서 동경대의 東洋史學科가 漢學系統을 계승하지 아니하고 독일의 Ranke 史學을 Riess를 통하여 받아들이었고 Europe 史學系統을 계승하였다는 것은 전통적 기성관념이나 한학에 얽매이지 않을 수 있는 學的 분위기를 갖추고 있었기 때문이다. 이 점에 있어서 京都大學을 중심으로 하는 東洋史學의 개척자인 內藤湖南이 漢學出身者라는 것과 아주 대조적이다.[46) 日本의 대륙침략과 東洋史의 성립이 밀접한 관계를 갖고 전개된 과정에 유럽 史學의 영향을 받은 東大出身者가 앞장을 서고 있는 것은 보수적 전통사학의 극복이 용이하였을 뿐만 아니라 근대정치와 학문의 새로운 관련을 보다 원활하게 할 수 있는 터전을 구축할 수 있었다는 것을 의미한다.

白鳥는 東京大 졸업 후에도 Ranke 史學에 깊은 관심을 쏟고 漢學이나 청대 考證學에 대해서는 흥미가 없었다. 오로지 西洋을 배우고

주었다.
46) 『앞의 책』, 73~114쪽, 內藤湖南 참조

西洋을 추월하는 것을 목표로 삼고 있었다. 이와 같은 白鳥가 東洋史 研究로 방향을 바꾼 것은 東京大 졸업 후 學習院에 敎授로 在職時 學 習院校長 三浦梧樓(後에 朝鮮公使로 閔妃암살을 주동한 인물)의 권고 에 의해서이다.[47] 三浦의 권유로 學習院에서 東洋諸國史의 강의를 담 당하고 동양사연구를 시작하였으며 동양사연구의 제일단계로서 朝鮮 史研究를 시작하였다. 그 후 日本의 대륙침략이 진행됨에 따라서 연구 영역도 조선에서부터 滿洲로 蒙古 그리고 西域地方으로 확대되어 나 아갔다.

白鳥는 1908년에 日本의 대륙침략의 앞잡이로 활약하던 滿洲鐵道會 社을 설득하여 거기에 地理歷史調査室을 만들고 韓滿經營에 공헌한다 는 명목으로 학술연구를 시작하였다.[48] 滿鐵을 이용한 연구는 白鳥를 통솔자로 하고 箭內亘・池內宏・松井等・稻葉岩吉・津田左右吉 등 東 大派가 그 중심을 이루었다.[49]

이와 함께 1909년에는 「支那古傳說의 研究」를 발표하여 漢學者가 숭배하여 오던 堯・舜~・禹의 聖人을 후세의 儒學者가 만들어낸 가 공인물이라는 堯舜禹抹殺論을 제기 하였다.[50] 이는 당시의 漢學者들 에게 커다란 충격을 주었고 林泰輔 등의 반론을 받아 학문적 논쟁으 로 발전하였다. 그러나 이는 日本 近代史學의 성립과 발전에 있어서 전통적인 考證學을 익힌 漢學者의 이론과 西洋史學의 방법론을 도입 하여 무장한 近代史學家의 학문적 논쟁이라는 의미도 크지만 그 보다 더 중요한 의의는 西洋史學의 방법론이 종래의 考證史學을 능가할 수 있다는 사실을 확고하게 구축하여 東洋史學의 기반을 설정하는 계기

---

47) 旗田, 「앞의 논문」 및 『東洋史の創始者たち』, 15~67쪽, 白鳥庫吉 참조.

48) 「위의 논문」, 33쪽, 참조.

49) 『東洋史の創始者たち』, 참조.

50) 『東洋時報』131號, 1909년, (『白鳥庫吉全集』 8. 岩波書店 1970, 所收)

가 되었다는 사실이다.[51] 이와 같은 白鳥의 東洋史學硏究는 日本 近代東洋史學의 성립에 중요한 역할을 하였고 그의 연구방법은 津田左右吉에 의하여 계승되어 발전되었다.[52]

셋째로 日本 近代史學의 成立을 이해하는데 시기적으로는 내려오지만 마르크스사관의 영향을 빼놓을 수는 없다. 이는 제국주의 발전과 자본주의 경제의 확대에 수반하여 대두된 새로운 學風으로서 종래의 正統史學을 비판하고 유물사관에 입각하여 日本의 역사발전을 해석하려 하였다는 점에 있어서 주목을 받게 되었다.

유물사관에 의한 마르크스주의사학의 기본입장은 경제사상의 전개나 문명사관에 대신하여 새로운 역사사상의 기반을 형성히게 되었다는 사실이다. 그 단서를 연 것은 경제학자 福田德三으로 그는 독일 유학 시절에 Brentano에 師事하여 歷史學派의 방법론을 日本에 적용하여 『日本에 있어서의 社會的 經濟的 發展』[53]이란 저술에서 日本과 유럽의 경제적 발전단계의 일치점을 역설 하였었다. 이는 독일 歷史學派의 이론을 이용하여 文明史論의 普遍主義 · 西洋主義를 그대로 계승하고 있으나 經濟史를 통하여 이후의 마르크스주의사학에 영향을 주었다.

日本 마르크스주의사학의 정립은 1927∼28年代로 본다. 그것은 野呂榮太郎의 『日本資本主義發達史』, 腹部之總의 『明治維新史』가 대표적이다.[54] 이는 마르크스主義史學 方法論을 가지고 새로운 학문의 방

---

51) 津田左右吉, 「白鳥博士小傳」, 『東洋學報』 29의 3 · 4號, 1944년, 참조.

52) 津田은 明治以前史學은 批判精神의 缺加로 考證史學은 沒論理性, 文明史論은 非科學性으로 學問일 수 없다고 보고 있는 점은 白鳥史學과 상통하나, 그는 "역사학의 본질을 과거 生活의 특수성을 구체적으로 파악 한다"고 보아 歷史의 法則性을 부정한 면은 독창적이라 하겠다. (柴田, 前揭論文, 津田左右吉 참조)

53) 原文은 獨逸語로 되어 있으나 1907년에 日本語譯이 출판되었다.

54) 遠山茂樹, 「唯物史觀史學의 成立」, 『岩波講座日本歷史』 8, 참조.

법·개념을 정립하여 日本의 역사를 추구한데서 학문적 위치를 정립하게 되었다.

마르크스주의사학은 明治 이래의 日本 近代史學에서 특수한 위치를 정립하여 나간 것은 唯物史觀의 도입과 그것에 의한 日本史硏究에의 적용이라고 하는 관점을 들 수가 있다. 또한 近代史學으로의 성립 단계에까지 이르기 위해서는 단순한 唯物史觀의 도입과 적용에 머물지 않고 日本史에 內在하고 있는 唯物史的 사실을 찾아냄으로서 비로소 그 가치를 인정받고 있다. 그런 의미에서 마르크스주의사학 成立期를 1927~8년대로 잡은 것은 일반적인 견해이다.[55]

日本에 마르크스주의 도입의 초기형태를 보면 거기에는 明治 이래의 풍조와 밀접한 관련이 있다. 明治末의 幸德秋水는 마르크스주의 이해를 사회진화론의 일환으로 생각하였다.[56] 大正期 唯物史觀의 최대소개자인 河上肇도 社會進化論에서 별로 벗어나지 않고 있다. 그는 唯物史觀을 요약하여 「社會組織進化論」과 「精神的 文化의 物質的 說明」이라는 두 가지 부분으로 설명하고 있다. 前者는 사회진화론이 강하고 後者는 그가 明治末에 소개한 「經濟決定論」의 일환으로 이해되고 있다.[57] 따라서 마르크스의 실증주의적인 진화론과는 달리 인간상호 관계의 여러 체계로서 취급되는 측면은 제외되고 역사는 비인간적인 객관주의적 진화과정으로 이해하였다. 또한 經濟決定論은 필연적으로 역사연구를 經濟史硏究에 축소시키는 경향을 띠우게 하였다. 이는 바로 明治初期의 實證主義 經濟史에 있어서 독일 歷史學派의 발전단계론의 영향을 강하게 받고 있었다는 사실을 입증한 것이다.

---

55) 河上肇, 『唯物史觀研究』, 弘文堂書房, 1921 97~103쪽, 참조.
56) 船山信一, 『明治哲學史研究』, ミネルヮァ 書房, 1959, 7~10쪽, 참조.
57) 河上, 『唯物史觀研究』, 97~103쪽, 참조.

그후 講座派 마르크스주의사학이 나타나기 직전의 대표적 唯物史家는 『日本社會史論』(1923)과 『日本經濟史槪論』(1923)의 저자 佐野學이다.

그에 보편적인 법칙으로서의 唯物史觀에 의한 日本社會의 해석과 日本資本主義의 독자성을 절충하고 있다. 그의 주장은 日本은 明治維新에 의하여 세계적 교통의 무대에 나서게 되었고 자본주의시대가 전개되었다. 그런데 유럽의 자본주의는 공업중심의 몰락 뒤에 발달하였으나 日本은 江戶時代의 大町人의 손에 의하여 新社會組織에로의 길이 개척되었으며 이것이 日本資本主義의 근본적 특징이다.58)

따라서 日本의 자본주의는 明治維新 이후에 갑자기 발생한 것이 아니고 德川時代에 유럽의 初期資本主義 상태를 이미 경험하고 있다. 현재와 같이 세계적 경제관계가 성립된 시대에는 사회가 특정한 단계를 도약하여 다음에 오는 신단계에로의 이행이 가능하게 된다고 하는 점들이다. 이는 다음에 오는 唯物史學硏究에 의하여 학문적으로 발전되는 여러 가지 문제의식 즉, 外在的要因, 內在的要因, 日本資本主義의 特質 등의 문제들이 명확하게 제기되고 있다.

日本의 唯物史學이 성립되는 기반은 唯物史觀의 여러 定式을 기계적으로 적용하는 것이 아니고 日本 近代의 역사적 성격이라고 하는 개별 대상의 구명 속에서 唯物史觀을 발견하는 일이었다.59) 그리하여 1927~28년에서 시작 되는 마르크스주의사학이 학문적 성과를 올리게 되었다.

日本唯物史觀이 성립되는 과정에서 공통적인 연구방법상의 특징을 보면

---

58) 野呂榮太郎, 『日本資本主義發達史』, 識搭書浣, 1930, 36~42쪽, 참조.
59) 『唯物史觀史學の成立』, 참조.

먼저 近代日本의 내부요인과 외부요인의 파악은 그들이 가장 중요
시한 과제이며 어려운 문제로 파악하고 있다는 점이다. 따라서 그들은
당연히 幕藩體制下의 내재적모순과 외적요인과의 상호관련상의 이해
는 明治維新이 자본주의 발전에 획기가 되기 때문에 이를 서유럽의
부르조아 혁명과 동일시하는 정치 과정의 公式主義的 이해를 뛰어넘
어서 하부구조와 정치권력, 나아가서는 사상 형성과 관계에서 독자적
인 사고로 발전시키고 있다.

다음으로 봉건적 생산양식을 포기하지 않고 고도의 자본주의적 생
산양식을 채용한 것이 각종의 産業間, 企業間의 불균형을 일으키어 이
것이 日本 資本主義의 급속한 발전의 조건이 되기도 하고 한편에 일
본자본주의의 급속한 몰락의 한 원인으로 작용하였다고 보았다.[60]

마르크스주의사학은 明治 이래의 과제인 역사적 후진성의 문제에
대하여 새로운 방법론을 제시하고 正統史學과는 다른 각도에서 日本
近代史學成立에 몫을 차지하면서 발전되어 오늘에 이르고 있다.


## 5) 맺는말

日本의 近代化 과정은 유럽의 학문을 받아들이는 진행의 연속으로
보아야 할 것이며 따라서 日本에 있어서 近代史學 의 성립도 이와 같
은 범주에서 고려되어야 할 것이다. 흔히 일반론으로 논의되어 온 사
실이지만 아시아 각국, 특히 中國의 近代化運動이 성공하지 못한 반면
에 日本에서는 明治維新 이후의 近代化運動이 성공하게 된 여러 가지
이유 가운데 중요한 思想史的인 배경은 19세기 후기의 日本의 지식층

---

60)『資本主義發達史』, 참조.

을 기반으로 한 維新勢力에 의한 「日本의 歷史的 후진성의 자각의식」
을 꼽고 있다.

幕末의 開國으로부터 西洋文明과의 접촉 과정에서 휘몰아 닥친 사
상적인 변형의 다행스러운 전개는 日本人 스스로가 서구문명을 받아
들이는 능동적인 자세를 취한 결과로 보아야 할 것이다. 이와 같은 전
체적인 테두리 속에서 日本의 近代史學도 자기 진로를 정하게 되었
고 近代的 歷史方法論을 받아들여 近代史學의 성립을 가져오게 된
것이다.

그런데 日本의 近代史學 성립과정에서 나타나고 있는 몇 가지 특징
적인 사실은 近代史學의 방법론에 있어서 그것이 考證史學이긴 아가
데미사학이던 간에 서양적 사학이론과 방법을 이용하고 있다는 사실
이며, 다음으로 지적할 수 있는 것은 제국주의와 자본주의의 발전에
수반하여 史學의 영역이나 역사해석이 변화하고 있다는 점이다. 그 위
에 近代史學이 성립하고 발전되어 나아가는 과정에서 정통 史學科는
또 다른 측면에서 마르크스주의 사관이 도입되고 있다는 사실이다. 그
런데 唯物史觀의 이론도 이를 전적으로 마르크스주의사학 이론을 그
대로 도입하여 인용하거나 아니면 다른 방향으로 해석하거나 간에 유
물변증법적 방법론의 테두리 안에서 역사서술이 전개되고 있다는 점
이다.

이와 같은 사실은 유럽 근대사학의 수용 결과 이를 日本 나름대로
해석하고 恣意的으로 원용하기는 하였으나 여기에 새로운 方法論이나
日本의 독자적인 역사이론을 전개시키지는 못하고 있다는 한계성은
부인하기 어렵다. 이렇게 볼 때에 近代日本의 史學 成立 過程에 나타
난 사실은 日本의 독자적 역사이론을 정립하지 못하고 뛰어난 史學理
論家도 없으며, 단지 西洋의 史學理論에 대하여 깊은 관심과 주의를

기울이어 이를 받아들이는데 그쳤다는 한계성이 있다. 이는 비단 근대 사학 성립에 국한되는 문제는 아니고 明治維新 이후의 모든 학문과 사상면에서 일본의 독창적 이론은 없고 추종하여 서구문명을 추종하여 이를 발전시켰다는데 그 한계가 있다.

그럼으로 아직도 日本의 史學界는 時代區分論, 近代化論, 日本古代 社會論, 日本神話論, 民族文化論, 封建社會論 등의 史學論爭이 계속되고 있는데 이는 歷史를 재해석하고 이를 새로이 인식한다고 하는 면에 서는 평가될 수 있다. 그러나 이와 같은 논쟁이 決定論을 갖지 못하고 있는 것은 바로 日本 近代史學의 성립에 유럽의 近代史學 이론을 수용하여 이를 체계화하였으나 日本의 독자적 歷史發展에 타당한 이론체계를 수립하지 못한데서 일어나는 문제의식의 多元性이라 하겠다. 이런 의미에서 日本의 史學硏究는 明治時代의 近代史學 成立이라는 새로운 변혁에서 현재에 이르기까지 유럽史學의 方法論에서 벗어나지 못하고 이는 日本의 史學界가 안고 있는 문제라고 볼 수 있다.

(『역사교육』 제34집, 1983.)

## Ⅶ. 東洋史의 時代區分論

歷史를 기록의 有無에 따라 先史시대와 歷史시대로 구분한다. 그런
데 역사시대를 다시 古代, 中世, 近世, 現代로 4구분하는 구분법이 일
반화된 시대구분 방법이다.[1] 시대를 구분한다는 것은 역사를 보는 시
각(歷史觀)을 어떻게 설정하느냐의 문제이다.

역사를 어떤 시각으로 볼 것인가에 따라 시대구분 방법도 달라진다.
후한의 班固(반고)가 『漢書』를 지어 중국의 역사를 왕조별로 끊는 斷
代史(단대사)의 시대구분은 淸末까지 2천년 동안 유지되어 왔다. 역사
발전의 원동력을 생산성에 두고 그 시대에 살고 있는 인간이 누리는
자유의 확대를 역사발전으로 보면서 「누가 생산을 담당하였고 인민이
누리는 自由가 어떻게 확대되어 나갔느냐」 라는 사실에 초점을 맞추
어 시대구분을 마름하기도 한다.

최근까지의 시대구분의 주류는 마르크스 유물사관에서 설정한 고대
노예제사회, 중세봉건사회, 근세자본주의사회의 3구분법이 일반화되어
왔다. 이것은 유럽 사회를 기준으로 한 것이다. 즉 그리스 · 로마시대
를 고대노예제사회로 보고, 서양 중세를 봉건제 농노사회 그리고 문예
부흥 이후를 근세자본주의사회로 규정하였다. 이러한 유럽사 중심적
시대 구분방법을 동양사회에 일률적으로 적용하는 것은 문제가 있다.
특히 유럽 역사가들은 제국주의 열강의 아시아 침략과정에서 동양사
회를 발전성이 없는 정체된 역사로 단정하였다. 그리하여 "아시아적
정체성"이론을 제시하면서 아시아세계는 유럽과 같은 생산의 자율성
과 자유의 발전이 없는 정체된 사회라고 단정 지었으며 부정적 시각

---

1) 이러한 4구분방법 이외에 학자에 따라 5구분법 (고대, 중세, 근세, 근대, 현
대)으로 시대구분을 하기로 한다.

으로 보았다. 이러한 이론은 제국주의 열강의 아시아 침략을 미화하는 식민지 사관으로 정립되었다.

그러나 중국, 일본학자들은 이와 같은 유럽 학자에 의한 동양사회의 정체성 이론을 극복하고 동아시아세계에도 고대, 중세, 근세사회로의 자율적 발전 과정이 존재하였다는 사실을 입증하기 위해 유물사관을 가지고 동양사의 시대구분을 전개하였다.

먼저 중국에서는 郭沫若이 『中國古代社會硏究』(1930 간행)에서 마르크스 유물사관을 중국고대사회에 적용하여 殷代 이전을 원시공동체사회, 西周시대를 노예제사회, 春秋시대 이후를 봉건사회로 구분하였다. 특히 그는 儒家에서 주장하는 封建을 마르크스 사관의 봉건과는 다르다는 것을 분명히 하면서 유가들이 주장해 온 西周시대의 봉건제를 부정하고 西周시대를 생산 관계에서 볼 때 노예제 사회로 규정하였다.

이에 대해 呂振羽는 「殷周시대의 중국사회」(1936)를 발표하여 郭沫若의 주장을 비판하고 甲骨文을 자료로 이용하여 殷代는 이미 아시아적 생산양식을 바탕으로 한 노예제 사회이고, 西周시대는 주왕실과 제후와의 관계에서 볼 때 정치적으로 봉건사회이며 서주시대의 경작조직은 諸侯의 農奴(농노)인 농민을 직접 생산자로 규정하였다.

1940년대는 呂振羽의 설을 찬성하는 학자가 많았다. 이에 郭沫若은 자기주장을 비판한 『奴隷制時代』(1952)에서 古代 노예제사회를 춘추시대 말기까지로 내려잡았다. 侯外盧는 『中國古代社會』(1949)에서 郭의 주장을 계승하였으나 중국의 노예제는 아시아적인 생산양식에서 나타난 특수한 노예제라는 呂振羽의 주장을 받아들였다. 한편 范文瀾은 『中國通史簡編』(1949)을 저술하여 殷代를 노예제사회로 西周 이후를 중세봉건제 시대로 구분하였다. 이렇게 볼 때 중국의 중세봉건사회는 서주시대부터 아편전쟁(1840)까지 약 2500년이 계속된다. 이에 일부학자는 봉건사회를 전기와 후기로 나누고 그 분기점을 당말 5대(907-950)로 잡고 있다.

이와는 달리 童書業(동서업), 尙鉞(상월) 등은 後漢末(220년)까지를 고대노예제사회라고 주장하고 있다.

한편 중국의 근대사 논쟁도 시대구분의 중요한 주제가 되었는데 일반적으로 中國의 近代史는 아편전쟁(1840)에서 5·4운동(1919)까지로 잡고 5·4운동 이후를 중국현대사로 구분하고 있다.

일본학계에서도 東아시아의 역사를 자율적인 발전으로 보고 유럽학사들에 의한 "아시아 징제싱이론"에 밎서 아시아의 자율적 역사발전단계론을 가지고 시대구분론을 내세웠다. 현재 일본학계의 대표적 시대구분론은 東京대학을 중심으로 東大學派(歷硏學派)와 이에 대해 京都대학을 중심으로 한 京都학파의 시대구분론이 있다.

東京대학의 시대구분론의 출발은 고대 동아시아 세계를 서로 밀접한 관련이 있는 전체로 파악한 前田直典의 논문 「東아시아 世界에 있어서 古代의 終末」(1948)에서 비롯된다. 그는 고대 동아시아 각국(중국, 한국, 일본)의 역사는 서로 떼어서 생각할 수 없는 관계를 가지고 발전하였다고 보고 이에 따라 중국, 한국, 일본의 고대의 종말을 10세기부터 13세기에 이르는 시기로 설정하였다.

이러한 前田의 이론을 바탕으로 東京大학파는 唐末까지를 중국의 고대로 잡았다. 이 이론은 마르크스 유물사관을 바탕으로 하여 중국사를 세계사적 역사발전으로 파악한 것이었다. 이러한 동경대학파의 당말 이전 고대설에 대해 京都대학을 중심으로 한 非마르크스주의적 시대구분론이 있다.

京都學派는 後漢末까지를 古代, 唐末까지를 中世로 파악하고 宋代

이후를 近世라 주장하였다. 宋代近世說은 內藤湖南(內藤虎次郎)에 의
한 『槪括的唐宋時代觀』(1921)에서 제시되었는데 중국의 古代를 後漢
의 중기까지로 잡고 中世를 5胡16國시대로부터 唐의 중기까지, 그리고
宋代 이후를 근세로 구분한 것이다. 각 시대의 전환기에 앞서 과도기
가 있고 이 과도기를 거쳐 새로운 시대가 전개된다고 하였는데 古代
에서 중세로 넘어오는 과도기는 후한의 중기로부터 西晉시대까지로
잡고 이를 제1과도기라 하였고, 唐末에서 五代까지를 제2과도기로 설
정하고 있다.

內藤의 이러한 시대구분기준에 의하면 정치적으로는 중세를 귀족정
치시대, 송 이후에는 황제전제정치시대로 파악 하였다. 또 中國과 外
民族과의 관계를 古代사회에서는 中國文化가 형성되어 그것이 외민족
에게 전파되어 발전하면서 동양사회가 형성되었다고 보았고 중세에
들어오면 外民族이 민족적인 자각을 하여 그 세력이 역으로 중국으로
침투해 들어왔다고 보았다. 內藤의 시대구분론은 많은 비판과 문제제
기를 거치면서 그의 제자들에 계승되고 「唐宋變革論(당송변혁론)」으
로 발전하면서 일본학계 특히 京都學派의 歷史理論(역사이론)으로 정
착되었다.

그러나 이상과 같은 여러 가지 시대구분론이 제기되고 있으나 아직
도 설득력을 가진 定說은 마련되지 않고 있다.

위와 같은 시대구분과는 달리 영국 옥스퍼드대학의 마크 엘빈
(Mark Elvin)교수는 전근대적 경제활동에 있어서 고도의 생산수준을
유지한 중국이 근대적 産業革命으로 발전하지 못하고 낙후되는 시기
를 14세기로 잡고 있다. 그 원인을 그의 지론인 '高度均衡理論(고도균
형이론)'으로 설명하였다. 그리하여 14세기를 중국사의 커다란 전환점
으로 구획하고 있는데 이는 세계사의 발전법칙과는 다른 시대구분법

이다.

미국의 사회학자 볼프람 에브하르트(Wofram Everhardt)는 그의 사회학적 방법을 시대구분에 적용하여 周代를 정복에 의한 봉건제도의 확립기라 하였고, 周代의 봉건시대를 이은 漢代 이후를 지배층의 사회적 성격에 초점을 맞추어 士人(gentry)사회로 구분하였다.

# Ⅷ. 宋代著作書評

## 1) 續資治通鑑長編人名索引
### 日本, 京都, 同朋舍, 1978 크라운版 697面

역사학 연구에 있어서 연구자가 필요로 하는 사료의 섭렵은 자료의 분석 이전의 지극히 중요한 작업이라 하겠으나 개인의 능력의 한계성 때문에 모처럼 좋은 문제의식을 가지고서도 방대한 사료의 내용파악이 어려워서 해결의 실마리를 찾지 못하고 주저앉는 예는 흔히 볼 수가 있다. 이러한 뜻에서 볼 때에 사료에 대한 사건이나 인명색인류는 연구자가 필요로 하는 자료의 소재와 분량을 파악하는 데 지대한 도움을 주는 것이라 하겠다. 최근의 국내외 역사학계의 움직임은 개별연구에서 공동연구의 방향으로 가는 경향을 보이고 있고, 또 공동연구에서 많은 인원을 동원하여 색인류의 우수한 역작들을 속속 출판하고 있는바 이것은 이 방면의 연구가에게 지극히 편리한 연구 의욕을 북돋아 주고 있다. 특히 일본과 중국에 있어서의 송대 부분이 활발하게 나타나고 있으니 『宋代文集索引』(佐伯富編), 『宋史兵志索引』(佐伯富編), 『宋史職官志索引』(佐伯富編), 『宋人傳記索引』(宋史提要編纂協力委員會編), 『二程遺書索引』(九州大學中國哲學硏究室編), 『二程外書粹言索引』(九州大學中國哲學硏究室編), 『資治通鑑索引』(佐伯富編), 『宋人傳記資料索引』(王德毅等編), 『續資治通鑑長編人名索引』(王德毅編) 등이 그 대표적인 것이라고 하겠다.

여기에 소개하고자 하는 『續資治通鑑長編』(520권)은 李燾 畢生의 역작으로서 북송사연구의 기본적인 귀중한 사료로서 송대사의 연구가들에게는 널리 인용되고 있는 문헌이다. 그러나 『續資治通鑑長編』은 그 분량의 방대함과 아울러 편년체의 서술 때문에 이를 인용하는 사람들은 자신의 문제와 관계가 있는 사실을 추구하는 데 있어서는 항상 반복하여 이 방대한 사서를 한줄 한줄 읽어 내려가야 하는 어려움을 되풀이하게 된다. 그러므로 속자치통감장편의 어휘색인이나, 사건색인, 그리고 인명색인의 필요성은 거의 절대적이라 하겠으나 그만큼 이 작업의 어려움이 뒤따르기 마련이고 개인의 힘으로는 성취시키기 어려운 일이다. 다행히도 京都대학 동양사학과에서 30여 년 전부터 『續資治通鑑長編』 윤독과 어휘색인작업이 시작되어 그 일차적인 성과로 인명색인의 간행을 보게 된 것이다.

송대는 사대부계층의 형성과 이들의 활발한 정치·사회적인 활동에 의하여 역사적인 사건에 등장하는 인물은 전례가 없을 정도로 다양한 바가 있다. 이들 인명의 파악은 송사의 열전이나 그 밖의 전기류·문집만을 가지고서는 도저히 부족한 감을 갖게 되며, 따라서 『續資治通鑑長編』에 등장하는 인명을 항상 염두에 두게 되는 것이다.

『續資治通鑑長編人名索引』은 편자 梅原郁교수 자신이 30여 년 전에 경도대학에서 『續資治通鑑長編』을 윤독할 때부터 참가하여 그간의 여러 가지 어려운 여건을 무릅쓰고 학계의 여망과 경도대학 동양사학과 출신들의 공동의 업적으로 편찬된 것으로 은사 佐伯富 교수에게 봉정한 말하자면 본서를 통하여 경도대학 동양사학과의 송대사학의 학통을 다진 의의 있는 책이라 하겠다.

본 인명색인은 『續資治通鑑長編』(520권)에 기재되어 있는 인명에 대하여 거의 전부를 정확하고도 강라적으로 수록하였다. 색인류가 갖는 가치는 정확성과 망라성에 있다고 한다면 본서는 일단 완전한 인명색인이라 하여도 틀리는 말은 아닌 것이다 단지 장편에 나오기는 하나 그 인물의 시대가 당 이전인 자와 송대의 인명 중에서도 황후, 황녀, 부인의 성명은 채록하지 아니하였음이 아쉬움이라 하겠으나 이는 그리 큰 문제는 아니라고 보겠다.

본 인명색인의 저본으로 사용한 것은 광서 7년(1881)의 절강서국판본을 이용하고 있는데 이는 최근에 대만의 세계서국에 의하여 축인본이 간행되었으므로 쉽게 이용자의 손에 넣을 수 있으므로 아주 편리하게 대조할 수가 있다. 단 세계서국본은 부분적으로는 영락대전의 원본을 사용하고 있으나 본색인에서는 영락대전을 따르지 아니하였기 때문에 이 부분에 있어서 주의를 요한다. 또한 절강서국본에는 무수한 오자와 탈자가 나오는데 이를 그대로 축인한 세계서국본 역시 오·탈자가 매장마다 산재하고 있는데 본서에서는 이를 시정하지 못한 채 있다. 편자도 시인하고 있듯이 원체 탈·오자가 많아서 이에 대한 정확한 교감만으로도 색인의 편찬만큼이나 힘든 작업임으로 이를 뒤로 미루고 본서에서는 단지 절강서국본에서 눈에 뜨이는 확실한 오·탈자만을 괄호 속에다 부기하고 있으므로 특히 본색인의 이용자는 이 점에 주의를 하여야 된다. 인명은 원칙적으로 본명(諱)으로 통일되어 있으며 장편의 주의 인용문에 흔히 나오는 별호를 본명으로 바꾸어 채록하고 있고 황제명은 원문상에서는 묘호·본명·능명·존칭 등으로 분산되고 있으나 본색인에서는 이를 모두 시호로 통일하고 있음은 이용자에게 혼란을 덜어주고 색인을 찾는 번거로움을 덜해주고 있다. 또한 동일한 인물이 賜名이나 개명에 의하여 둘 이상의 이름을 지니고 있는 경우에는 흔히 많이 사용하는 쪽을 채록하면서 다른 이름에 대해서는 채록한 인명에다 화살표로서 상호연관 관계를 친절히 표시하여 주고 있다. 인명의 배열은 모두가 필획순으로 하였으며 획순이 같은 경우에 있어서는 원칙적으로 강희자전의 배열을 따르고 있으며 본서의 후미에는 검자표를 붙이어 이용의 사의를 도모하고 있다.

본서는 그 분량에 있어서도 상당하고 (전체 크라운판 697頁) 색인의 배열도 조잡하지 않도록 한 페이지에 삼단으로 조판하였고 각 항목의 표시에 있어서도 인명, 장편의 권수, 혈수, 주의 순서로 되어 있어 얼른 찾아보기 쉽게 주의를 기울이고 있다.

그런데 본색인이 안고 있는 문제점의 하나는 외국인명 표기이다. 본래 절강서국본 자체가 외국인명에 대해서는 문제가 많은 것이고 같은 외국인이라 하더라도 그 표기방법이 여러 가지로 되어 있기 때문에 이를 통일하여야 하는데 이것도 용역한 문제는 아니므로 여기에서는 아무런 통일성이 없이 그대로 채록하고 있음은 앞으로 고쳐야 할 문제로 남겨 놓고 있는 것이다.

이상과 같은 문제점들은 지극히 枝葉的인 것으로 이는 장차 본서가 개정판을 냄으로써 보완되리라 생각하지만 한 가지 편자에 의망하고 싶은 바는 인명색인에 이어 속자치통감장편의 어휘색인이 조속한 시일 내에 출판되어 이 방면의 연구가들에게 널리 이용되기를 바라는 마음 간절하다.(『역사학보』 82, 1979)


## 2) 宋史研究論文與書籍目錄

宋晞 編, 中華學術院·中國文化學院史學研究所, 中華民國55(1966)년 11月, 4·6倍版, 論文目錄 p.82 書籍目錄 p.13.

역사학에 있어서 이미 발표된 저서 및 연구논문, 기타(동향, 좌담회, 서평, 소개, 휘보 등)에 대한 목록의 정리분류는 연구업적을 정리하고 학계의 연구경향을 살펴보는 데 있어서 중요한 뜻을 지닐 뿐 아니라 앞으로의 연구활동을 위해서도 필요한 지침이 되는 기초작업이라 생각된다.

최근 동양사 분야에 있어서 이러한 작업은 국내외에서 활발하게 진행되어 목록집의 간행을 보게 되어 우리들에게 여러 가지 편의를 제공해 주고 있다. 목록작성에 있어서는 동양사 전 분야를 망라하여 편찬하는 경우도 있고, 각 시대를 단위로 하여 그 시대의 연구성과만을 정리간행하는 경우도 있다.

여기에 소개하려는 宋晞編, 『송사연구논문여서적목록』은 바로 송대를 중심으로 중국어로 된 연구논문과 저서의 목록집이라 하겠다.

宋晞氏의 본서를 검토하는 데 있어서는 이왕에 간행된 몇 편의 동양사연구논문목록과도 대조를 해보는 것이 좋을 것 같다.

동양사에 있어서 송대사에 대한 연구는 각국에 있어서 매우 성황을 이루고 있고 이와 아울러 송대사연구의 중요성을 인식하여 연구논문의 정리와 분류, 그리고 제요의 편찬을 필요로 하게 되었다. 유럽에 있어서는 1954년에 Junior Sinologus 회의에서 Sung Project가 설치되어 국제적 연구협력에 따라 일본에 있어서도 1955년에 송사제요편찬협력위원회가 구성되고 제요에 앞서 1957년에 『송대연구문헌목록』을 완성하고 2년 후에 『보편』을 내게 되었다. 본위원회는 1957년부터 동양문고에 부설되어 동문고의 사업의 하나로 『송대연구문헌제요』의 편성에 착수하여 1961년에 간행을 보게 되었다. 본 제요는 旣刊의 『송대연구문헌목록』 동 『보편』에 수록된 논문·단행본에 따라서 작성한 것으로 제요에 붙인 분류번호는 연구문헌목록의 번호와 일치하고 있다. 본서는 오대에서 송에 이르는 중국과 그 주변국가에 관한 일본인의 연구업적의 제요로 명치 초에서부터 소화32(1957)년까지에 발표된 것을 수록하고 있다. 菊版으로 842頁에 달하는 방대한 것으로 전후를 논문부분과 단행본부분으로 나누고 다시 16개 항목(일반사, 역사지리,

사회사, 경제사, 정치사, 법제사, 종교사, 학술사상사부교육, 과거사, 문학사, 미술사, 고고학, 금석고문서학, 민족학, 언어문자학, 서지학)으로 분류하고 있다(단행본부문은 민족학이 없고 끝에 부록을 넣고 있다). 여기에다 저자명색인을 넣어 찾아보는 데 편의를 제공하고 있다. 이와 같은 훌륭한 제요의 편성은 일본에 있어서 최초의 일로서 송대사연구자에게 커다란 도움이 될 것으로 생각되며 이로써『동양사료집성』(평범사, 1956)에 의하여 동양사연구의 개관·개설서·연구논문의 주요지를 간략히 파악하던 데서 벗어나 좀 더 깊이 그리고 넓게 송대사연구의 성과에 접근하게 된 셈이다. 그 후 1964년도에 간행된『일본にあける동양사논문목록』3편 (동양사연구논문목록편집위원회, 일본학술진흥회간)은 편집대표(위원장 周藤吉之)가 후기에 말하고 있듯이 7년의 세월을 들여 여러 가지 어려움을 극복하면서 잡지, 188종, 기요, 논문집, 청좌류 300점 가운데 동양사(아시아)관계의 논문, 서평, 휘보 등 6만여 항목을 추출하여 본목록을 작성하려 하였던 당초의 의도가 열매를 맺게 된 것으로 본 책의 특색은 잡지명에 의한 오십음순으로 배열하고 1962년도까지의 동양사 관계의 사항을 수록하고 있으므로 제Ⅳ분책의 저자별색인을 간행함으로 완성되는 것이다.

최근 중국에 있어서는 송대사연구의 논문이 많이 단행본으로 간행되고 있음을 볼 수 있는데『송사연구집』(송사연구회편, 중화총서편심위원회발행) 제1집(민국 27년) 동제 2집(민국 53년) 동제 3집(민국 55년)을 비롯하여『대륙잡지사학총서』제1집『송요금사연구논집』(민국 49년), 동제 2집『당송부오대사연구논집』(민국 57년)과 개인의 논문집으로는 宋晞氏의『송사연구논총』(국방연구원 발행 민국 54년)과 王德毅氏의『송사연구논집』(대만상무인서발행 인인문고 민국 57년) 등을 들 수가 있다. 이러한 논문집을 통하여 여러 곳에 흩어져 있는 송대관계의 연구논문을 쉽게 얻어 볼 수가 있다.

그리고 중국에 있어서의 연구논문·서적의 목록집으로는 1963년에 홍콩에서 余秉權氏에 의하여 편찬간행된 『중국사학논문인득』을 들 수가 있다. 본서에 수록된 논문과 저술을 싣고 있으며 4·6배판으로 본문과 색인 등을 합하면 육백여혈에 달하는 방대한 목록집으로서 저자별에 의하여 한자의 획과 강희자전의 순서에 따라 분류하고 있음이 본서의 특색이다. 그 위에 찾아보기 쉽게 저자의 성씨별 간행잡지 및 서적별 그리고 논문의 표제별 색인을 모두 넣었으므로 필요로 하는 논문의 표제나 잡지명 또는 저자명 중 하나만 알면 쉽게 찾아낼 수 있게 편집되어 있다. 본서의 제목은 『사학논문인득』이지만 사학 이외에 문학, 철학, 경제, 사회, 정치, 과거 등 다방면에 걸친 연구논문의 목록을 수록하고 있으므로 이 방면의 학자들에게도 긴요하게 이용되리라 생각된다.

다음 宋晞氏가 편찬한 『송사연구논문여서적목록』은 그 내용을 보면 우선 수록된 연구논문은 1905년에서 1965년까지의 60년간에 걸친 중국어로 된 송대 및 주변 국가에 대한 것이고 저술은 1912년에서 1965년까지의 것이다. 본서는 중국에 있어서 처음으로 시도된 송대사연구논문의 목록집이라는 데 의의를 가질 뿐 아니라 분류의 방법은 논문의 분야별 성격에 따른 점이 특색이라 하겠다. 宋晞氏는 송대의 상업사 부분에 대하여 많은 논문을 발표하고 있고 미국에도 유학한 중국에 있어서의 송대사 부문의 중견학자로서 본목록집을 간행하게 된 직접 동기로서는 외국에 있어서 송대사를 활발히 연구하고 있으며 송대사연구의 참고서목의 정리도 진행하고 있음에 자극되어 1956년에 콜롬비아대학 유학 시 미국의 楊蓮生 교수의 격려와 미국국회도서관에 근무하고 있는 袁守和氏의 협조를 얻어 준비를 진행하고 1985년에 귀

국하면서 편찬을 시작하여 1966년에 완성을 보게 되었다고 설명하고
있다. 본서는 양부로 나누어져 있는데 전부는 연구논문의 목록(1p-
82p)을, 후부는 서적목록(1p-13p)을 수록하고 작자색인을 붙이고 있
다. 연구논문목록은 19개 항목(통론, 정치, 재경, 사회, 법률, 종교, 군
사, 교육, 이학, 과학, 사학, 역사지리, 문학, 예술, 금석고고, 학술사상,
무화교류, 목록, 전기)으로 구분하고 각 항목을 다시 여러 개의 세목
으로 나누고 있는데 전체의 통론이 있고 다시 세목의 통론이 있어서
전체를 파악하고 다시 분야별로 살필 수 있게 편집되어 있다. 후반의
저서색인은 민원 이래 송사연구서적목록으로서 체제는 연구논문의 그
것과 비슷하나 지시로서의 특색을 살려서 21항목(통론, 사료, 정치, 대
외관계, 사회, 군사, 법률, 경제, 무역, 종교, 학술, 교육, 철학, 문학, 예
술, 전기, 연보, 연표, 인득, 판본, 서지)으로 나누고 있으며 문학과 전
기를 제외하고서는 연구논문처럼 다시 세목으로 나누지 않고 있다. 이
러한 편찬체제는 앞서 말한 일본의 『송사연구논문목록』과 비교해 볼
때 분류의 형식에 있어서 분야별로 한 점은 비슷하며 일본의 그것은
전체적으로 통론이 있고 또 각 분야별 통론이 있는데 본서도 이러한
체제를 취하고 있으며 또 분야별 항목에 있어서도 일본의 송사연구목
록이 19항목인 데 비해 宋晞氏는 19항목으로 하여 개인의 전기에 특
별히 주의를 기울여 분류하고 있음을 중국에 있어서의 연구의 경향을
말해주는 것이라 볼 수 있으며 정치항목 가운데 군사하옥을 독립시키
고, 이학과 문화교류를 특별히 취급하고 있는 점이 다른 점이라 할 것
이다. 체제상에 있어서 『중국사학논문인득』과 비교하여 보면 작역자,
논문제목, 기간명칭, 권기, 연월, 혈호가 『인득』에 있어서는 종적으로
반듯하게 구획되고 있는 데 비하여 본서는 일련번호와 저자만을 종적
으로 線을 맞춘 이회에 제목이나 수록서명, 간행 연월일이 종적으로

구획되지 않고 있어 약간의 혼란을 가져오며 간행소 및 저서의 권수를 로마숫자로 표기하고 간행월을 영어의 월별명으로 표기한 점은 전체적인 통일을 결여케 하였다. 특히 본서에 있어서 주의를 요하는 것은 대륙에 있어서 간행된 저자가 대만에 와서 재간행도니 경우 대륙의 간행연월을 쓰지 않고 대만에서 간행된 것을 기입하고 있는 것이 더러 있는데 예를 들면 서적목록 Ⅷ. 경제항목에 있어서의 王志端『송원경제사』의 경우, 대비, 상무인서관 1964, 145p라고만 기재하고 대륙에서 민국 22년에 중국역사총서로 간행된 사실과 연월일은 빼놓고 있다. 이는 양쪽 다 기록하는 것이 더 확실하고 목록으로서의 의의를 더하는 것이라 생각된다. 또 분류항목이 세분화되어 있고 송대사부분만을 다루고 있기 때문에 余秉權氏의『인득』만큼 필요성을 덜 느끼지만 작자색인 외에 논문표제색인을 넣었으면 편리하지 않을까 생각된다.

이상은 일본 중국에 있어서 동양사 및 송대사연구논문서적목록을 宋晞氏의 그것과 비교하면서 대략적으로 살펴 본 것이다. 宋晞氏 개인의 힘으로 본목록집이 나온 것은 氏가 자기의 연구를 진행하면서 송대사부분의 연구논문의 목록을 정리하여 이 방면에 관심 있는 사람들에게 편의를 주고 있을 뿐만 아니라 각국에 있어서 송대사연구가 활발하고 송대사연구의 목록집과 제요가 간행되고 있는 것과 맞추어 송대사의 본고장인 중국에 있어서도 본목록집이 간행되었다고 하는데 중요한 의의를 찾을 수 있을 것 같다. 끝으로 본목록집의 보편을 기대하면서 제요의 간행이 이루어졌으면 하는 마음 간절하다.

(『역사학보』 43, 1969)

## 3) 宋代文集索引

佐伯富編, 京都大學東洋史研究會刊, 1970年 3月 發行, 菊版 845p, 檢字表 18p.

송대에 관한 연구를 하고자 하는 사람들이 제일 먼저 느끼는 바는 송대에 관한 방대한 자료에서 받는 중압감이라 하겠다. 당말·오대의 무인정치시대를 거치 동안에 중국사회의 비재계급으로 군림하였던 귀족계급은 몰락하고 이에 대신하여 송대에는 문치주의에 의한 과거제도의 발달에 따른 사대부계급이 형성되고 또한 인쇄기술의 발달로 서적출판의 양적 증가가 가능하게 되었다. 소위 녹서인 출신으로 불리는 사대부계급의 형성과 인쇄기술의 발달로 말미암아 송대의 저명한 사대부는 대부분이 각자의 문집을 남기고 있다. 이러한 주요문집을 한번 훑어보기만 하는데 있어서도 상당한 노력이 필요한 것으로서 송대 연구가들이 필요로 하는 자료를 이 장대한 문집에서 척렵수집하는 일은 개인의 노력으로서는 여간 힘든 일이 아닌 것이다. 중국을 비롯하여 일본 및 구미학자들이 송대에 관한 연구에 흥미를 갖고 뛰어난 연구논문이 계속해서 발표될 수 있는 이유의 하나도 바로 이러한 자료의 방대함에 기인하는 것이라고 하겠다.

그러나 개인의 연구노력에는 한계가 있는 것으로 이렇게 많은 문집을 모두 정독하고 거기에서 자기가 필요로 하는 자료를 수집한다는 것은 거의 불가능에 가까운 일로서, 송대사연구가들이, 자기가 지니고 있는 문제에 관한 자료의 구체적인 소재 파악을 위한 문집의 색인을 필요로 한지는 이미 오래 전부터 갈망하여 오던 바로서 편자도 본서의 서문에서 밝히고 있는 바와 같이 이러한 요구에 응하여 연구자들이 자료수집만을 위해서 많은 시간을 보내지 않고 자료를 충분히 정독할 수 있게 하기 위하여 본서를 편찬하게 되었다고 밝히고 있다.

송대사연구가들을 위한 기초 작업으로서의 색인류의 편찬사업은 문집류에 한하지 않고 다방면에 걸쳐서 일본과 중국에서 이미 활발히 진행되고 있음은 송대에 관한 연구가들에게는 너무나 다행한 일이 아닐 수가 없으며, 이러한 색인류의 이용없이 송대사연구를 진행하려 함은 무모한 시간의 낭비라고 하여도 과언이은 아닐 것이다.

『송대문집색인』을 말하기에 앞서 먼저 송대에 관한 전기의 색인을 살펴보면 일본의 宋史提要編纂協力委員會(東洋文庫)에서 간행한 『宋人傳記索引』(1968年)을 들 수가 있겠다. 본서는 4·6倍版 274頁 및 首字索引 15頁로 되어 있고, 宋人 및 遼·金지배하에 있었던 漢人 약 8천인의 전기를 검색하여 각인의 출신과 가족관계를 알기 위한 색인으로서 전기는 송대를 중심으로 하고 오대 및 금대를 포함시켜 文集·總集·金石文·方志·類書에 수록되어 있는 神道碑·墓誌銘·墓銘·墓表·墓碣·行狀·埋銘·塔銘·傳·年譜·哀詞·家傳·家譜 등을 대상으로 하고 있다. 한편 중국에서는 『四十七種宋代傳記綜合引得』이 1939년에 이미 간행을 보았고, 최근의 거대한 사업으로 이룩된 것이 『宋人傳記資料索引』 전4책이다. 이는 昌彼得, 王德毅, 程元敏, 侯俊德의 4씨가 편하여 鼎文書局에서 발행한 것으로서 민국 57년(1968)에 편찬 계획을 세운이래 6년의 세월을 요하여 민국 63년(1974) 4월에 제1책(菊版, 783p, 引用書目, 20p, 筆劃檢字 2p)의 완성을 보았고, 이어 동 10월에 제2책(菊版, 943p, 筆劃檢字 2p)의 발간에 이어 1975년 3월에 제3책(菊版, 1010p, 筆劃檢字 2p)의 발간을 보았다.(제4책은 현재 진행 중이다.) 이는 송인전기색인으로서는 가장 크고도 망라된 것으로서, 여기에 인용된 전기 자료로서는 宋人문집 342종, 元人문집 19종, 총집 12종, 史傳田籍 81종, 송원지방지 28종, 금석문 8종 등 모두

480종이며 이밖에 단행연보, 事狀, 언행록, 別錄을 인용하여 收錄된 인물 수는 일만 오천 인에 달라고 있다.

佐伯富씨에 의한 『宋代文集索引』은 프랑스의 故 Balazs파리대학교수로부터 송사제요편찬(Sung Project)에 관한 협력요청에 따라서 동경의 동양문고에다 송사제요편찬협력위원회를 조직하고 『宋代研究文獻提要』의 간행을 보았고(1961년) 이어 동양문고의 송대사연구반의 青山定雄교수를 중심으로 송대사에 관한 여러 가지의 연구 사업이 계획되어 『宋代史年表』(北宋)(1967)에 이어 『宋代史年表』(南宋)(1974년) 및 『宋人傳記索引』(1968년)의 간행을 보게 되었고 이에 대하여 경도대학 동양사연구회에서는 佐伯富교수기 중심이 되어 본 『宋代文集索引』의 발간을 완성하게 되었다.

본 색인에 인용한 문집은 다음 10종으로 색인 작업은 다음 諸氏가 분담하여 편찬하고 있다.

① 范文正公集(范仲淹) ② 河南先生文集(尹洙) ③ 盤州文集(洪邁)은 近藤秀樹씨가 색인을 맡았고, ④ 歐陽文忠公全集(歐陽脩)과 ⑤ 樂全集(張方平)은 佐伯富씨가, ⑥ 溫國文正司馬文集(司馬光)은 寺田隆信이, ⑦ 元豊類藁(曾鞏) ⑧ 水心文集(葉適) ⑨ 西山先生眞文忠公文集(眞德秀)은 梅原郁씨가, ⑩ 朱文公文集(朱熹)은 竺沙雅章씨가 각각 분담하여 편찬을 하였다. 본색인은 이상의 10종의 송대 문집에 대하여 인명, 지명, 관직명을 비롯하여 경제, 사회, 관제, 법제, 병제, 민족, 종교, 문학, 미술, 사상, 掌故 등의 제부문에 관한 名詞 약 7만개의 항목을 적출하여 이를 일본의 50음훈으로 배열하고 다시 검색에 편리를 위하여 권말에다 필획색인을 부기하고 있다. 따라서 일본어를 모르는 이용자는 필획색인만으로도 충분히 자신이 필요로 하는 항목을 찾을 수 있을 뿐만 아니라 동일한 문자는 동일한 곳에다 모아 놓고 있기

때문에 더욱 일목요연하게 사항을 구분할 수가 있다. 문집의 텍스트는 四部叢刊本을 사용하였고 단 歐陽文忠公全集은 국학기본총서본을 주로 하고 사부총간본과 교합하고 있다.

이상의 10인중 范仲淹은 북송 인종대의 참지정사를 역임하고 인종대의 혁신적인 개혁론자이며, 尹洙도 인종의 천성연간에 진사과에 합격하고 범중엄과 아울러 인종대의 사풍을 혁신하였으며, 歐陽脩, 張方平, 曾鞏, 司馬光은 모두가 북송의 중기에 있어서의 위대한 정치가이며 동시에 학자와 문인으로서 북송의 정치 문화상에 커다란 업적을 남긴 인물이며, 洪邁(1123~1202)는 북송 말에 태어나 남송시대에 활약하고 특히 대금관계교섭에 큰 업적을 남기었을 뿐만 아니라 남송초의 정치·사회·문화전반에 걸쳐서 예리한 관찰을 하고 있고, 朱熹는 재론할 필요조차 없는 남송 중기의 위대한 학자이며 정치가이고 또한 사회개혁가이다. 葉適, 眞獨秀(1178~1235)도 남송시대의 학자이며 정치가로 큰 활약을 하였다. 이상 10인중 북송시대인이 6인, 남송시대인이 4인으로서 이들 모두가 북남송시대에 있어서 정치, 경제, 사회, 문화상에 미친 영향은 매우 컸으며, 아울러 그들의 문집에 수록되어 있는 내용은 바로 북송과 남송의 정치, 경제, 사회, 문화상에 나타난 중요한 문제들로서 이러한 문집의 내용을 부문별로 분류하고 약 7만 항목으로 색인을 한 그 내용은 바로 북송과 남송시대의 제반문제의 총집이라 하여도 과언이 아닐 것이다. 좀 더 본서의 내용을 구체적으로 살펴보면 가령 擧官에 관하여 관심을 갖고 있다면 본색인의 140頁 을 보면

擧官(上杜中丞論擧官書景祐二年)

　　　　　　　　　　　歐. 6

　擧官劄子　　　　歐 .13.司 .31

擧官自代(除知諫院擧官自代狀)

　　　　　　　　樂.30

　　(除知諫院擧官自代狀) 樂.30

　　(遷禮部侍郎知滑州擧官自代狀)

　　　　　　　　樂. 30

　　(除翰林學士擧官自代狀)

　　　　　　　　樂.30

　　(服除再授端明殿學士兼龍圖閣

　　　直學士給事中擧官自代狀)

　　　　　　　　樂.30

　　(授中書舍人擧官自代狀)

　　　　　　　　元.34

擧官簿(擧官劄子)　　　司.31

擧官末行(論擧官末行劄子)歐 .13

이라고 되어 있어서 거관제도에 관한 내용이 어느 문집의 제 몇 권 속에 포함되어 있는가를 자세히 살필 수가 있는 것이다. 따라서 송대 사 연구의 기본이 되는 속자치통감장편, 송회요, 송사, 문헌통고 등을 기초로 하고 그 위에 문집을 이용하여 연구를 보다 깊고 넓게 전개시켜 나아가면서 송대 사대부계급이 남긴 문집의 이용은 절대로 필요한 것이며 이러한 의미에서 본문집색인의 발행의의는 매우 큰 것이다. 한 가지 아쉬운 바는 북송시대의 왕안석의 臨川先生文集이 본 색인에서 제외된 점과 문집내용 가운데 시부를 생략(盤州文集은 제외)하였다는 것은 문학사의 연구가들에게 좀 아쉬운 바라 하겠다. 또한 본 색인에 인용하고 있는 10종의 문집은 송대 사대부가 남긴 전문집에 비하면

극히 일부분에 지나지 않는 것으로서 본문집색인만을 이용한다면 다른 문집에서 얻을 수 있는 중요한 사료를 놓쳐버릴 위험성도 많다고 하겠다.

그런 의미에서 최근에 간행을 본 『二程遺書索引』(二程全書索引之一)〈1973년 12월 九州大學中國哲學硏究室編. 4·6倍版 416p. 總劃索引 24p. 人名·書名·地名索引 32p.〉및 『二程外書粹言索引』(二程全書索引之二)〈1974년 9월 九州大學中國哲學硏究室編. 4·6倍版 232p. 總劃索引 20p. 人名·書名·地名索引 20p.〉의 간행은 『宋代文集索引』과 함께 송대 연구에 큰 도움을 주리라 생각되며 그런 뜻에서 『宋代文集索引』은 앞으로 계속될 문집색인 간행의 좋은 시범이라 할 것이다.

이와 아울러 일본 현존 『宋人文集目錄』(1972년 7월간, 吉田寅·棚田直彦編)은 일본에 현재하는 송인문집이 소재와 그 목록을 파악하는 데 커다란 도움을 줄 뿐만 아니라, 특히 일본에서 가서 송대사를 연구하는 학자들에게는 아주 편리한 안내서라 하겠다.

이상과 같은 색인 및 목록류의 간행은 학문연구의 성과를 거두는데 있어서 큰 역할을 할 뿐만 아니라, 개인연구가 중심이던 송대사연구가 공동연구의 방향으로 진행되는 경향을 보여 주는 것으로서 앞으로 송대사연구에 새로운 활력소가 될 것으로 믿어 의심하지 않는다.

(『역사교육』 제17집, 1975.)

# 제 3 부
# 漢字와 東아시아민족의 흥망

# Ⅰ. 東아시아 세계에서 漢字를 버린 民族은 모두 쇠망하였다*

## 1) 東아시아에서 漢字를 버린 民族의 비운

東아시아 세계란 중국의 黃河文明을 시작으로 펼쳐진 漢字文化圈을 말한다. 東아시아 문화권의 공통적인 문화요소는 漢字를 文化의 기반으로 하고 儒敎와 佛敎, 그리고 律令體制이며 이를 공통분모로 하여 전개된 문화공동체를 東아시아 문화권이라 한다.

東아시아 세계는 중국과 만주, 몽골, 한국, 일본, 월남을 포함하는 광범위한 지역이다. 그런데 이 지역에는 고대로부터 현재에 이르기까지 무수한 민족과 국가가 활동을 하면서 역사를 이끌어 내려왔으며 그 가운데는 민족과 국가가 송두리째 멸망한 경우도 있다.

독일의 저명한 역사학자 빗트포겔(Karl A. Wittfogel)은 東아시아 역사에 등장한 국가의 성격을 다음과 같이 구분하고 있다. 즉 秦나라의 中國統一(B.C. 221)에서부터 淸나라의 멸망(1912년)까지의 2000여 년 동안의 여러 왕조를 구분하여 전형적인 漢族王朝(秦, 漢, 隋, 唐, 宋, 明)와 征服王朝(遼, 金, 元, 淸)로 크게 나누어 이른바 征服王朝(Conquest Dynasty)論을 제창하여 학계의 주목을 끌었다.

10세기에 시작되는 이들 征服王朝 이전에도 萬里長城의 북쪽에는 유목국가로 匈奴(흉노)제국, 鮮卑(선비)왕국, 突厥(돌궐)제국, 위구르 왕국이 漢族과 끊임없는 항전을 계속하여 왔으나 정복왕조처럼 중국을

---

\* 이 글은 월간 『한글+漢字문화』(한자교육추진위원회 발행)에 2003년 3월부터 연재한 내용임(이하 전부).

정복하지는 않았다.

그런데 빗트포겔이 말하는 漢族 왕조는 중국의 漢人에 의하여 건국
된 나라이지만 정복왕조는 漢族이 아니고 이민족인 북방민족에 의하여
건설된 국가이다. 즉 최초의 정복왕조인 遼나라는 契丹族에 의하여, 金
나라는 女眞族에 의해서, 元은 蒙古族이, 그리고 淸나라는 滿洲族에 의
해 건국되었다. 이들 정복왕조의 존속 기간은 契丹의 遼가 약 200여 년
간(916~1125), 女眞이 세운 金이 120년간(1115~1234), 蒙古의 元이
160여 년간(1206~1368), 그리고 만주족이 세운 淸나라가 296년간
(1616~1912)으로 이를 모두 합하면 780여 년간이 된다. 秦의 중국 통
일(B.C. 221)에서 淸이 망할 때(1912)까지를 약 2천여 년으로 통산하면
이 가운데 이민족에 의해 漢族을 부분적으로(遼, 金) 또는 중국 전체를
(元, 淸) 정복한 기간은 700여 년으로 거의 3분의 1에 해당된다.

漢族은 이들 정복왕조의 지배하에서는 혹심한 민족적인 차별과 탄
압을 받았고(元代) 심지어는 漢人의 자존심을 송두리째 짓밟아버린
辮髮胡服(淸代)을 강요당하면서 숨을 죽이고 살아야 했다.

그러나 이들 정복왕조를 세운 민족의 운명은 어떻게 되었는가. 契
丹族도, 女眞族도, 滿洲族도 지금은 모두 멸망하여 자취를 감추었고
세계를 제패한 칭기즈칸(成吉思汗)의 후예인 몽골족도 현재 약 230만
명 정도가 남아있다.

이들 정복왕조를 세운 민족이 이렇게 비극적인 종말을 가져오게 된
여러 요인을 분석할 필요를 느낀다. 이들 정복왕조가 무력으로 漢族을
지배하였음에도 불구하고 문화적으로는 도리어 漢文化에 정복되어 그
결과 민족까지도 멸망하는 비운을 가져온 역사적 사실을 같은 東아시
아 세계에 살고 있는 한국민족으로서 주의 깊게 살필 필요가 있다.

정복왕조는 그들이 정복한 漢文化에 처음부터 배타적으로 임했고

특히 漢文化의 근원이 되는 漢字에 대해서는 철저히 이를 배척하고 자신들의 무력적인 우월성을 고양하기 위해 독자적인 고유문자를 만들었다. 그러나 이러한 민족주의적인 국수정책이 가져온 정복왕조의 고유문자는 漢字와는 도저히 경쟁이 되지 못하고 그 결과 정복왕조의 고유문자는 그들의 민족문화를 보존하는 데 아무런 도움을 주지 못하는 결과를 가져오게 되었다.

## 2) 漢字를 버린 정복왕조의 문자정책

중국의 북쪽에 있던 유목민족의 문화가 처음부터 남쪽의 중국문화에 뒤떨어진 것은 아니다. 토인비(A. Toynbee)는 그의 名著 『歷史의 硏究』에서 정복왕조를 세운 유목민의 문명을 농경민의 문명과 비교하여 유목생활이 여러 형식에 있어서 우수하다는 사실을 다음과 같이 강조하고 있다.

먼저, 동물을 사냥하는 일은 식물을 토지에 경작하는 일에 비하면 훨씬 어렵고, 이것은 인간의 創意와 意志의 승리이고 보다 높은 기술을 요한다는 사실이 명백하다. 유목민은 농경민보다 뛰어난 기술자이다. 유목민의 생활은 실로 인간 숙련의 승리인 것이다. 그들은 食用으로 쓸 수 없는 열악한 풀과 그 풀을 이용하여 사육한 동물의 젖과 고기를 변화시킴으로써 식생활을 해결하고 있다. 또한 빈약하기 이를 데 없고 인색한 초원의 자생식물로부터 계절의 변화에 따라서 가축의 사료를 얻기 위하여 세심하고도 정밀한 계절적 시간표에 의하여 그들의 생활과 행동을 적응시켜 나가지 않으면 안 되었다. 실제로 유목생활은 엄격하고도 고도의 수준 높은 생활양식을 필요로 하는 문화라고 높이 평가하였다.

이렇게 볼 때, 북방의 유목민은 남방의 漢族에 비해 그 문화가 처음부터 뒤떨어진다고 볼 수 없다. 그러나 불행하게도 북방 유목민족의 유목국가(匈奴, 鮮卑, 突厥, 柔然, 위구르)나 정복왕조는(遼, 金, 元, 淸) 문자를 갖지 못하였거나 가졌다 해도 그것이 민족전체에 보급되기에는 너무나 문자가 어렵고 과학성이 결여되어 문자의 역할을 제대로 하지 못하였다.

정복왕조의 민족과 국가 그리고 그들이 제작한 문자 등을 정리해보면 다음 표와 같은 사실이 쉽게 파악된다.

| 民族 | 國家 | 存續期間 | 文字制作年代 |
|------|------|----------|--------------|
| 契丹 | 遼 | 916~1125 | 契丹大字 (920) 契丹小字 (924~925) |
| 女眞 | 金 | 1115~1234 | 女眞大字 (1119) 女眞小字 (1138) |
| 蒙古 | 元 | 1206~1368 | 八思巴文字 (1269) |
| 滿洲 | 淸 | 1616~1912 | 滿洲文字－無圈点文字 (國初) 加圈点文字 (1628~1633) |

정복왕조의 문자정책에서 공통되는 몇 가지 중요한 사실을 발견할 수 있다.

첫째, 문자를 제작한 시기가 국가를 건국하고 곧바로 그들의 고유문자를 제작하였다는 사실이다. 거기에는 漢文化 내지 漢字를 배척하고 강한 민족주의 내지는 국수주의 성향이 깔려 있다.

둘째로, 문자를 제작한 기간이 매우 짧다는 사실이다. 예를 들어 契丹大字는 920년 正月에 만들기 시작하여 그해 9월에 완성하였으니 9개월에 지나지 않는다. 이것은 세계문자사에 그 유례를 찾을 수 없다. 契丹小字도 역시 위구르 사신으로부터 表音文字形態를 배워 짧은 기간에 제작되었다. 女眞文字 역시 女眞大字와 女眞小字가 짧은 기간에 만들어졌다. 이렇게 짧은 기간에 문자를 제작한 것은 문자의 과학성과 보편성을 상실하였을 뿐만 아니라 일반국민에게 그 문자가 보급될 수 없는 난해함을 갖게 되는 치명적인 결함을 스스로 지니게 되었다.

셋째는 이들 정복왕조의 문자는 漢字와는 그 성격을 달리하고 있다는 점이다. 즉 契丹大字를 제외하면 모두가 表音文字로서 漢字가 아닌 다른 지역의 문자를 그대로 모방하고 있다.

넷째는 문자제작이 모두가 국가권력에 의하여 진행되었다는 사실이다. 이것은 정복왕조가 漢族의 漢字文化에 군림하기 위하여 조급하게 국가 건국과 함께 文字를 제작하였다는 사실로서 민족문화의 보존과는 서리가 멀다.

다섯째, 정복왕조의 문자가 갖고 있는 결정적인 결함은 문자의 과학성과 보편성의 결함에 있다. 언어학이 고도로 발전한 현재의 문자연구가들도 정복왕조의 문자를 쉽게 해독하지 못하고 있는데 하물며 문화수준이 낮고 문자사용의 경험이 없는 정복국가의 백성들이 쉽게 그 문자를 사용할 수 없다고 하는 사실은 너무나 분명한 일이 아닐 수 없다.

## 3) 征服王朝는 스스로 야만의 길을 택했다

정복왕조를 건설한 契丹, 女眞, 蒙古, 滿洲族이 漢族을 지배하고도 결국에는 국가는 물론이고 민족까지도 멸망의 비운을 맞게 된 것은 문화정책, 그중에서도 문자정책을 잘못했기 때문이다. 한국이나 일본처럼 漢字를 변형하여 그들의 고유언어에 알맞게 이용하지 못하고 漢字와는 전혀 그 성격이 다른 表音文字를 만들었으나 그들이 만든 문자가 漢字에 비하여 비교가 되지 않을 정도로 어렵고도 문자로서의 과학성과 대중성을 상실하였기 때문에 일반국민이 사용할 수 없게 되었다. 결국 문자를 만들었으나 국민이 사용할 수 없는 고유문자를 제작함으로써 국민 모두를 문맹으로 전락시키고 야만화하였다.

문자를 갖지 못한 민족(정복왕조)이 문자를 갖고 있는 민족(漢族)을 무력으로 지배하는 일은 결과적으로 문자를 가지고 있는 漢族에게 동화되어 들어갈 수밖에 없다. 왜냐하면 민족의 존립은 언어와 함께 그들의 전통문화를 보존하고 이를 발전시킬 수 있는 도구, 즉 문자를 가지고 있어야 하기 때문이다. 이와 함께 문자를 사용함으로써 민족의 문화창조능력과 자기보다 발전된 선진문화를 수용하고 이를 다시 변형시켜 자기문화로 접목할 수 있는 지적능력(지능)의 상승을 가져올 수 있게 된다.

인류의 역사는 문자의 사용 여부에 따라 문명과 야만의 기로에 서게 된다. 역사상 고유문자를 갖지 못한 후진민족이 보편성과 과학성이 있는 선진지역의 문자를 받아들여 자기문화로 변용하는 문화능력을 발휘한 민족만이 민족적으로 발전한 원인이 바로 여기에 있는 것이다.

이런 면에서 정복왕조의 각 민족은 문자정책에서 실패하여 민족멸망의 비극을 가져오게 된 것이다.


## 4) 漢字를 수용한 민족의 발전

東아시아의 각국에서 처음으로 문자생활이 가능해진 것은 한자가 전래되면서 비롯되었다. 漢字를 받아들여 그것을 민족문화의 발전에 이용한 민족은 韓國과 日本 그리고 越南을 들 수 있다. 이들 민족은 漢字를 수입하여 그대로 사용한 것이 아니고 자기의 언어와 문화에 맞게 변형시켜 활용함으로써 뒤떨어진 문화수준을 향상시키는 동력으로 이용하였다.

韓國과 日本이 고유문자를 만들었으나 漢字를 버리지 않은 것은 東아시아 문화권에서 문화민족의 위치를 유지할 수 있는 현명한 문자정책이다.

日本이 7세기경 假名(가나)을 만들어 漢字로부터 떨어져 나갈 위기가 있었으나 이를 극복하여 表意文字인 漢字와 表音文字인 假名(가나)을 혼용함으로써 문자체계의 이상적인 형태로 나갔기 때문에 일본문화의 발전이 가능하였다.

越南은 13세기에 漢字를 이용하여 越南文字인 추놈(宁喃)文字를 만들어 사용하여 민족의 독립과 문화를 발전시킬 수 있게 되었다.

한편, 韓國의 경우에도 15세기에 世宗大王이 訓民正音을 창제하여 고유문자를 갖게 되었으나 오랫동안 사용하여 온 漢字와 병용함으로써 東아시아 문화권의 문화민족으로써 중국의 漢族과 공존할 수 있게 된 것이다. 이들 세 나라는 모두 漢字를 도구로 사용하여 유교와 불교 그리고 율령제도를 받아들이면서 고대국가 건설이 가능하였고 중국의 선진문화를 따라잡고 민족문화의 전통을 이어나갈 수가 있었다.

인류의 四大文明은 문자의 발명에 의하여 역사가 시작되었다. 인류의 역사는 이와 같이 문자와 불가분의 관계를 갖고 내려왔는데 모든 국가와 민족에 있어서 어떤 문자를 가질 것인가는 민족의 흥망과 직접적인 관계를 갖는 것이다. 문자는 민족의 존립과 직접적으로 깊은 관계를 맺기 때문이다. 다시 말해 민족이 존립하기 위해서는 우선 고유한 언어가 있어야 하고 고유문화를 유지해 나갈 수 있는 문자를 가져야 한다. 그런데 언어는 인류가 이 지구상에 등장하는 舊石器時代로부터 사용하기 시작했을 것이고 따라서 언어의 역사는 수백만 년 전까지 소급된다. 이에 비하면 문자의 경우는 그 역사가 불과 5천 년밖에 되지 않는다.

우리 조상들이 고대에 漢字를 차용하여 이를 그대로 쓰지 않고 우리의 말에 맞게 변형시켜서 사용한 것은 참으로 슬기로운 문화민족의 태도라고 할 수 있다. 현재 세계에서 가장 우수하다고 하는 로마문자도 실은 페니키아 문자를 로마인이 차용한 것이고 페니키아 문자는 다시 수메르인이 사용하던 수메르 문자를 빌려온 것이다. 따라서 문자를 갖지 못한 것은 결코 부끄러운 일이 아니며 선진문명사회에서 만들어진 과학적인 문자를 가져와서 자기들의 언어에 맞게 변형시켜 나가는 것이 바로 문화민족의 올바른 자세이다.

이러한 점에 있어서 韓國, 日本, 베트남은 문자면에서는 세계사의 일반적인 원리를 따른 것이고 이와는 반대로 중국의 정복왕조는 독자적인 文字를 만들어 사용함으로써 도리어 그 문자가 민족문화를 보존하지 못하고 결국에는 漢族을 무력으로 정복하였음에도 문화적으로 정복당하는 비운을 가져오게 된 것이다.

(『한글+漢字문화』 제97호, 2007. 8.)

# Ⅱ. 漢字와 漢文化를 거부한 匈奴帝國(흉노제국)

## 1) 흉노제국의 출현과 漢民族과의 싸움

司馬遷의 『史記』 匈奴傳에 의하면

흉노는 기원전 3세기 말에 역사 무대에 가공할 만한 큰 세력으로 처음 등장하였다. 이때가 중국에서는 바로 秦始皇帝가 戰國時代를 통일하여 秦 제국을 수립한 때이다.(B.C. 221)

흉노제국의 발전은 第一代王 頭曼單于(두만선우)에서 시작되었고, 第二代 冒頓單于(묵특선우) 때에 들어와서 大帝國으로 발전하게 되었다. 그런데 冒頓單于는 그 아버지 頭曼單于를 살해하고 왕위에 올라선 인물이다.

지금도 중국 관광여행을 갈 때 제일 먼저 여행코스에 들어있는 곳이 萬里長城이다. 이 萬里長城은 북방의 흉노제국과 남방의 漢帝國이 거의 4백여 년에 걸쳐 국력을 총동원하여 혈투를 벌인 공격과 방어의 역사적 유물이다. 인류 역사상 고대 세계에 있어서 흉노민족만큼 거대한 제국을 건설한 민족은 없다. 그들의 영토는 동쪽으로는 興安嶺에 이르고, 북으로는 바이칼胡를 출발하여 오논江과 케르렌江 유역을 석권하였고, 西쪽으로는 天山山脈의 北쪽에 이르는 실크루트 지역을 차지하였으며, 南으로는 萬里長城을 경계로 하여 중국과 각축전을 벌이면서 漢族을 위협하였다.

春秋戰國時代의 흉노는 그 세력이 강하여 이웃에 있던 東胡·月氏와 대립하면서 자주 중국의 북변을 침입하였다. 그리하여 흉노와 인접하고 있던 秦·趙·燕 등의 각국에서는 長城을 쌓아 방비하였는데, 시

황제는 천하통일 후에 장군 蒙恬(몽염)으로 하여금 흉노를 북으로 몰아내었고(B.C. 215) 종래의 長城을 수축하여 이른바 萬里長城을 완성하였다.

秦이 망하고 漢나라가 건국하자(B.C. 206) 漢의 高祖는 친히 흉노 토벌에 나섰으나 참패하고(B.C. 200) 이후 흉노에 대하여 굴욕적인 저자세로 종실의 여자를 출가시키고 金·銀·비단 등을 보내어 흉노의 환심을 사는 화친정책을 계속하였다. 그러나 통일제국을 건설한 武帝는 이와 같은 화친정책을 중화황제의 위신을 손상시키는 것으로 생각하였다. 그리하여 적극적인 대외정벌을 단행하여, 수차례에 걸친 거국적인 흉노토벌을 단행하였으나 실패하고 그것이 한제국의 멸망에 중요한 변수로 작용하게 되었다.


## 2) 匈奴民族의 전투적 우수성

司馬遷이 사기의 흉노전에서 묘사한 흉노의 군사적 우월성을 보면, '身體는 작지만 땅땅한 편이고, 머리는 아주 크고 둥글며, 顔面은 넓고, 광대뼈가 튀어나왔고, 콧구멍이 넓으며, 콧수염이 아주 텁수룩하고, 얼굴에는 뻣뻣한 수염으로 덮여있다.

그들의 머리모양은 머리카락을 자르고 겨우 정수리에 있는 머리털만을 남긴다. 눈썹은 짙고 눈동자는 불타듯이 강렬하며 눈은 찢어진 모양이다. 종아리까지 내려오는 헐렁한 겉옷은 양쪽이 터져 있으며, 그것을 묶은 허리띠의 끝을 앞으로 늘어뜨린다. 추위 때문에 소매는 손목에서 단단하게 묶었다. 짧은 털로 된 망토로 어깨를 덮고 털모자로 머리를 가린다. 신은 가죽으로 만들었고 넓은 바지를 허리띠로 단단히 묶고 허리띠에는 활집을 왼쪽 넓적다리 앞으로 기울여 매단다. 화살통 역시 허리띠에 매어 달아 등 뒤에 걸치고 활시위는 오른쪽을 향하도록 하였다. 발목부분에서 끈으로 바지를 붙들어 매어 승마하기에 편리하게 하였다.

그들은 어려서부터 말을 타고 달렸으므로 하체가 짧고 상체가 발달되어 있다.

어린애들도 羊을 타고 돌아다니며, 활을 당겨 새나 쥐 같은 것을 쏘고, 조금 자라나면 여우나 토끼 사냥을 해서 양식을 충당했다. 장정이 되면 자유자재로 활을 다룰 수 있어, 전원이 무장 기병이 되었다. 따라서 그들은 평상시에 목축에 종시하는 한편 새나 짐승을 사냥해서 생계를 유지했으나 싸울 때에는 전원이 군사 행동에 나설 수 있었다. 이것은 거의 타고난 천성에서 비롯된 것이었다.

흉노인들은 중국 주변에 아무런 예고 없이 나타나 사람과 가축을 약탈하고 반격을 받기 전에 전리품을 가지고 퇴각해 버린다. 만약 중국인들이 그들을 추격하게 되는 경우의 전술은 중국 군대를 사막이나 초원으로 유인한 후 그들 자신이 추격군의 덫에 걸리지 않으면서 활로 공격하는 것이다. 匈奴는 적들이 고통에 빠져 지치고 배고픔과 갈증으로 사기가 꺾일 때까지 절대 공격하지 않았다. 이런 방법은 기병의 기동성과 뛰어난 궁술 때문에 더욱 효과를 발휘하였다.

특히 전투에 있어서 싸움이 유리할 경우에는 진격하고, 불리할 경우에는 물러나 달아나는 것을 전혀 수치로 생각하지 않았다. 무엇이든 이익이 될 만하면 차지하려 하였고 예의 같은 것은 전혀 돌보지 않았다. 전리품은 노획한 자의 몫으로 돌아갔기 때문에 그들은 전투에 임하여 용맹하였다.

## 3) 儒敎的 漢文化와 전혀 다른 匈奴풍습

司馬遷은 흉노풍습에 대하여 가장 비판적인 서술을 하고 있는데,
그것은 漢代의 유교주의 문화와 전혀 다른 이질성을 지니고 있기 때
문이다.

『史記』 匈奴傳에 의하면,

임금을 비롯해 모든 사람들이 가축의 고기를 먹고 그 가죽이나 털
로는 옷을 해 입거나 침구로 썼다. 흉노는 싸움을 본업으로 삼았다.
늙고 약한 사람은 싸울 수 없기 때문에 좋은 음식은 젊고 건장한 젊
은이가 먹고 그 나머지를 老人과 어린이에게 주었다. 분수에 따라 스
스로 보호하는 만큼, 아비와 자식이 오랫동안에 걸쳐 몸을 보존할 수
있다. 또한 匈奴 사회에서는 父子가 같은 天幕 속에 살며 아비가 죽으
면 자식이 그 계모를 아내로 하고 형제가 죽으면 남은 형이나 동생이
그의 아내로 삼는다. 옷과 관과 묶는 띠 등 아름다운 예복도 없고 조
정에서의 의식과 예절도 없다.

유교주의 국가인 漢나라에서는 노인을 숭상하고 가족제도를 중요하
게 여긴 데 반해서, 흉노 사회에서는 이와는 반대였다. 앞에서도 살펴
보았지만 전투를 목적으로 하는 흉노 사회에서는 젊은이를 숭상하고
老人을 대수롭게 여기지 않았다는 사실은 그들의 음식문화에서 여실히
보여주고 있다. 그것은 늙고 약한 사람은 싸울 수가 없기 때문에 전투
에 나아가서 용감하게 싸우는 젊은이를 우선적으로 대접하고 있다.

또한 그들의 가족제도에서 보면, 농경사회와 같이 그들은 한곳에
마을을 이루고 생활하는 것이 아니라 水草를 따라 유목생활을 하였으
므로 성곽이나 일정한 주거지도 없고 농사는 전혀 하지 않았다. 가족
생활은 천막을 기본 주거지로 삼아 아버지와 아들이 같은 천막 속에

살았고, 아비가 죽으면 자식이 그 계모를 아내로 하고 형제가 죽으면 남은 형이나 동생이 그 아내를 맞아 자기 아내로 하였다. 이것은 유교 주의적인 중국의 가족윤리로 볼 때, 도저히 용납될 수 없는 야만적인 풍습이 아닐 수 없다.

『史記』위장군(衛靑) 표기열전(衛將軍驃騎列傳)에 보면,

漢나라 武帝가 흉노토벌을 단행하는 데 내린 황제의 詔書에 보면, 그 첫째 명분을 흉노의 위와 같은 야만적 풍습에 대한 엄벌을 내세우고 있다. 즉

'흉노는 그 풍습이 天理를 거스르고 인륜을 어지럽히며, 나이 많은 사람을 혹사하고 노인을 학대하며, 도둑질을 일삼고 모든 오랑캐들을 속여 모략으로써 응원병을 빌려다가 자주 우리 변경을 침해한다. 그러므로 군사를 일으키고 장수를 보내어 그의 罪를 치는 것이다'라고 한 사실로 알 수 있다.

## 4) 文字를 갖지 않은 흉노제국

司馬遷은 『史記』 匈奴傳에서 문자가 없는 흉노에 대하여 다음과 같이 記錄하고 있다. 즉

"匈奴에는 글이라는 것이 없고 말로써 約束을 했다. 그들의 風俗에는 이름은 있어도 諱나 姓氏 그리고 字는 없다."

이로 미루어 볼 때, 흉노 사회에는 중국과 같은 성씨가 왕족이나 귀족을 제외한 일반 대중에는 없고 이름만 있을 뿐이었다. 이러한 현상은 흉노제국이 멸망할 때까지 그들이 문자를 사용한 흔적은 전혀

보이지 않는다.

다만 흉노에 사회는 중국에서 들어간 漢人들에 의하여 기록하는 방법과 인구와 가축을 조사하는 일을 가르쳐 준 예가 보인다.

동아시아 세계의 흉노제국뿐만 아니라 서양에 있어서 스키타이제국을 비롯한 고대 유목국가에는 문자가 없다. 그들은 문자를 가지려고 하지도 않았고, 또한 문자의 필요성을 별로 느낀 것 같지도 않다. 따라서 고대 유목제국이 그 세력을 동서에 걸쳐 발전시켰음에도 불구하고 오늘날 그들에 대한 역사적 사실은 동양에 있어서는 중국의 기록, 즉 司馬遷의 『史記』에 의존할 수밖에 없고, 서양에서는 그리스의 역사가 헤로도토스의 『히스토리(History)』를 통하여 살필 수 있다. 그러나 이들 記錄은 철저하게 중국이나 그리스 중심의 역사의식에 의하여 쓰였기 때문에 유목 민족에 대한 객관적 사실을 파악하는 데는 한계가 있다.

## 5) 철저히 漢文化를 거부한 흉노제국

흉노제국의 漢文化에 대한 자세는 철저하게 이를 조롱하고 무시하는 정책으로 일관하고 있다. 이와 같이 흉노제국의 漢文化에 대한 자세는 그들의 막강한 군사력을 배경으로 하고 있다.

漢나라는 高祖가 흉노정벌을 나갔다. 白登城에서 참패한 이후 흉노에게 굴욕적인 저자세 외교를 취하게 되었고, 이와는 반대로 흉노 쪽에서는 漢나라에 대하여 고자세를 취하고 漢나라 조정에 대해서도 모욕적인 태도로 임하였다. 그 구체적인 예를 살펴보면 다음과 같다.

먼저, 흉노가 한나라에 보낸 국서에서 그 오만불손함을 엿볼 수가 있다.

즉 고조가 죽고 惠帝가 등극하여 呂后가 실권을 잡게 되자 묵특은 여후에게 다음과 같은 편지를 보내왔다.

"폐하(여후)는 남편이 죽고 혼자이며, 나 또한 혼자이라. 두 사람 다 즐겁지 못하오. 그러니 스스로 즐거움을 찾을진대, 두 사람이 부부가 되어 혼인함은 어떻겠소."라는 모욕적인 國書를 보내왔다. 呂后는 격노한 나머지 묵특을 쳐들어가려고 하였으나 여러 장수들이 이렇게 만류했다.

"高祖의 賢明과 武勇으로써도 오히려 平城(백등성)에서 곤욕을 치렀습니다." 이에 여후도 하는 수 없이 노여움을 풀고 匈奴와 和親을 계속하였다.(『漢書』 匈奴傳)

文帝가 즉위하자, 화친의 약속을 다시 확인하였다. 그러나 文帝 3년에 흉노의 右賢王이 하남 땅으로 침입해 와 약탈을 자행하였다. 文帝는 승상 灌嬰(관영)에게 명하여 8만 5천의 대군을 징벌하여 右賢王을 치게 하였다. 그러나 이 전쟁은 실패로 돌아가니 이듬해에 흉노는 한나라에 다음과 같은 글을 보내왔다.

"하늘이 세우신 흉노의 大單于는 삼가 황제에게 문안하니 그간 무양하시오? 앞서 황제께서 화친에 관한 말씀을 해 왔을 때 서한의 취지를 양해하여 화친을 맺었었소. 그런데 漢나라 변경의 관리들이 우리 右賢王을 모멸해 침범하였고 右賢王 또한 單于에게 청훈함이 없이 휘하의 後義·廬侯·難氏(모두 匈奴의 장군) 등의 꾀를 받아들여 漢나라 관리들과 상쟁함으로써 두 나라 임금의 약속을 깨뜨리고 형제로서의 사랑하는 정을 벌려 놓고 말았소. 황제로부터의 責望의 편지가 두 번이나 도착한지라 이쪽에서도 사신을 보내 황제께 글로써 회답을 했었는데 그 사신은 돌아오지 않았고, 다시 그 사이에 일어난 일을 알려주는 漢나라 사신도 오지 않았소"라는 國書가 전달되었다.

이와 같은 漢·匈奴의 國書內容으로 미루어 볼 때, 그들이 얼마나 漢帝國을 능멸하고 있는가를 살필 수 있다.

## 6) 匈奴帝國의 멸망

흉노는 고대 세계에 있어서 대제국을 건설하였음에도 불구하고 漢族과의 오랜 혈투 끝에 국가는 물론 민족까지도 보존하지 못하고 멸망하였고 그들에 대한 역사적 사실은 漢字로 된 중국측 기록을 통하여 실상과는 거리가 먼 사실을 파악할 수가 있다. 흉노제국의 이와 같은 悲劇的인 終末은 여러 가지 이유가 있을 수 있으나 그 가장 중요한 要因은 文明的으로 앞선 南方의 漢文化에 대하여 철저하게 이를 거부하고 漢字를 배척한 데 중요한 원인이 있다.

고대 세계에 문자를 가진 민족과 문자를 갖지 못한 민족이 있는데 문자를 갖지 못한 민족의 종말이 항상 비극적인 결과를 가지고 온다고 한다는 사실은 흉노제국의 역사에서도 너무나 자명하게 그 사실을 알 수가 있다.

정치적으로 볼 때, B.C. 1세기경으로부터 흉노왕국은 동서로 분열되고 西匈奴는 몽골리아의 본부로부터 서방의 이리 지방으로 옮겨가고 이어서 중앙아시아의 타라스(Talas) 강 유역으로 이동하였으나, B.C. 36년 漢나라의 西域都護 甘延壽(감연수) 장군에게 공격되어 무너졌다. 한편 東匈奴는 呼韓邪單于(一世)에 인솔되어 한나라에 귀순하고, 그 보호를 받았기 때문에 어느 정도의 국력을 회복할 수가 있었다.

그 후, 서기 1세기 중엽에 이르러 흉노는 정권의 내부분열로 인하여 다시 남북으로 분열되고 장성지대의 南匈奴는 呼韓邪單于(二世)에

引率되어 後漢帝國(光武帝)에 항복하여 오르도스 지방으로부터 산서 북변의 만리장성 안에 생활할 수 있도록 허락되었다. 이들의 자손이 4세기 初, 5호16국 시대를 여는 劉淵(유연)의 독립(漢國)을 가져오게 되었다. 한편, 몽골리아 본토에 있던 北匈奴는 漢나라와 南匈奴의 연합군에게 제압되었고, 다시 동방으로부터 새로 일어난 烏丸, 鮮卑의 공격을 받아 앞서의 西匈奴와 같이 북몽골리아로부터 알타이 산맥을 넘어 이리 강 유역으로 이동하였다. 그 후 다시 서쪽으로 이동을 계속하여 4세기경에는 볼가·훈넨이라는 민족의 이름으로 남러시아에 출현하였다. 5세기에 유럽에 침략한 훈 족의 지도자 아틸라 왕이 이끈 볼가·훈넨은 이들로 추정되고 있다.

(『한글+漢字문화』 제97호, 2007. 8.)

# Ⅲ. 漢字를 배척하고 突厥文字를 만든 突厥帝國의 운명

## 1) 돌궐제국의 등장과 漢民族과의 투쟁

東아시아 고대세계의 역사는 앞서 살펴본 바와 같이 남쪽의 秦·漢帝國과 북방의 흉노제국의 거의 五百年에 걸친 싸움이 계속되었고 결국 흉노제국의 멸망으로 그 대단원의 막을 내렸다.

흉노제국의 멸망으로 북방민족의 남방에 대한 압력은 잠시 주춤하였으나 後漢이 망한 후 중국이 삼국시대로 분열되고 다시 西晉(265~317) 사회의 어지러운 틈을 타서 五胡(匈奴, 鮮卑, 氐, 羯, 羌)의 中國진출로 五胡十六國 時代(304~439)의 혼란을 겪게 되고 이어 南北朝時代(420~581)의 분열을 가져오게 되었다. 이와 같은 魏晉南北朝의 분열을 다시 통일한 것이 隋(581~618)나라이고 隋에 이어 唐(618~907)이 다시 중국 천하를 통일하여 안정을 이룩하였다.

그러나 이때 萬里長城의 북방에서 유목민족에 의한 대제국을 건설한 것이 돌궐제국이다.

일반적으로 돌궐제국의 역사는 3時期로 나누어진다.

(1) 돌궐 第一帝國時期(552~630)

(2) 唐에 의한 羈縻支配時期(630~682)

(3) 第二帝國時期(682~745년경)이다. 이 가운데 제일제국시기 기간인 583년에 중앙아시아의 돌궐이 독립하여 서돌궐로 발전하였는데 이것을 서돌궐이라고 부르는 데 반하여, 몽골리아 초원의 돌궐을 동돌궐제국이라고 한다. 여기서 말하는 돌궐은 동돌궐을 가리키는 것이다.

돌궐족은 서기 552년에 土門에 의하여 통일되었다. 토문은 일찍이 흉노의 초대 單于인 頭曼과 같이 처음에는 투르크·몽골어로 '萬人長'으로 자신을 일컬었으나 즉위한 후에는 초대의 伊利可汗(재위 552~553)이 되었다. 8세기 후반에 세워진 돌궐비문에는 그의 공적을 자세하게 기술하고 있다.

제2대 乙息記可汗은 즉위하자 곧바로 죽었고 제3대 木杆可汗(재위 553~572) 시대에 이르러 돌궐은 크게 발전하게 되었다. 이때 서쪽으로는 중앙아시아의 에프탈을 정복하고 동쪽으로는 契丹을 지배하고 다시 북방으로는 키르기스를 공략하여 그 영역을 돌궐의 지배하에 두었고 서쪽으로는 오아시스 지대로 세력을 확장하여 第一돌궐제국의 최전성기를 맞이하였다.

그 후 560년대에 이르러 다시 서쪽으로 소구티아나 지방을 포함하는 중앙아시아로 세력을 확장하여 에프탈을 사산조 페르시아와 협공하여 이를 멸망시켰다. 그리하여 이후 돌궐은 에프탈에 대신하여 소구티아나를 지배하였다.

제4대 他鉢可汗(재위 572~581) 이후에도 돌궐의 세력은 발전하였으니, 『周書』 돌궐전에 '돌궐은 中夏(中華)를 능가할 정도고, 北周는 해마다 비단 10만 단을 조공으로 바쳤고, 北齊도 또한 그들의 침략을 두려워하여 끊임없이 공물을 보냈다'고 기술하고 있는 것을 보면, 돌궐의 세력이 당시의 북주나 북제를 압박할 정도였음을 알 수 있다. 또한 他鉢可汗은 이들 북주와 북제를 가리켜 "남쪽에 있는 두 자식들이 돌궐에 대하여 효순하며 그들이 물건을 돌궐에게 바치는 것을 어찌 꺼릴 것인가"라고 호언장담하였다.

이어 7세기 초인 隋末·唐初에 중국의 혼란이 계속되자 돌궐 제1帝國의 국력은 북아시아의 유목부족 연합국가로서의 세력을 과시하면서 제국의 힘을 내외로 발전시켜 나갔다. 『通典』에 의하면

'돌궐제국의 병력은 백만으로 戎狄의 강성함이 일찍이 없었다'

라고 기록하고 있고 『隋書』에는

'중국인이 무수히 돌궐에 귀화하고, 많은 群雄이 北面하여 稱臣하였
으며, 돌궐로 가는 사자가 끊임없이 왕래하여 길에서 서로 만나는 일
이 빈번하였다'

라고 기술하고 있다.

618년에 당나라 高祖 李淵이 당을 건국하면서 돌궐의 始畢可汗에게
스스로 신하를 칭하였다고 하는 것은 유명한 사실로 이것은 다음 頡
利可汗 시대에도 계속되었다고 한다.

그러나 頡利可汗의 당나라 공격이 실패하고 내분이 계속되면서 그
들의 세력은 급격히 약화되어 630년경부터 약 50년 동안 당나라의 지
배를 받았게 되었다. 이 시기를 당의 기미지배시기라 한다.


## 2) 可汗칭호에 나타난 돌궐의 反漢民族主義

돌궐은 흉노가 사용하던 單于(선우)칭호를 버리고 그보다 훨씬 강
력한 可汗칭호를 사용함으로써 중국의 황제보다 우월성을 나타내는
직함으로 사용하였다. 이것은 바로 돌궐족이 漢族에 대하여 군사적 우
월성을 바탕으로 하여 중국의 천자를 능멸하려는 자기 과시적인 민족
적 자존심의 발로라고 하겠다.

본래 單于와 可汗은 다 같이 북방 유목민족의 통일군주 칭호이다.
처음 흉노에 의하여 單于라는 칭호가 사용되었는데, 그것이 可汗이란

칭호로 바뀐 것은 다음과 같은 역사적 변화에 따른 것이다.

單于란, 前漢 시대에 한나라의 황제와 같이 天을 가리키는 존칭으로 나라에 두 사람의 황제가 없음을 의미하는 칭호였다. 그러나 後漢시대에 흉노가 남북으로 갈라지면서 두 사람의 單于가 있게 되고 그존칭도 전한시대보다 떨어졌다. 그 후, 후한 말에 이르러 한나라의 지방 제후왕과 같이 單于도 하나의 爵名(작명)이 되고 한나라 천자가 북방의 塞外民族 군장에게 내리는 爵號(작호)로 변하게 되었다.

이렇게 되자 돌궐에서는 單于칭호를 버리고 可汗칭호를 사용하게되었다. 突厥 第一帝國에 있어서 可汗이란 중국의 천자에 해당하는 이른바 유일한, 최고 주권자의 칭호이다. 그런데 돌궐에 있어서 可汗으로 불려지는 자는 다수가 있었고 그 가운데 중앙을 다스리는 자가 '大可汗'으로 칭해져 형식적, 원칙적으로는 유일한 최고 주권군주로서, 그밖의 諸可汗은 '小可汗'이라 불려서 大可汗의 권력하 및 지배하에 있었다.

돌궐 第一帝國에 있어서 大可汗과 小可汗 칭호는 바로 돌궐의 국가권력의 상징으로서 小可汗 위에 大可汗의 절대권력을 인정함으로써중국의 황제보다 훨씬 강력한 절대 권력자를 뜻하게 되었으며, 이것이바로 돌궐제국의 강한 민족주의 성향을 증명하고 있다.


## 3) 돌궐문자의 제작

東아시아 역사상 북방민족이 최초로 문자를 제작한 것은 돌궐제국에서 비롯된다. 돌궐제국이 문자를 창제한 동기나 그 과정에 대해서는자세한 기록이 없다. 다만 현재 오르콘 碑文에 남아있는 내용을 보면 그들의 문자제작은 바로 돌궐민족의 위대함, 돌궐 可汗의 공적, 그리고 중국의 漢族에 대한 돌궐민족의 강한 민족적 자부심을 내용으로 담고 있다.

따라서 돌궐문자의 제작은 萬里長城 북방에 웅비하였던 돌궐제국이 중국의 漢字를 모방하지 않고 表音文字로 자국의 문자제작에 나섰다고 하는 면에서 中華主義를 배척하고 북방민족의 강한 민족주의 정신을 담았다고 생각된다. 그러나 그들이 만든 表音文字인 돌궐문자가 돌궐민족사회에 사용된 흔적이 별로 없고, 또한 表音文字로 제작되기는 하였으나 表意文字인 한자에 훨씬 뒤떨어진다고 하는 점에서 돌궐문자의 한계를 엿볼 수 있다.

돌궐문자는 돌궐족이 사용하였던 표음문자로서 글자모양이 북유럽에서 수백 년 동안 사용되었던 룬(Rune)文字와 흡사하여 한때 돌궐-룬문자라고 불렸고, 그 문자로 기술된 돌궐어를 고대돌궐어(Old Turkic)·오르콘튀르크어(Orkhon Turkic) 등으로 불러왔다.

돌궐족이 언제부터 이 문자를 사용하기 시작하였는지는 알 수 없다. 현존하는 중요한 자료들을 보면 몽골의 首都 울란바토르 서쪽 400여 킬로미터에 있는 오르콘(Orkhon) 강 유역에서 발견된 거대한 비문들로써 第二可汗時代인 8세기 초엽에 건립된 것이다. 중요비문과 건립연대는 다음과 같다.

퀼티킨(闕特勤) 비석(732년, 唐 開元 20년), 빌게카간(毗伽可汗) 비석(735년), 토뉴쿡(敦欲谷) 비석(720년경), 옹긴/이시바라타르칸 비석(732년경), 퀼리초르/이케쿠쇼트 비석(719~723년간)

이 밖에도 각종 비석파편들이 오르콘 강 유역과 예니세이 강 상류 키르기즈 지방에서 발견되었다.

돌궐과 밀접한 관계에 있었던 중국의 당나라에서 돌궐문자의 존재
는 그 당시에 알려졌을 것으로 추측된다. 그러나 이 문자는 돌궐이 멸
망한 후 동북아시아에서는 사라졌다. 8세기 중엽 돌궐을 대신하여 그
지역을 지배한 위구르는 돌궐의 일족으로서 처음에는 돌궐문자를 사
용하였으나 곧 서방의 소구트문자를 채용하였다.

이것이 위구르문자이다. 이 문자는 12~13세기에 몽골이 채택함으
로써 몽고문자로 발전하였고 다시 16세기 말에 몽고문자를 만주가 채
택하여 일부 글자를 계량한 것이 만주문자이다.


## 4) 돌궐문자의 결함

앞에서도 지적한 바와 같이, 북방의 유목민족이 그들의 문자를 갖
게 된 것은 돌궐제국에서 처음으로 비롯되고 있다. 돌궐족이 문자를
갖기 이전에 북방의 유목민족, 즉 匈奴, 鮮卑, 위구르 등은 모두가 문
자를 갖지 못하고 때로는 漢字를 사용하거나 전혀 文字사용을 하지
않고 생활하였다.

그런데 돌궐족이 表意文字인 漢字 대신에 表音文字인 돌궐문자를
제작한 것은 다분히 그들의 反漢族主義 성향이 강하게 작용하고 있고,
이러한 민족주의 성향은 항상 남쪽의 漢族國家에 대해서 강압적인 고
자세를 취하였다.

그러나 군사력을 배경으로 한 이와 같은 高자세는 군사력이 약화되
면, 곧바로 그들의 민족주의는 빛을 잃게 되고, 이에 따라 그들의 민족
문화도 자취를 감추게 된다. 민족문화의 보존에 가장 필수적인 것이 언
어와 문자라고 한다면, 언어는 민족공동체가 다 같이 공유할 수 있지만

文字는 그 난이도에 따라서 민족의 극히 일부분이 사용하게 되고 이것이 바로 그 민족의 민족문화 보존에 어려움을 초래하게 되는 것이다.

우리가 지금까지 살펴보았듯이 東아시아의 漢字文化圈에 소속되어 있는 각국에서 漢字를 빌려오거나 아니면 자체적으로 문자를 제작하거나 그 어떤 경우에 있어서도 그들이 사용하는 문자가 그들의 민족문화를 보존하는 데 어떤 역할을 하게 되는가가 민족의 존립과 흥망에 결정적인 작용을 하게 된다는 사실을 역사적으로 살필 수가 있다. 따라서 東아시아 역사상 최초로 자기 문자를 만든 돌궐제국이 종국에 가서는 문자와 함께 민족도 멸망하게 되는 비극을 맞이하게 된 것은 그들이 만든 表音文字가 결코 돌궐민족의 문화보존에 아무런 도움이 되지 못하였다고 하는 사실을 證明하고 있다.

그리하여 돌궐비문에 남아있는 돌궐문자는 오늘날에 있어서는 하나의 고고학적 유물에 불과하고 그것은 돌궐민족의 비운을 그대로 반영하고 있는 것이다.

(『한글+漢字문화』 제97호, 2007. 8.)

# Ⅳ. 최초의 征服王朝 遼(요)와 契丹(거란)文字

## 1) 契丹(遼)의 정복왕조 건설과 漢民族의 시련

10세기 초, 唐제국의 멸망(907)은 동아시아 세계의 정치질서뿐만 아니라 사회, 경제, 문화 전반에 커다란 변화를 가져왔다. 그 가운데서도 지금까지 唐나라를 주축으로 하여 전개되었던 동아시아의 국제질서는 근본적으로 와해되면서 중국과 그 주변국가, 특히 북방의 유목민족과 남방의 漢족 사이의 국제관계에 큰 변화를 가져오게 되었다. 이 것은 단순히 唐제국이 멸망한 우연의 결과라기보다는 지금까지 唐나라의 羈縻政策(기미정책)에 묶여 있던 북방민족이 唐의 굴레에서 벗어나면서 민족적 자각을 일으키고 스스로 민족국가를 건설하게 되는 계기를 唐으로부터 촉발된 문화적 영향의 결과이다.

정복왕조란 용어는 독일의 역사학자 빗트포겔에 의해 사용되면서 일반화되었다. 빗트포겔에 의하면 秦나라의 중국통일에서부터 淸나라의 멸망까지 중국제국의 역사는 전형적 中國王朝(秦・漢・隋・唐・宋・明)와 征服王朝(遼・金・元・淸)로 크게 구분된다고 보았다. 이 가운데 위진남북조 시대의 北魏를 비롯한 北朝의 여러 왕조는 침투왕조라 하여 정복왕조와 구분하고 있다. 빗트포겔은 종래 중국을 정복한 정복민족은 결국 수세대가 지나면 중국문명에 흡수되어 동화해 버린다는 吸收論에 반대하면서 문화인류학자가 제창하고 있는 문화변용론을 가지고 정복왕조를 설명하고 있다.

11세기 이후 漢族은 북방의 정복왕조의 출현으로 민족적인 고난을 겪게 되었고 특히 元・淸의 중국지배로 漢族은 민족존립의 위기에 놓이기까지 하였다. 그런데 지금 중국내에서 高句麗의 역사를 중국역사의 일부분으로 왜곡하고 있는 것은 漢族이 자기 나라의 과거역사도 올바르게 살피지 못하는 근시안적인 역사관의 결과이다. 이를 미루어 볼 때 앞으로 중국인은 정복왕조까지도 부정하면서 遼·金·元·淸의 역사도 중국사의 일부로 바꾸어 놓고 東아시아의 역사 전부를 왜곡할 위험성을 가지고 있다. 이는 과거의 역사적 사실을 객관적으로 보지 못하는 지극히 좁은 단견이라 하겠다.

빗트포겔은 중국 역사의 전개를 과학적으로 분석하여 흡수이론 대신 문화변용론을 근거로 遼왕조의 사회·경제·정치·문화 전반에 걸친 二元性을 밝히고, 遼에 이어 일어난 金·元·淸에서도 이와 유사한 여러 경향이 나타났다고 보았다.

그런데 북방의 유목민족이 건설한 유목국가는 10세기에 와서 유목제국의 성격을 뛰어넘어 정복왕조로서의 전제군주국가를 수립하였을 뿐만 아니라 이들은 중국의 일부(遼·金), 혹은 전부(元·淸)를 정복함으로써 한족 위에 군림하여 한족을 통치하여 나갔다. 이러한 현상은 지금까지 동아시아 세계와 북아시아 세계의 정치, 군사적 관계에서 볼 때는 처음 있는 일이고 이것은 바로 10세기 초를 그 출발선으로 하고 있다.


## 2) 거란의 민족주의

앞에서도 살펴보았지만 북방민족은 그들의 민족적인 우월성을 강조하는 데 많은 노력을 하였음을 알 수 있는데 거란족도 예외는 아니다. 契丹의 태조 耶律阿保機는 916년에 神册이라 建元하고 天皇帝로 즉

위하였다. 이것은 바로 하늘(天)의 뜻을 받아 스스로 황제로 책봉되었음을 의미한다.

국호를 大遼라고 한 것도 강한 거란민족주의를 내세우기 위함이었고 이러한 契丹民族의 민족주의는 바로 漢族과 대등한 자기위치를 설정하기 위한 정복왕조로서의 자부심에서 나온 것이다. 특히 契丹文字의 제작으로 더한층 契丹族의 민족주의 성향이 고조되었다.

최초의 정복왕조를 건설한 契丹族의 民族主義는 契丹文字의 제작에서 잘 나타나고 있다. 契丹은 자기 언어를 적기 위해서 契丹文字를 제작하여 사용하였다. 契丹文字의 형태는 漢字를 모방하는 것처럼 보여서 문자의 扁이 있고, 房이 있었으니 그것은 외형상에 불과하며 실제에 있어서는 위구르문자의 영향을 많이 받은 것이다.

어떤 민족도 그 민족의 문화적 독립을 위해서는 그들의 언어를 적을 수 있는 독자적 문자가 필요한 것은 너무나 분명한데 고대로부터 중국의 漢族과 접촉하여 내려온 북방민족의 대부분은 그들의 고유문자를 갖지 못하였으나 돌궐제국에 와서 처음으로 돌궐문자가 제작되고 정복왕조로서는 거란이 처음으로 독자적 거란문자를 창작하였다.

북방민족이 제작한 그들의 문자는 다 같이 表音文字로서 漢字와는 그 성격을 달리하고 있다. 이것은 북방민족이 漢文化에 대한 강한 반발심과 함께 지나치게 민족주의를 앞세우고 있는 것이다. 그러나 이들이 만든 문자는 그들의 언어와 民族文化를 기록하지 못하는 비과학적인 문자 아닌 문자였기 때문에 도리어 이러한 문자의 제작으로 말미암아 그들 자신의 역사를 기록되지 못하고 결국에 가서는 민족문화를 보존할 수 없는 비극을 초래하게 되었다.

## 3) 契丹文字(契丹大字·契丹小字)의 제작

모든 정복왕조의 공통적인 현상 중의 하나는 국가의 건국과 함께 漢字가 아닌 자기의 고유문자를 제작하였다는 사실이다.

契丹文字는 契丹이 건국한 후 10년이 되던 神冊 5년(920) 정월에 契丹文字를 창제하기 시작하여 같은 해 9월 壬寅날에 완성되어 반포하였다. 이것이 契丹大字이다.(『遼史』 太祖 本紀) 이를 미루어 볼 때 契丹大字는 그 제작과정이 지나치게 단기간에 진행되었음을 알 수 있다. 이것은 세계의 文字史에서 그 유례를 찾아볼 수 없는 일로서 契丹大字가 안고 있는 치명적인 결점이라 하겠다.

그런데 여기에서 한 가지 주목되는 사실은 契丹族이 정복왕조를 건설하는 데는 다수의 漢人들의 힘을 빌려 제도를 마련하고 이중체제로 국가의 기틀을 다졌는데도 불구하고 문자만은 漢字를 채용하지 않고 契丹文字를 제작한 것은 漢族에 대한 강한 반발의식이 작용한 것이다.

契丹文字(大字)는 漢字의 字形을 본 따서 제작된 表意文字라고 하는데 그것은 문자로서의 역할을 전혀 할 수 없는 것이었다. 왜냐하면 契丹言語의 多音節 單語와 여러 종류의 接辭를 표기하는 데는 불편하여 일반 민중이 거의 사용할 수 없는 문자이기 때문이다. 그리하여 수년이 지난 후 太祖의 동생 迭剌(질자)가 위구르의 使臣으로부터 表記法을 배워 表音文字인 契丹小字를 제작하게 되었다. 契丹小字의 제작에 대한 설명은 遼史(卷 64 皇子表)에 있다. 이에 의하면

迭剌(질자)는 매우 영리하였는데 위구르의 사신이 도착했을 때 그 말을 알아듣는 사람이 없자 태후가 太祖에게 아뢰기를 迭剌는 총명하니 그를 시켜 사신을 영접하도록 하는 것이 좋겠습니다라고 하여 迭剌는 사신을 맞이하게 되었다. 迭剌는 20일간 사신을 따라 다녔는데

위구르의 말과 글을 사용할 줄 알게 되었다. 이것을 계기로 迭剌는 契丹小字를 창제하였는데 글자수가 적으나 뜻을 충분히 표현할 수 있었다고 기록되어 있다.

契丹小字가 제작된 연대나 공포된 시기에 대한 기록은 없다. 다만 위구르 사신이 遼나라에 도착한 연대를 가지고 추정할 때 天贊 3년 혹은 天贊 4년(924~925)으로 볼 수 있다. 契丹小字 역시 그 제작 기간이나 제작과정이 아주 짧았다는 것을 확인하게 된다. 이것으로 볼 때 契丹文字는 두 가지 종류가 있었음을 알 수 있다. 즉 遼太祖 神册 5년(920년)에 창제한 契丹大字와 그 후에 만들어진 契丹小字이다. 表意文字인 契丹大字의 단점을 보완하여 表音文字인 契丹小字를 만든 것이다.

이 두 문자는 창제된 후 漢字와 함께 遼나라 국내에서 통용되었다. 당시 契丹文字의 사용범위와 그 정도를 지금은 확실히 알 수가 없다. 일부 기록에 의하면 功績碑를 새기고 哀册과 墓志를 쓰고 符牌와 旗幟, 외교문서, 詩文, 飜譯書 등에 쓰였을 것으로 보고 있다. 그리고 비록 불완전한 기록이지만 상층사회에서 유통되었다고 한다. 특히 契丹大字와 小字에 대한 시험제도가 있었는데 이것은 遼가 멸망한 후에도 金나라에서 오랜 기간 동안 시행되었다.

그러나 契丹이 망하고(1125) 金나라 시대에 들어와서 통용되던 契丹文字는 金의 明昌 2년(1191년)에 칙령으로 契丹文字를 폐지하도록 하였다. 따라서 920년부터 1191년까지 약 300년간 契丹文字는 거란의 지배하에 있었던 화북 지방에서 영향을 가지고 사용되었을 것이다.

그러나 契丹王朝가 서적과 문자를 통제하는 정책을 실시하여 백성이 스스로 문자를 인쇄하는 것을 금지하였고 또, 전쟁과 왕조의 멸망으로 契丹文字로 된 서적을 찾기가 어렵다. 宋나라 사람 王易의 燕北錄에 五字가 수록된 것 외에 契丹文字는 완전히 없어졌다. 그러나 최근에 遼나라 慶陵에서 契丹文字로 된 碑石이 발굴되면서 비로소 契丹文字의 전모를 알 수 있게 되었다. 그 후 契丹文字의 碑刻資料가 더 많이 발견됨에 따라 거란문자에 대한 연구와 인식이 더한층 깊어졌다.

## 4) 국가와 민족의 멸망

일반적으로 국가는 망해도 민족은 멸망하지 않는다고 생각하고 있으나 국가는 물론이고 민족도 멸망한 예를 동아시아의 북방민족의 역사에서 쉽게 찾아볼 수가 있다. 역사적으로 국가는 그 존속 기간이 짧거나 길거나 간에 모두 멸망하였다. 위대한 로마제국도 그리고 사라센제국도 동아시아의 秦·漢·隋·唐 제국도 그리고 정복왕조인 遼·金·元·淸 제국도 모두 멸망하였다. 그런데 로마제국은 망했어도 로마제국을 건설한 라틴민족은 아직도 살아남아 있고, 사라센 제국은 멸망하였으나 이를 건설한 아라비아인은 아직도 건재하다. 한편, 秦·漢·隋·唐 제국은 멸망했어도 이를 건설한 漢族은 지금도 살아있는데 유독 遼·金·元·淸을 건국한 북방민족(몽골족은 제외)은 모두 멸망하였다.

이들 북방민족이 멸망한 원인은 여러 가지가 있으나 가장 중요한 것이 그들의 문화정책, 특히 문자정책의 잘못이 중요한 원인으로 작용하였다고 앞에서도 여러 번 강조하였다. 민족의 존립에 문자가 중요한 작용을 하는 원인을 생각할 때 민족의 존립에는 필수적으로 두 가지 요소가 존재한다. 하나는 고유한 언어를 가져야 하고, 다른 하나는 민족문화를 보존하여 후세에 전달할 수 있는 문자가 있어야 한다. 그런데 언어는 수만 년에 걸쳐서 만들어져 각 민족의 고유언어로 발전되어 내려왔다. 그러나 문자는 대체로 선진문화지대에서 만들어진 문자를 빌려와서 사용하는 것이 일반적 현상이다. 현재 세계에서 널리 사용되고 있는 로마문자도 알고 보면 로마인이 만든 문자가 아니고 페니키아인들이 사용하고 있던 페니키아문자를 빌려온 것이다. 또한 페니키아인들도 그들의 문자를 수메르 문자를 빌려와서 쓰게 된 것이다.

이렇게 볼 때 독자적인 문자를 만든다고 하는 것이 얼마나 어려운 일인가를 알 수가 있고, 독자적인 문자가 과학성과 민족성에 부합되지 못할 때 그 문자는 사멸하는 것이고 문자의 사멸과 동시에 민족도 역사에서 사라지게 되는 것이다. 漢民族을 정복한 정복왕조가 漢文字를 배척하고 고유의 문자를 민든 깃이 북방민족의 민족적 비극을 초래할 것으로는 그들 자신도 깨닫지 못하였을 것이다. 무력으로 漢民族을 지배하였으나 무력을 가지고 漢文化를 정복하지 못한 데 북방민족의 비극적인 역사를 남기게 되었다.

(『한글+漢字문화』 제97호, 2007. 8.)

## V. 金제국의 女眞文字

### 1) 중국문화를 수용못한 金의 급속한 발전

동아시아 역사에서 金제국처럼 급속히 발전하고 쉽게 망한 나라도 없다. 만주일대에 흩어져 생활하던 滿洲族은 12세기 초에 女眞에 의하여 통일제국을 건국하기까지 肅愼(숙신), 勿吉(물길), 邑婁(읍루), 靺鞨(말갈) 등 그 민족의 명칭이 바뀌어 내려왔다. 女眞族은 일찍이 高句麗의 유민이 말갈족을 지배하여 渤海(발해)를 세우자(698년) 그 지배를 받았고 뒤에 渤海가 遼에게 망하자(926) 다시 遼의 지배를 받았다. 그러나 이러한 와중에서도 부족이 통일되어 민족국가를 건설하지 못하였고 문자도 갖지 못하였다.

11세기 말에 하얼빈 부근의 完顔部(완안부)는 그 세력이 신장되었고 이때, 추장으로 추대된 阿骨打는 生女眞節度使의 직위에 올라 여러 部族을 통일하고 寧江州(吉林 扶餘縣)에서 遼와 싸워 대승을 거두었고 이듬해 大金(1115)을 건국하니 이가 金의 太祖이다.

金은 중국의 宋과 연합하여 遼를 멸하였으나(1125) 동맹국 宋의 문약과 기강의 문란함을 알고 군사를 남으로 돌려 宋의 수도 汴京(開封)을 함락하고 徽宗과 欽宗을 비롯하여 종실과 관료 등 3천여 명을 만주로 잡아갔다(1127, 靖康의 變). 宋은 淮水 이북의 땅을 金에게 내어주고 할 수 없이 강남으로 달아나 臨安을 도읍으로 하여 南宋을 열었다. 그런데 金이 처음부터 宋을 쳐들어 갈 의도가 있었던 것은 아니었다. 遼와 싸울 당시 金의 장수들이 宋의 군사력이 약한 것을 보고 宋을 칠 것을 주장하였으나 太祖(阿骨打)는 宋과의 동맹에 위배된다고 하여 이들의 주장을 물리쳤다. 그러나 太祖가 죽고(1123) 그 동생 太宗이 즉위하면서 사태는 돌변하였으니 太宗은 遼(거란)를 멸하고 (1125) 이어 宋에 쳐들어갔다.

金은 건국한 지 불과 10여 년 만에 遼를 멸하고 중국영토의 거의 반을 차지하는 대제국으로 발전하였는데, 이는 동아시아 역사상 그 예를 찾기 어려운 급속한 발전이다 金의 이와 같은 발전은 遼의 오랜 지배하에서 遼에 대한 적개심이 오히려 女眞族의 민족적 단결을 공고히 만들었고 遼를 멸한 후에는 다시 漢族에 대한 북방민족의 강한 민족의식이 遼를 대신하여 중국 정복에 나아가게 만들었다.

金帝國은 영토의 확대와 더불어 女眞의 부족국가체제에서 중국적인 중앙집권체제로 통치체제를 바꾸어 나갔다. 또 정복지에는 渤海와 遼의 통치방식을 본받아 5京을 설치하고 수도를 上京 會寧村(吉林부근)에 두었는데 4대 海陸王 때에 燕京(北京)으로 首都를 옮기고 중국식 전제국가를 수립하였다.

金의 이와 같은 급속한 발전은 金제국 자체에 여러 가지 사회적 모순을 가져오게 하였다. 文化的으로 漢人보다 낮은 女眞人은 征服王朝로서는 처음으로 중국의 본토 깊숙이 내려가서 漢族을 정복하였으나 문화수준이 높은 漢족을 통치하는 데는 여러 가지 미숙함을 드러내고 말았다. 즉 금의 제국통치의 기본은 金의 독자적인 부족체제와 중국의 관제를 채용하였으나 중국의 본거지를 정복하면서 女眞의 고유한 문화는 漢文化에 점차 밀려나게 되었다. 그 위에 한인을 비롯하여 거란인·발해인을 지배하였으나 그들의 정치는 필연적으로 정복자이면서도 한인사회를 중심으로 하여 통치가 운영되었고 이에 따라 쉽게 중국문화에 동화되는 결과를 초래하였다.

## 2) 金제국의 중국문화 대응자세

일반적으로 정복왕조의 중국문화 수용자세는 각 왕조에 따라 서로 다른 성격을 지니고 있다. 즉 遼는 거란족의 고유한 민족문화를 보존하면서 중국문화를 받아들이는 이중적인 자세를 취했고 몽골족이 세운 元제국의 경우에는 중국문화보다 서역문화를 중시하고 漢문화를 격하시키면서 철저하게 민족의 차별정책을 취하였다. 뿐만 아니라 契丹族의 遼王朝는 중국 본토에 진출하지 않았고 그들의 수도도 契丹族의 본거지에 놓아두었다. 元帝國의 경우에는 건국(1206) 후 30년 정도의 시간이 지난 뒤에 화북에 있던 같은 정복왕조 金을 병합하고 (1234) 그로부터 45년 후 南宋을 멸하여(1279) 전 중국을 정복하기까지 70여 년이란 유예기간을 가지면서 서서히 중국문화에 접근하였다.

이러한 遼·元에 비해 金의 중국 문화수용은 전혀 다른 성격을 지니고 있다. 먼저 金제국은 중국문화에 적응하는 데 필요한 시간을 전혀 갖지 못하였다. 다시 말하면 金의 건국(1115)에서 遼의 병합(1125) 그리고 北宋의 정복(1127)까지는 불과 10여 년 남짓한 기간이 소요되었다. 이러한 급속한 발전은 중국역사상 그 유례가 없는 일로 이는 金제국에게 정치적인 면만이 아니고 사회와 문화적으로 상당한 문제를 던져주었다. 이리하여 중국 본토 깊숙이 발을 들여놓은 女眞族은 女眞族의 풍습을 지키지 못하고 중국문화에 동화되어 비참한 운명에 빠지고 쉽게 멸망하였으니 이는 중국문화의 수용에 대한 사전의 방비가 없었기 때문이다.

金은 태조와 태종대에는 女眞中心主義를 채택하였으나 정복지가 확대되고 제국 내에 한족을 지배하게 되면서 중국적 황제체제로 강력한 皇帝權의 구축을 위해 太宗의 후반기부터 女眞中心主義를 포기할 수

밖에 없었다. 특히 중국영토 깊숙이 진출하여 漢人을 통치하게 되자 漢文化의 수용에 있어 문화적 분별력을 완전히 상실한 채 문화의 편식에 함몰되는 결과를 가져오게 되었다. 청대의 고증학자 趙翼은 金代의 문물이 遼·元에 비하면 우수하다고 칭찬하고 女眞 상류사회의 詩文 經學이 탁월함을 평가하고 있으나 이는 중국적 儒教主義 文化觀에 의하여 金제국의 중국문화 모방성의 우수함을 칭찬한 것이지 요·금·원 삼국의 독자적 문화를 비교한 것은 아니다.

### 3) 文字를 갖지 못한 女眞族의 女眞文字 제작

女眞人들은 건국 이전에는 문자를 갖지 못하였다. 그러나 그들이 契丹의 지배하에 있었기 때문에 그 영향을 받아 거란문자를 알고 있었다. 金제국의 문자창제에는 정복왕조(遼·元·淸)의 일반적인 국수주의성향과 그 맥을 같이 하고 있음을 알 수 있다. 즉 金도 여진문자 창제는 金의 건국과 때를 같이 한다.

金나라에서 女眞文字를 만들게 된 동기를 金史 完顔希尹傳에 다음과 같이 설명하고 있다. 즉

金나라 사람들은 처음에는 문자가 없었으나 국가가 날로 강해짐에 따라 이웃 나라와 수교를 할 때마다 契丹문자를 사용하였다. 太祖(阿骨打)가 金을 건국하자 希尹에게 명하여 女眞文字를 만들게 하고 제도를 정비하였다. 希尹은 곧바로 漢字의 楷字를 모방하고 契丹文字의 모델을 가져와 女眞 말에 부합되도록 하여 女眞文字를 만들었으니, 이 해가 天輔 3년(1119) 8월의 일이다. 太祖가 크게 기뻐하여 이것을 반포하고 希尹에게 말 한 필, 의복 일습을 하사하였다고 한다.

이 기사를 볼 때, 女眞文字는 금나라의 건국(1115)과 시기를 같이 하고 있는데, 完顔希尹이 만든 이 문자를 女眞大字라 한다. 그러나 女眞大字는 表意文字를 중심으로 만들어진 것이었기 때문에 사용하기가 어려워 1138년에 熙宗 자신이 다시 表音文字인 女眞小字를 만들어 大字와 함께 병용토록 하였다.

따라서 女眞文字는 漢字와 契丹文字를 본 따서 만든 女眞大字와 女眞小字로 구분된다. 현재 남아있는 10여 개의 비석문 가운데 女眞小字가 사용되고 있는데 그 비석에는 거란문자와 혼합해서 쓰이고 있기 때문에 완전한 해독은 어렵다.

女眞文字도 거란문자와 같이 그 제작 기간이 매우 짧다는 사실을 알 수 있다. 문자를 제작한다는 일이 어렵다는 것은 文字史의 상식이지만 세계의 모든 문자가 인위적으로 만들어진 例도 東아시아 이외의 문화권에서는 흔한 일이 아니다.

그러나 東아시아 세계의 북방민족들은 공통적으로, 정책적으로 건국과 동시에 문자를 제작하였고 그것도 지극히 짧은 기간 동안에 이를 공포하고 있다는 사실에서 강한 민족주의성격이 나타나고 있다. 그 위에 문자 제작의 과학성이나 대중성, 합리성을 찾아보기 어렵다.

문자의 제작 동기는 북방민족의 국수주의적 민족문화 보존책을 바탕으로 대외적으로는 중화문화(漢字文化)에 대한 강한 민족적인 반항의식이 작용하고 있다.

## 4) 漢字를 모방한 女眞文字가 漢字보다 어렵다.

女眞大字가 漢字의 楷字體를 모방하였다고 하지만 학자들의 연구에 의하면 女眞大字도 女眞小字도 漢字보다 훨씬 어려운 문자라는 사실이 밝혀지고 있다. 이것은 후진사회가 선진사회의 문화 특히 문자를 차용하는 데 있어서 선진사회가 만들어놓은 문자보다 사용하기 편리한 文字를 만들어 후진사회의 통용하는 것이 문자발전의 역사라 하겠다. 그러나 女眞族도 契丹族도 다 같이 漢字를 모방하면서도 漢字보다더 어려운 문자를 제작하였다는 데 치명적인 결함이 있다. 그 실례를 몇 가지 살펴보자.

女眞말은 퉁구스어로써 한국어와 같은 膠着語에 속하는 언어이다. 따라서 孤立語에 속하는 중국어의 漢字, 즉 表意文字로 音節末音이나 문법적 기능을 표시하는 語尾들을 나타내기에는 곤란한 점이 많다. 또 女眞文字는 漢字와 契丹文字를 모방하니 이들 文字보다 발전된 것이 없고 文字의 체계 또한 일정하지 않다.

현존하는 女眞文字는 모두가 漢字와 같이 한 글자 한 글자를 위로부터 아래로 써 내려갔다. 따라서 左右로 두 글자를 나란히 배열하고 단어마다 하나로 묶어서 써 내려가는 契丹문자의 쓰는 방법과는 상당히 차이가 있다.

그런데 女眞文字도 본래는 契丹文字와 같이 두 개의 字形을 左右로 조합하여 한 개의 단어로 쓴 시기가 있다. 이것을 입증하는 자료가 1977년 소련의 臨海地區의 유적에서 女眞文字의 銀製 符碑에서 발견되었다.

女眞文字 가운데 특히 漢字의 楷書体를 모방한 것이 확실한 자형은 日, 月, 天을 대표로 하며, 그 밖에 약간이 있다. 數字도 한자를 개조한 모양이라고 말할 수 있는 자형이 적지 않다. 이는 女眞人의 특별한 數字관념에서 유래하는 것이지만 十一부터 二十까지, 二十, 三十, 四十으로부터 九十에 이르는 숫자가 각기 분석할 수 없는 고유한 單字形으로 되어 있다.

女眞數字의 十五는 漢字의 五모양에 가깝고 十七은 漢字의 七에 가깝다. 百과 萬도 漢字의 자형을 연상시키는 데 충분한 모양을 하고 있다. 女眞大字인 表意文字를 보면 문자의 모양에는 漢字에 근원하고 있다고 추측할 수 있지만 漢字와 女眞 文字 간의 글자 모양에 통일된 변경 규칙이 없다.

이러한 女眞大字·女眞小字를 제작한 것은 문자의 개혁이었다. 女眞大字를 만든 후에 表意文字로부터 表音文字에로의 자연스러운 개혁이 이루어진 것으로 추측된다.

女眞文字는 문자체계로 말하면 擬似漢字系(의사한자계)에 속한다. 女眞文字에는 한 글자 한 음절의 법칙이 없고 문자 자체의 구성원리가 전혀 일치하지 않고 있다.

그러나 자형으로 볼 때, 女眞文字는 漢字를 모방한 자형과 漢字를 근거로 제작된 자형으로 이루어졌다는 것은 알 수 있으나 모두가 單字體로서 合字體는 한 글자도 없다. 女眞文字는 문자를 만들 때 분명히 漢字를 모방하였으나 그것은 漢字의 構成法을 빌려온 것은 아니고 단순히 표면적으로 漢字의 자형만을 모방한 것에 지나지 않는다. 그 때문에 女眞文字에는 글자모양이 서로 관련이 거의 없고 따라서 女眞文字는 극히 기억하기 어려운 문자이다.

## 5) 女眞국수주의와 漢化主義의 갈등

金나라 太祖의 재위 8년간(1115~1123)은 金 제국의 내부단결과 대외발전의 기초를 마련한 시기이다. 그러나 女眞부족사회 내의 부족장을 완전히 장악하지는 못하였다. 太祖의 동생 吳乞買(오걸매)가 즉위하여 太宗이 되었는데 太宗시대에는 여전히 여진사회의 부족세력은 강하였고 太宗 또한 이들의 눈치를 살펴야 했다. 따라서 부족 연합적인 정부체제로 君臣의 합의에 의해 정책을 결정하는 경우가 많았다. 그러므로 太宗도 太祖와 같이 여진족의 부족적 지배체제를 국가통치에 이용하고 한편으로는 중국적 황제지배체제를 구축해 나아가는 이중적 통치체제를 가지고 국가를 지배해 나갔다.

그러나 北宋을 멸한 후(1127) 金의 정복전쟁이 가속화되면서 중국 본토로 정복지가 확대되고 중국 사회와 직접 접촉하게 되면서 중국적 전제군주체제로 전화되어 갔다. 즉 太宗은 여진사회의 勃極烈(발극열) 제도를 유지하면서 새로 金에 귀순한 漢人官僚의 외견에 따라 중구시 제도를 도입하여 정복한 중국 본토에는 그들의 三省制度를 채용하였다. 이와 함께 漢人이 漢人을 통치하는 州縣制를 채택하고 漢人官僚의 선발을 위하여 과거제도를 실시하였다. 太宗의 이와 같은 중국적 통치 방법은 宗翰(종한)을 중심으로 한 보수적인 여진주의자의 반대에 부딪쳐 변경될 수밖에 없었다. 즉 宗翰은 北宋을 멸하고 세운 괴뢰정부인 齊國에서 중국 풍속을 금지하였을 뿐만 아니라 女眞族의 辮髮을 漢人에게 강요하고 정복지를 통치하면서 한인출신 관료를 제거하기도 하였다. 이렇게 볼 때 太宗시대 초기에는 태종을 비롯한 진보적 漢化主義者와 宗翰을 중심으로 하는 보수적 여진주의자의 두 파가 대립하는 형세에 있었다. 北宋 멸망 당시 靖康의 變을 주도한 세력이 바로 宗翰을 비롯한 여진국수주의자들이고 그들이 취한 강경한 反漢的 자세가 北宋 멸망의 원인이 되었다.

한편 여진문자는 국가의 국수주의 정책을 기반으로 적극적인 보호와 권장 아래 광범위하게 사용되었다. 특히 세종(1161~1189)은 여진주의에 입각한 정책들을 실시하여 각 곳에 女眞字學을 설치하고 猛安

謀克戶에 속하는 女眞人 子弟들 3000명을 선발하여 입학시켰다. 또한 女眞進士科를 두어 女眞文을 이용하여 策論과 詩文을 짓고 그것으로서 과거합격의 기준으로 삼았으며 孝經, 論語, 孟子 등의 經書와 史記, 漢書, 貞觀政要(정관정요) 등 역사책을 女眞文으로 번역하게 하였다. 그러나 중국통치가 장기화되면서 漢문화의 영향이 더욱 강하게 침투되면서 女眞國粹主義의 限界가 나타나 漢字의 사용이 보편화되어 갔다. 특히 이러한 女眞國粹主義와 漢化主義에는 女眞文字와 漢字의 사용이 국가정책의 중요한 변수로 작용하고 있다.

## 6) 정복왕조와 문자제작

정복왕조란 문화가 낮은 북방민족이 그들보다 문화수준이 높은 漢族을 무력으로 정복한 국가를 말한다. 무력으로 漢人을 지배한 북방민족이 그들의 민족적 자존을 무력만으로는 과시할 수 없기 때문에 여기에 민족문화 보존과 漢人支配道具로써 무력과 함께 고유문자의 제작에 나서면서 강력한 국수주의정책을 취하고 있는 것이 공통된 현상이다.

遼·金·元·淸이 다 같이 정복왕조의 건국과 함께 문자를 제작하고 그것도 단기간에 문자를 만들어 이를 강요하면서 민족문화 보존에 힘을 기울였다. 이러한 과정에서 정복왕조 내부에는 보수적인 국수주의와 진보적인 漢化主義의 충돌은 불가피하게 나타나고 있다.

그런데 정복왕조의 국수주의의 치명적인 결함은 그들이 창제한 문자가 문자의 기능이나 구조상에서 볼 때 漢字의 그것에 훨씬 미치지 못한다는 점이다. 이것은 정복왕조가 만든 문자가 역사성을 상실하는 중요한 원인으로 작용하고 있다.

역사상 모든 민족과 국가는 그 주변의 발달한 선진문화로부터 민족과 국가의 발전에 중요한 영향을 받게 된다. 여기에서 선진문화라고 하는 것은 필수적으로 문자를 가지고 있는 문명지대를 의미하고 후진지역은 문자가 없는 사회를 말한다. 그런데 이들 양대문명사회의 文化的 차이를 解消하고 후진사회가 선진사회와 같은 文化水準으로 格上하는 데는 先進文化를 受容하는 올바른 文化 受容 능력을 발휘해야 한다. 先進 文化 受容을 위한 필수적인 道具가 바로 文字이다. 그런데 文字가 없는 후진사회가 정복왕조처럼 힘에 의한 독자적인 文字를 창제할 때 그것이 얼마나 위험한 文化的 誤謬가 되는 것인기를 정복왕조를 건설한 위장자들은 미처 깨닫지 못한 것 같다.

국가의 文字政策은 참으로 중요한 일이다. 왜냐하면 그것은 국가는 물론, 민족의 존망에 결정적인 작용을 하고 있기 때문이다. 이와 아울러 문자정책에 있어서 民族을 앞세운 국수주의 또한 민족발전에 깊고도 깊은 自己陷穽이 된다는 사실이 정복왕조의 역사 속에서 교훈으로 살필 수 있다.

(『한글+漢字문화』 제97호, 2007. 8.)

# Ⅵ. 몽골제국과 八思巴(파스파) 文字

## 1) 한국에 온 몽골유학생의 고난

지난 학기에 단국대학교의 장학금을 받아 유학을 온 몽골학생이 나의 대학원 강의를 수강하였다. 이 몽골학생은 한국말을 유창하게 구사하고 강의를 듣는 자세도 진지하여 한 학기 동안 별지장 없이 한국의 학생들과 잘 어울려 나갈 것으로 생각하였다. 그러나 시간이 지나감에 따라 몽골학생은 점차 나에게 어려움을 호소하였는데 그것은 그가 漢字실력이 부족한데서 오는 여러 가지 학문적 어려움의 고백들이었다. 다시 말해 漢字로 된 사료의 독해력 부족과 한국어로 된 논문의 同音異意에서 야기되는 語彙 파악의 혼란에서 오는 論文의 難解함을 자주 말하는 것이다.

이러한 현상은 과거 몽골 국가에서 漢字를 완전히 폐기하고 러시아 문자를 사용함으로써 漢字文化圈에서 떨어져 나간 결과가 낳은 문화적 현상이라고 하겠다.

한편 지난주에는 중앙대학교의 K교수로부터 들은 이야기인데 이 대학의 大學院에 越南에서 유학 온 학생에 관한 이야기이다. K교수는 越南 유학생이 韓國語도 잘하고 英語실력도 뛰어난데 단지 漢字를 알지 못하여 韓國學을 포기할 수밖에 없었다는 것이다. 이 학생은 韓國의 역사와 문화를 전공으로 선택하려고 하였으나 漢字실력의 부족으로 인하여 도저히 原文으로 된 자료들을 읽지 못하여 유학자격이 상실되었다는 것이다.

이와 같은 例는 현재 한국의 대학 내에서 자주 일어나는 일로 우리로써는 심각하게 한번 생각해야 할 문제가 아닐 수 없다. 왜냐하면 지금 중국에는 수많은 우리나라의 젊은이들이 유학을 하고 있는데 한국학생들도 漢字실력의 부족으로 인하여 위의 몽골학생이나 월남학생의 어려움을 당하고 있음은 너무나 확실하기 때문에 초등학교에서 한자교육을 포기하고 부모의 성명도 제대로 쓰지 못하고 우리 학생들이 중국이나 日本, 臺灣에서 당하는 어려움을 알아야 한다. 東아시아의 한자문화권에서 漢字를 배우지 못함에서 오는 학문연구나 문화상의 교류면에서 일어나는 어려움이 얼마나 큰 것인가를 파악해야 한다.

몽골이나 월남은 다같이 과거에 동아시아의 漢字문화권에 속해있었고 漢字를 통하여 활발한 문회교류를 했았다. 越南에서는 19세기에 들어와서 프랑스 神父가 건의하여 카톨릭교 전파를 목적으로 漢字를 버리고 알파벳을 사용하게 되면서 漢字문화권에서 멀어져 東아시아 문화권의 고아가 되었다. 몽골 또한 한때는 전 중국을 지배하고 西아시아와 유럽까지도 정복하여 大帝國을 건설하였으나 자기보다 문화가 높은 漢文化 특히 漢字를 배척하였다. 그 결과 정치적으로는 漢族을 정복하였음에도 불구하고 문화적으로는 도리어 정복당하는 비극을 초래하여 현재는 민족 자체의 존립마저 위태로운 지경에 놓이게 되었다.

우리가 정복왕조를 살펴봄에 있어서 무력에 의한 타민족의 정복이 문화적 수용을 병행하지 않을 때 그 무력정복은 오히려 정복 민족에게 위험한 역효과를 초래한다는 사실을 東아시아 각국의 유학생들을 통하여 쉽게 살필 수가 있다.

## 2) 징기스칸의 漢字배척과 위그루文字 사용

몽골족도 처음 일어날 때에는 文字를 갖지 못하였다. 蒙韃備錄에 "지금의 韃靼(달탄)이 처음 일어날 때는 문자를 갖지 못했다"라는 기록과 같이 몽골족도 징기스칸에 의해 국가를 건설하기 이전에는 문자가 없었다.

1204년에 징기스칸이 나이만왕국을 정복하면서 처음으로 문자사용을 위그루인으로부터 배웠다. 징기스칸에 의한 나이만왕국 정복은 단순히 알타이 지역의 광대한 영토와 수많은 유목민을 정복하였다는 의미뿐만이 아니다. 나이만族은 일찍부터 터키스탄의 오아시스 문화인 위그루文化를 수용하고 있었는데 위그루 文字를 가지고 여러 가지 기록을 하였다. 예컨대 세금 징수를 위한 호적부와 재판 기록을 書面으로 정리하고, 印章 등도 사용하고 있었다. 이러한 관계로 1204년 나이만왕국을 멸망시키고 그 때에 체포한 위그루人 塔塔統阿를 포로로 잡았는데, 이 타타통가에 의하여 위그루 文字와 그 사용방법이 징기스칸에게 전파되었다. 타타통가는 나이만 국왕의 인장을 가지고 곡식 출납을 담당하던 인물이었다. 타타통가의 유용성을 깨달은 징기스칸은 그로 하여금 太子와 帝王에게 가르쳐 위그루文字를 가르치게 하여 이를 몽골국가의 文字로 삼게 하였다.

징기스칸의 이와 같은 조처는 몽골족이 처음에는 文字의 제작이 아니라 위그루文字의 차용으로 文字사용을 시작한 것이다. 여기에서 징기스칸은 漢字나 漢族을 배격하였고 이것은 그의 민족차별정책으로 이어져나갔다. 이러한 징기스칸은 1206년에 징기스칸이 즉위하면서 동생을 최고 법관에 임명하는 자리에서

"上天의 보호에 의하여 만민을 평정하였다. 너는 나의 눈과 귀가되고 유목민과 定着民을 우리들의 父母, 兄弟에게 나누어 주라. 이제부터 그대의 말에 누구도 따르지 않으면 안될 것이다. 도적을 물리치고 사기꾼을 취조하며 죽여야 할 자는 죽이고 벌 줄자는 벌을 주라. 만민의 재산 분배를 정하고 또한 재판한 사실을 푸른 책자(帳簿)와 文書에 다 써서 記錄하고, 이것을 子子孫孫에 이르기까지 고쳐서는 아니된다"

라고 訓示하였다.

이것은 위그루 文字를 가지고 몽골의 公式 戶籍簿와 裁判記錄을 정리하기 시작한 역사적 사실이다.

長春眞人의 西遊記에 의하면 징기스칸은 西域 지방을 遠征할 때, 그 좌우에 書記를 데리고 다녔고 그들은 위그루文字를 가지고 징기스칸의 言行을 기록하였다. 이것으로 미루어 볼 때, 14, 15세기 경 서아시아의 학자들이

"징기스칸의 법령과 훈령은 모두 위그루 文字로 쓰여졌다"

라고 주장하는 것은 틀린 말이 아니다.

또한 『黑韃事略』의 저자 彭大雅(팽대아)가 太宗(오거타이칸) 4년(1232) 경, 南宋으로부터 몽골제국의 사자로 파견되었는데 그 때 燕京(金의 中都, 元의 大都)에서는 많은 사람들이 위그루문자를 열심히 학습하고 있었다는 사실을 전해주고 있다. 이 위그루문자는 위에서 아래로 내려쓰는 從書이고, 문자의 行間은 漢字와는 반대로 왼쪽에서 오른쪽으로 써나갔다.

위그루문자는 표음문자가 갖는 편리함 때문에 비록 몽골人에게 외래문자이기는 하지만 몽골人들의 말을 극소수의 알파벳으로 비교적

정확하게 표현할 수 있다는 점에 힘입어 상당히 **빠른** 속도로 사용범위가 넓어졌다. 징기스칸의 대법령과 聖訓을 비롯하여 공문서 비문 印章 등에도 위그루문자가 이용되었으며 몽골의 文書行政을 담당하는 書記에는 위그루인들이 다수 고용되었다.

그러나 몽골인들은 이렇게 사용하기 편리한 위그루문자에 만족하지 않고 또 다른 自己固有의 文字 즉, 八思巴 文字를 만들었다.

## 3) 쿠빌라이칸의 民族主義와 몽골(八思巴)文字의 창제

1260년에 쿠릴타이회의를 열고 스스로 황제위에 오른 쿠빌라이칸은 몽골제국의 민족주의와 정통성을 확보하기 위해 새로운 문자의 창제에 나서게 되었다. 정복왕조가 국가를 건설하고 漢字와 중국문화를 배척하면서 독자적 문자의 창제에 들어가는 것과 성격을 같이 하고 있다.

쿠빌라이칸은 문화적으로 제 二의 창업이라 할 만한 조치를 취하기 시작하였다. 즉, 1266년에는 首都 大都(지금의 北京)를 건설하기 시작하였고 1271년에는 나라이름을 大元이라 고쳤다. 몽골文字인 八思巴文字를 창제한 것은 새로운 국가의 형식과 체재를 갖추기 위한 것이었다.

그는 1269년에 새로운 문자를 창제하고 이를 반포하는 조칙문에 다음과 같이 선언하고 있다. 즉,

"짐이 생각하건데 文字로서 말을 글로 표하고 말로서 사실을 서술하는 일이야말로 古今을 통해 행하여 온 관례이다. 우리나라가 삭방에서 기틀을 잡았기 때문에 풍속이 여전히 간략하고 古老하지만 文字를 만들 틈이 없어 대체로 文字를 사용함에 위그루文字를 이용하여 本朝의 언어

를 나타내었다. 遼나라나 金나라 등 다른 여러 나라들을 살펴보면 각각
文字를 갖고 있었는데 이제 文治가 점차 훌륭하여짐에도 불구하고 文字
가 없으니 한 시대의 제도로서는 실로 미비한 것이다. 이런 까닭에 國師
八思巴에게 명하여 몽골 新字를 만들어서 모든 文字들을 옮겨 적도록
하였으니 언어에 순응하고 사실에 미치려고 할 따름이다. 지금부터 쇄
서(玉碎로된 글자)를 통해 내리는 모든 명령에는 몽골 新字를 병용토록
하고 거기에 각기 그 나라의 文字로서 첨가하도록 하라."

하였다.

이것은 遼, 金나라의 경우와 같이 다른 나라의 文字를 빌려오는 것
이 아니라 새로운 文字의 창제를 통해서 국가의 독립과 民族의 自存
을 보존해야 한다는 강한 민족주의 의식이 내포되어 있다. 그렇게 함
으로서 제 2의 창업을 이룩한 제국의 권위를 적절히 표현하고 자신의
정통성을 과시할 수 있을 것으로 판단한 것이다.

쿠빌라이汗은 몽골식 文字를 보급시키기 위해 수도에 國字學을 세
워 몽골의 귀족자제들에게 八思巴 文字를 가르치고 각 州, 郡에도 학
교를 설립하여 백성들 가운데 우수한 자들을 교육시키도록 하였으며
중요한 漢籍과 佛經을 八思巴 文字로 번역하도록 하였다.

## 4) 몽골至上主義와 몽골文字의 강행

몽골문자가 至元 6년에 처음으로 공포된 후로부터 그것을 실시하기
위한 수단으로서 수도의 國子學에 몽골(八思巴)문자를 교육하도록 추
가하였고, 지방의 路에는 蒙古字學을 설립하도록 하였다. 그리고 그
이듬해에는 이를 가르치는 교수를 두고, 宗廟와 제사의 祝文은 반드시
몽골(八思巴)文字를 사용하도록 하였다. 蒙古字訓과 蒙古百家姓 등

의 책이름이 보이고 있는 것은 학교의 교육과정에 이것이 사용된 증 거이다.

이와 같이 元나라 정부는 몽골(八思巴)文字의 보급과 그 실용에 힘을 기울였다. 그러나 漢人들이 國字學就 學하는 자는 적고, 또한 몽골 인도 지금까지 사용해 온 위그루 文字를 그대로 사용하였다. 至元 9년 (1271)에는 官人이 상소하기를

> "몽골文字들 國子學에 설치하였으나 漢人 官僚의 자제들은 아직 배우려고 하는 자가 없다. 또한 관청의 문장은 모두 위그루 文字를 사용하고 있다."

고 하였는데, 쿠빌라이汗은 명을 내려서 詔令은 반드시 몽골(八思巴) 文字를 사용하고 百官의 자제로 하여금 蒙古字學에 입학하도록 포고하였다. 또한 각 지방의 路에 있는 蒙古字學의 생도 수를 정하여 上路는 30人 下路는 25人으로 하고 그들은 差役을 면하도록 하고 우수한 자는 선택하여 관리로 채용하도록 하였다.

## 5) 漢字와 漢語를 알지못한 쿠빌라이칸(世祖)

이와 같이 몽골문자의 사용을 장려한 결과로 至元 12년(1275)에는 翰林院은 종래 漢文을 주로 사용했으나 몽골문자를 쓰게 하고 이를 관장하는 部署를 두었다. 또한 至元 15년에는 호부에 위그루문자 대신 몽골문자를 쓰도록 하였다. 그러나 일반 사회에서는 위그루문자를 사용하는 풍조가 그대로 남아 있어서 그 이듬해에는 中書省의 모든 문서를 위그루문자로 기재하는 것을 금지하였다.

이와 같은 사실로 미루어 볼 때, 원나라 초기에 정부가 얼마나 몽골문자의 보급과 실용에 힘을 기울였는가를 알 수 있다. 여기에는 원나라의 국수주의적 문화정책뿐만 아니라 世祖 쿠빌라이칸 자신이 漢字와 漢語를 알지 못한 것도 한 원인으로 작용하였다.

세조가 漢字를 알지 못하였다고 하는 사실에 대해서는 그가 고려의 충렬왕에 대하여

> "朕은 漢文을 알지 못한다. 그러나 너의 高麗人은 漢字를 참으로 잘 안다."

고 한데서도 알 수 있다.

그러나 새로 만든 몽골문자를 장려하여도 그 문자로 기록된 문학이 없으면 효과는 적다. 그러므로 그 후, 漢籍을 몽고자로 번역하는 것이 나타났는데, 至元 19년(1282)에는 몽골문자와 위그루문자로 쓰인 通鑑을 간행하였다. 武宗의 大德 11년(1307)에는 中書 右丞인 孛羅帖木兒가 孝經을 번역하였고, 仁宗 때에는 元明善 등이 書經을 번역하였으며 英宗때는 조칙을 내려 불교경전을 몽고文字로 번역하도록 하였다. 뿐만 아니라 翰林學士인 忽都魯都兒가 大學衍義를 번역하여 올렸고 太定帝의 太定 원년(1324)에는 조칙을 내려 先帝의 制詔 및 大元通制를 번역하여 그 刊本을 百官에게 하사하였으며, 英宗의 天歷年間에는 帝範과 貞觀政要의 번역도 나왔다.

元나라 역대에 걸쳐 몽골문자를 가지고 漢籍의 번역과 몽골문자의 보급에 국가가 힘을 기울여 나갔다. 그러나 이러한 노력에도 불구하고 성공을 거두지는 못하였다. 그것은 단순히 漢人이 몇 천년 동안 사용하여 내려왔던 漢字를 폐하고 새로운 몽골의 표음문자를 쓰는 것이

곤란하였다는 점만이 아니다. 漢人과 몽골인은 言語의 본질이 서로 다르고 그 언어가 또한 문자와 밀접한 관계를 갖고 있기 때문이다. 漢人의 언어는 單音을 주로 하고 있고 몽골人의 언어는 複音을 주로 하고 있다. 複音을 주로 하는 언어는 표음문자가 편리하고 單音을 주로 하는 언어는 표의문자가 편리하다. 따라서 몽골문자는 몽골말을 적는 데는 적합하지만 漢語를 적는 데는 적합하지 않다. 그럼에도 불구하고 몽골문자를 가지고 短音을 주로 하는 漢人들에게 사용하도록 강요한 것은 처음부터 어려움에 부딪칠 수 밖에 없었다. 그 뿐만 아니라 몽골문자체계는 漢字에 비하면 훨씬 비과학적이기 때문에 몽골문자는 시대가 지날수록 한인사회는 물론이고 몽골인 사회에서도 자취를 감추게 되었다.

## 6) 中國을 정복한 元帝國의 漢字 배척

이와 같이 중국에서는 元나라가 멸망함과 동시에 몽골문자도 그 운명을 같이하여 중국 본토에 겨우 각지에 흩어져 있는 蒙古字碑로 남아 있으나 이것을 읽을 수 있는 漢人은 거의 없다.

요컨대 漢人은 漢字를 가지고 언어를 적었고, 사상을 나타낼 필요가 있었기 때문에 漢字문학과는 뗄래야 뗄 수가 없었다. 그러나 중국에 들어온 몽골인과 色目人은 그들 자신이 가지고 있던 문학작품이 빈약하였기 때문에 설사 많은 漢籍의 번역이 이루어졌다 하여도 결국에 가서는 漢字로 된 문학작품을 배울 수밖에 없었다. 때문에 元代에는 漢文學도 쇠퇴하였으며 그것에 대신하여 詞曲과 小說 등의 새로운 영역이 발전하였다.

몽골문자는 모두 42개의 子音과 母音으로 이루어져 있고 위그루문자와 티벳문자를 절충하여 제작한 것이다. 元朝의 공권력에 의해 탄생되고 유지되었기 때문에 대중문자로 정착되지 못하고 그 자리를 위그루문자에게 내어주게 되었다.

몽골문자는 문자에 대한 실용적인 필요성 때문이 아니라 새로이 건설된 국가의 권위와 그 국가를 건설한 집단의 민족주의 의식에서 제작된 것이라는 점에서는 고대 투르크 문자나 거란 문자의 경우와 일치한다. 그리고 그 문자 사용을 강제한 國家權力이 붕괴되면서 문자도 멸망하여 자취를 감추게 되었다는 점도 다른 정복왕조와 비슷하다.

元나라가 붕괴된 뒤 몽고인들은 다시 초원으로 돌아가 유목생활로 복귀하였지만 몽골 유목사회는 심각한 변질을 경험하게 되었다. 즉, 혈연적 결합보다는 지연적 결합이 보다 강조되고 농경적 요소가 유목사회 내부에 깊이 침투되었으며 라마교의 확산과 라마교회의 건설로 인해 정주적인 요소가 현저하게 강화되었다. 그럼에도 불구하고 몽골족은 漢字에 대해서는 철저하게 이를 배척하였기 때문에 東아시아의 한자문화권의 문화적 營養素를 공급받지 못하고 결국 민족존립의 위기에 봉착하게 되었다.

(『한글+漢字문화』 제97호, 2007. 8.)

# Ⅶ. 최후의 정복왕조 淸帝國의 만주문자

## 1) 비운의 정복왕조 淸帝國

滿洲族은 漢族을 무력으로 정복하고 3백년동안 중국을 지배하였으나 문화적으로는 도리어 漢族에게 정복당하여 멸망하였다. 그 가장 큰 원인은 漢字를 수용하지 못한 文字정책의 실패에 있다.

중국 역사상 마지막 왕조인 淸帝國는 漢人이 세운 나라가 아니고 滿洲族이 건설한 국가이다. 1616년에 청의 태조 누르하치는 만주에서 後金(淸)을 세우고 1644년에 중국에 들어가서 청나라를 건설하기에 이르렀다. 그리하여 淸제국은 1912년에 멸망할 때까지 300년 가까이 전 중국을 통치하고 漢人위에 군림하였다.

지금도 北京에 있는 저 유명한 淸제국의 宮殿 紫禁城은 淸제국의 웅비한 모습과 만주인 황제의 절대권을 상징하고 있음을 엿볼 수 있다. 그런데 이러한 淸제국을 건설한 滿洲人은 지금 어디에 있는가. 중국 본토는 물론이고 그들의 근거지인 만주에도 거의 찾아볼 수 없다. 그들은 東아시아 역사 무대에서 완전히 사라져 버렸다. 과거에 金나라를 세우고 다시 淸제국을 세운 이들 女眞族, 滿洲族은 그들의 위대한 제국과는 달리 국가는 물론이고 민족까지도 송두리째 멸종한 것이다.

최근까지 만주의 遼寧省 岫岩縣(수암현)은 인구 47만 5천명 중에 만주족이 34만 1천명으로 만주족 인구가 72%를 차지하여 중국 전국을 통하여 1개의 縣 단위로서는 만주족이 가장 많이 밀집하여 사는 곳이며 그 구성비율도 높다. 그러나 이들은 姓을 中國姓으로 고치고 생활도 완전히 漢化되어 滿洲語를 말할 줄 아는 사람은 한사람도 없다. 이들은 淸의 초기부터 이주하였거나 康熙때에 八旗兵으로 주둔하던 滿洲族의 자손들로 지금에 와서는 완전히 漢化되어 자신들이 滿洲族이라는 의식조차 가지고 있지 않고 漢人이 되어버렸다.

또 누르하치의 陵墓가 있는 瀋陽市 교외 東陵부근의 滿堂鄕에는 주로 黃帶子, 紅帶子, 三戶趙 등 宗室, 귀족의 자손 250餘戶가 살고 있는데 이들은 누르하치의 4대손 유더뤼(裕得瑞)가 祖墓를 지키기 위해 이곳으로 왔을 때 모여든 淸室貴族의 자손들이다. 그러나 이들은 거의가 만주귀족인데도 깨끗이 漢化되어 스스로가 淸宗室의 후예라는 것에 대하여 별로 긍지를 가지지 못하고 있다.

이들 뿐만 아니라 수암현에 이어서 만주족이 도합 20여만 명이나 살고 있는 遼西지방 興城, 北鎭 각 현의 만주족들도 고유의 언어와 습관을 상실하고 모든 생활문화가 漢化되어 버리고 말았다.

世界의 역사에서 이러한 예는 아주 드물다. 이와 같이 만주족(여진족)이 멸망하게 된 가장 큰 원인은 문화정책, 특히 문자정책에서 지나치게 민족고유성을 강조하는 국수주의정책을 취하고 漢字를 배척한데 그 중요한 원인이 있다.

## 2) 淸제국의 만주문자 제작

淸나라는 중국을 정복한 후 그 이전의 정복왕조들이 漢文化에 동화되어 들어간 역사적 사실을 교훈삼아 자기보다 높은 한문화에 대해서는 대단히 조심스러운 정책을 펴나갔다. 이른바 滿漢倂用主義 또는 以漢制漢政策이 그것이다. 그러나 이러한 정책에도 불구하고 그들은 무력으로 한민족을 정복하였기 때문에 군사적 우월성을 한민족 통치에 그대로 적용하였고 특히 漢字에 대한 탄압책을 펴나가면서 만주문자를 만들고 만주어를 국어로 채용함으로써 문화적으로도 한인을 지배하려고 하였다.

처음 남만주에 建州 여진의 세력이 커나가자 청의 태조 누르하치는 이미 清나라를 세우기 이전에 문자의 필요성을 실감하여 1599년에 학자 額爾德尼巴克什(어르더니바시)와 噶蓋札爾固齊(가까이자루구치)에게 명하여 몽고문자를 바탕으로 만주문자를 만들도록 지시하였다. 그런데 이들 학자들은 어려움은 있지만 새로운 國字를 만드는 것이 좋겠다고 누르하치에게 상신하자 이에 대해 누르하치는 "몽고글자가 만주의 語音에 맞으므로 철자를 잘 연결하여 글을 만들면 그 뜻을 알기 쉬우므로 몽고어를 바탕으로 滿洲文을 만들어보도록 하라."고 하교하여 몽고문자를 기초로 하여 만주문을 만들어 반포케 된 것이다.

몽고어와 만주어는 같은 우랄·알타이계에 속하고 몽고문자를 만주문자로 전용하기가 쉬웠으나 몽고문자를 차용하여 만들어낸 이 문자를 老滿文 또는 無圈點 滿文라고 한다. 그런데 에는 이 老滿文는 사용하는데 적지 않은 불편이 있었다. 그것은 몽고의 파스파 문자는 불완전한 문자인 위구르 문자를 모방하여 만든 것인데 이것을 다시 차용하여 만주어로 옮겼으므로 불완전한 점이 더욱 많아졌다.

그 후 太宗때에 이르러 1628년(天聰 6년)과 1633년 2회에 걸쳐 문신 다하이(達海)에게 명하여 無圈點文字의 개수를 단행토록 하여 有圈點文字를 창제하였다. 이전의 청 태조 때에 만든 문자를 無圈點文字하고 태종 때에 다시 개작한 문자를 加圈點文字 또는 新滿文이라고도 한다. 新滿文은 다시 清나라 때에 공사문서에 사용되고 또 최근까지 명맥을 이어온 만주문은 이 加圈點 만주문자이다.

이 加圈點 新만주문자는 無圈點 老滿文보다 알아보기도 쉽고 이해하기도 쉬워서 청나라 조정은 이것을 널리 장려하였고 황제가 반포하는 조서, 칙령, 유고는 물론 총독, 순무 등이 상서하는 주문이나 군기에 관한 중요문서도 가권점 만주문자로 작성하게 하였으며 1687년 네르친스크조약 같은데도 滿·露·漢·라텐어로 작성하였다.

신만문을 쓰기 시작한 후 康熙 초년에 이르러서도 신만문은 완전히 자리를 잡지 못하여 지방에서 올리는 문서는 老滿文도 혼용하였으나 康熙帝가 대륙을 平定하고 國力이 강화되자 만주어는 國語로 일컫게 되고 만주문자도 점차 보편화되어 나갔다. 功名을 따르는 漢人관료들과 지식인들까지 만주어를 학습하게 되고 清政府로서도 만주어를 적극 장려하여 滿洲語는 힘있게 보급되어 나갔다. 이리하여 만문 또는 만한문으로된 출판물이 나와 語文, 文學, 經書, 軍事, 法律, 哲學 등 가 분야에 걸쳐 많은 서적이 滿文 또는 萬漢文으로 소개되었다.

清初의 皇帝(康熙, 雍正, 乾隆)도 국수주의 정책을 취하고 漢人을 滿州人으로 만들려고 노력하였으니 유명한 辮髮胡服政策을 강제하였다. 특히 乾隆帝는 주체의식이 매우 강하여 1747년에는 조칙을 내리기를 "清語를 가지고 公語로 하고 滿洲語를 관공서에서 폐하지 못하게 하라. 그리고 宗室 귀족으로서 滿洲語에 통하지 못하는 자는 반드시 重罪로 다스릴 것이다." 라고 말하여 滿洲語의 장려에 힘을 썼다.

강대한 국력의 뒷받침으로 康熙 乾隆시대에 만주어는 황금시대를 이루었다. 그러나 19세기에 들어서면서 외우내환으로 청국의 국력이 약화되자 만주어에 대한 열의는 식어버리고 嘉慶·道光시대에 이르러는 지방으로부터 올리는 上奏文까지도 漢文만을 사용하는 자가 늘어갔다. 청조말엽에 이르러는 만주족이 거의 다 漢化되어 공사생활에서 만주어의 사용이 필요 없게 되자 1902년 西太后가 내린 滿文廢止令으로 관아의 공문서와 교육시설에서는 만주문이 완전히 사라지고 만주족 사이에도 漢文과 漢語의 사용이 보편화 되어갔다.

## 3) 漢字文化圈에서 漢字를 버리면 문화적 고아

동아시아 문화권은 漢字를 기반으로 유교주의와 佛敎文化 그리고 律令國家體制를 형성하면서 발전되어 내려온 문화공동체이다.

인간은 자기가 소속하고 있는 집단이나 지역사회에서 따돌림을 당하거나 독자적으로 공동체사회를 이탈하였을 때 고아가 되고 발전하지 못하는 바와 같이 국가나 민족도 문화공동체를 이탈하고 공동체의 문화적 공통분모를 버릴 때 국가는 물론 민족까지도 멸망한 例를 앞서의 정복왕조의 예에서 살펴볼 수가 있다.

우리 조상들은 슬기롭게도 東아시아의 문화공동체에서 漢字를 가져와서 민족문화를 발전시키는데 활용하여 우리의 고유문화를 유지 발전시켜왔다.

영국의 역사가 토인비는 그의 방대한 저서 『역사의 연구』에서 역사발전의 원동력을 挑戰(Challange)에 대한 應戰(Response)으로 규정하고 있다. 토인비의 이러한 역사관은 동아시아 세계에서도 그대로 적용되는 것이다.

지금까지 우리가 살펴본 바와 같이 고대의 흉노제국, 위그루 제국, 돌궐제국 등은 모두가 漢文化의 도전에 대해서 무력으로 응전을 하였을 뿐 문화적인 대응은 전혀 하지 못하였기 때문에 결국에 가서는 민족 자체가 漢文化의 휩쓸려 들어가는 결과를 가져오게 되었다.

10세기 이후 정복왕조(遼 · 金 · 元 · 淸)가 등장하면서 그들은 무력으로 중국과 한인을 정복하고 특히 몽골족의 元帝國와 만주족의 淸帝國는 전 중국을 그들의 지배 하에 두고 漢人 위에 군림하였다. 이들 정복왕조는 다같이 문화국수주의를 표방하고 자체의 문자를 제작하여 그것을 가지고 한자에 대항하려고 하였다. 그러나 거란문자, 여진문자,

원제국의 파스파문자 그리고 청제국의 만주문자는 다같이 문자로서의
과학성과 합리성을 상실하였기 때문에 처음부터 漢字에 대항할 수 없
고 그 결과로 정복왕조의 문자는 도리어 그들 민족사회에 통용되지
못하는 결과를 가져오게 되었다.

앞에서도 강조하였지만 민족이 존속하고 민족문화를 발전시키기 위
해서는 필수적으로 있어야할 두 가지 기본요소가 있다. 하나는 民族의
言語이고, 다른 하나는 민족의 문자이다. 언어는 수천 년 동안 다듬어
지면서 자기 民族語로 발전되어 民族語로 완성되지만 문자의 경우에
는 다른 민족이 創制한 文字를 빌려와서 사용하는 예가 일반적이다.

東아시아 문화권에서 漢字의 문화적 가치를 역시적으로 볼 때 漢字
를 수용한 민족은 漢字를 이용하여 민족의 언어를 유지하고 漢字를
통하여 선진문화를 받아들여 민족문화에 접목시켜 나가면서 고유한
자기문화를 형성 발전시켜 나갔다.

韓國과 日本, 越南은 漢字를 받아들였을 뿐 아니라 漢字를 자기 문
화에 맞게 변형하여 민족문화 발전에 유용하게 활용하였기 때문에 民
族文化를 보존할 수가 있었다. 이와는 반대로 정복왕조는 무력에 의하
여 한민족을 지배하였고, 무력을 내세워 문화적 優越性을 강조하면서
자기문자를 창제하여 漢字를 배척하였다. 그 결과는 征服王朝의 문자
가 정복국가의 민족문자로 발전하지도 못하였을 뿐만 아니라 漢字 수
용도 제대로 하지 못하는 절뚝발이로 전락하여 결국 문화적 고아가
되었고 그 결과는 民族 滅亡을 자초하게 된 것이다.

(『한글+漢字문화』 제97호, 2007. 8.)

# Ⅷ. 漢字의 장래

## 1) 漢字는 동아시아 문화의 근원

동경대학의 倉石武四郎(구라이시)교수는 『漢字의 운명』이라는 책에서 「장차 漢字는 없어질 것이다」라고 결론을 내리고 있다.

이러한 생각은 비단 구라이시교수 뿐만은 아니다. 제 2차 대전의 패전 이후 동아시아사회에는 漢字를 버리고 로마자를 사용해야 한다는 주장이 상당히 강했다. 심지어 동양이 낙후된 원인을 漢字사용에 전가시키는 학자도 있고 구미 여러 나라가 강성한 것은 로마자를 사용했기 때문이라고 하여 로마자 사용을 주장하는 사대주의자도 없지 않았다.

사실 로마자가 우수한 문자이고 漢字가 뒤떨어진 문자라는 주장은 이미 백여 년도 더 이전의 일이다. 서구 열강의 아시아 침략으로 중국을 비롯한 아시아 각국은 열강의 식민지 또는 반식민지로 전락되었고 이 과정에서 아시아적인 문명은 모두 원시적이고 전근대적인 것으로 매도되었다. 당연히 중국과 동아시아 각국에서 사용되어 오던 漢字도 열강의 침략 속에 허덕이는 동아시아의 운명과 같은 처지에서 천대받을 수밖에 없었다.

중국의 지식인들조차 중국의 근대화를 가로막는 것이 漢字라고 하면서 한자를 버리고 로마자 사용을 주장한 사람들이 있었다.

백여 년도 이전에 서구인에 의해 주장되어온 한자멸시론이 아직도 아시아사회에서 통용되고 있고 표음문자의 우수성을 주장하는 이론적 근거가 되고 있는 것은 문화발전의 근본을 알지 못하는 어리석은 생각이다. 민족이나 국가를 논할 때 야만과 문명의 차이는 전통문화를 얼마나 잘 간직하고 있느냐에 달려있다. 국가도 민족도 자기 문화와 자기 전통을 버리고 남의 것을 높이 평가하고 남의 문화를 여과 없이 수용할 때 민족의 장래는 결국 멸망으로 떨어진다는 역사적인 교훈을 알지 못하고 하는 소리이다. 중국문화는 말할 것도 없고 동아시아 문화권에서 漢字를 버린다면 동아시아의 문화적인 전통은 없다. 뿐만 아니라 동아시아를 하나의 공동문화권으로 묶어나가는 원동력을 제거하는 것과 같은 것이다.

현재는 서구 열강의 세력이 점차 힘을 잃고 서양인의 동양문화에 대한 관심과 동양의 지혜를 배우려는 노력이 여러 곳에서 나타나고 있다. 서양 사람들이 동양을 알기 위해 한자를 배우고 있다. 백 년 전과 비교하면 세계는 많이 달라지고 있고 앞으로 더욱 변할 것이다. 일본의 세계적인 수학자로 알려진 岡潔(오까)교수는 「漢字를 알지 못하면 수학연구는 절대 불가능하다. 어린이들이 사용하는 漢字를 제한하면 사고력의 발달을 방해하게 된다. 지금과 같은 한자제한교육이 계속된다고 한다면 앞으로의 일본 문화는 멸망할 것이다.」라고 경고하고 있다.

우리나라의 한글전용론자들이 漢字는 어렵고 낙후된 문자이고 따라서 한자를 버리고 표음문자로 바꾸지 않으면 한국의 근대화는 불가능하고 서구 문명을 따라 잡을 수가 없다라는 생각을 가지고 있는 사람이 많다. 그런데 최근에는 表音文字보다는 表意文字쪽이 기능적으로 뛰어나다고 하는 사실을 알게 되면서 유럽 등 여러 나라에서 한자를 받아들이고 한자를 연구하려는 노력이 일어나고 있다.

동아시아 漢字문명화에 속해있는 한국으로서는 한국 사람들의 사고의 토대가 되는 개념을 직접적으로 표현하고 있는 漢字를 더 많이 정확하게 이해하는 일이 모든 학문과 사업을 추진하는데 가장 필요한 기본이 된다는 사실을 인식해야 한다.

## 2) 역사상 처음 만들어진 문자는 表語文字

인류의 역사를 볼 때 처음에 말이 있었고, 그 다음에 문자가 나타났다. 말을 시간과 공간적으로 고정시키기 위해 문자가 만들어진 것이다. 그러므로 문자는 언어에 맞추어 만들어진 것이다. 이것이 문자 창작의 자연스러운 형태이고 너무나 당연한 문자 성립과정이다.

이렇게 말을 표시하기 위해 처음 만들어진 문자는 表語文字(표어문자)라고 생각된다. 이 표어문자야말로 원시형태의 문자이고, 동시에 문자로써는 가장 바람직한 형태인 것이다. 언어는 음성을 조합한 것이고, 자연 만물로부터 복잡한 사상에 이르기까지 그것을 음성으로 표시한 것이다. 때문에 언어에 맞추어서 탄생한 문자는 그 성립과정에서 말이 갖는 「발음」과 「의미」의 두 가지를 함께 갖추어야 하는 것이 당연한 문자의 성립 조건이다.

예컨대 한자에 나오는 「山」, 「川」은 「산」, 「천」이라고 발음하고 「뫼」와 「시내」라고 의미를 표시한다. 때문에 「山」, 「川」은 음성과 의미의 두 가지를 함께 가지고 있다. 이렇게 생각해볼 때 특정한 음성과 특정한 의미를 다함께 갖추고 있는 漢字를 「표의문자」라고 하기보다는 「표어문자」의 성격이 강하다. 한자와 같이 발음과 의미를 겸하고 있는 문자는 표어문자라고 부르는 것이 가장 적절하다고 생각한다. 사실 한자의 山과 川은 영어의 mountain과 river등의 말(word)에 해당되는 것으로써 결코 문자(letter: 알파벳)에 해당되는 것은 아니다.

인간은 언어로 사고를 하며, 언어를 버리면 인간다운 사고는 불가능하다. 문자는 언어의 순간성을 영원성으로 바꾸어 보존하려고 만들어진 것이다. 따라서 고대에 문자가 처음 만들어질 때 「표어문자」라는 형태로 된 것은 자연스러운 것이다. 그러나 유럽의 언어학자들은 이렇게 생각하고 있지 않다. 또한 동양의 외국 추종 언어학자들도 한자를 표의문자로 부르고 있다. 표의문자라고 하는 명칭은 표음문자에 대립되는 것으로 비표음문자라고 보는 것이 자연스럽고, 따라서 한자는 지금까지 표의문자라고 불려지게 되면서 「비표음문자」로 간주되었다.

인류가 지구상에 나타나서 처음으로 말을 하기 시작하였다. 그리고 수백만 년이 지난 후 문사를 만들있는데 밀과 문자가 아무 관계없이 만들어졌다고 하는 것은 이해하기 어렵다. 우리가 고대인이 사용한 말을 알지는 못해도 그들이 사용한 문자를 해독할 수 있다. 그러나 그것은 단순히 문자가 가지고 있는 의미는 이해가 되지만 고대인들이 그 문자를 어떻게 발음하였는지 알 수 없다.

문자가 문자로써의 기능을 제대로 하기 위해서는 사람과 사람 사이에 그 문자가 무엇을 의미하는가를 「공통적으로 이해」되지 않으면 안된다. 이 공통적 이해를 가능하게 하는 것이 말이다. 예컨대, 「山」이라고 하는 글자에 대해서 인간이 그 문자로써의 공통적 이해를 갖기 위해서는 이미 「뫼」라고 하는 언어를 사용하지 않고서는 공통적 이해가 될 수 없는 것이다.

歐美 여러 나라 사람들처럼 자기네 것이 세계에서 가장 우수하다고 자랑하는 민족도 드물다. 그들이 로마문자를 세계제일의 문자라고 생각하는 것도 여기에 연유한 것이다. 그런데 한국의 언어학자들 가운데서도 「표음문자는 우수한 문자이다」라든가 「로마문자는 세계에서 가장 합리적인 문자이다.」 그래서 로마자를 사용해야 한다라는 사대주의

적 발상을 하는데 이것은 유럽문화의 우위성을 추종하는 것에 불과하
며 바른 문자의 발전과정이나 동아시아 세계의 문화기반을 이해하지
못하고 하는 소리이다.

### 3) 表意文字(漢字)의 우수성

19세기 서양 열강의 아시아 침략시대에는 아시아 각국에서 자기 문
자를 버리고 유행처럼 로마문자를 차용하였다. 터키가 아랍문자를 버
리고 로마자를 택했고, 월남이 쯔놈문자를 로마자로 바꾸었다. 중국에
서도 한자 대신 로마자를 쓰자는 표음주의 문자개혁론자가 나왔다 .일
본에서는 2차 대전직후 로마자를 쓰자는 문자개혁론자들이 있었고 지
금도 表音文字(표음주의)우수론을 주장하는 사람들이 있다. 한국에서
는 한자를 버린지 오래되었다. 그러나 이것이야말로 자기 문화의 전통
과 뿌리를 망각하고 동양문화를 비하하면서 서구 문화에 빠져버린 사
대주의적인 발상이다. 또한 문자 발전의 역사와 문자 기능을 모르는
사람들의 비과학적인 주장이기도하다.

우선 세계 문자중에서 우수하다고 하는 로마인이 사용한 알파벳은
로마인이 만든 문자가 아니다. 로마문자는 페니키아 문자를 빌려온 것
이고 페니키아 문자는 슈메르문자에서 비롯된 것이다. 이렇게 볼 때
현재의 알파벳은 슈메르 문자에서 페니키아 문자로 그리고 다시 로마
문자로 變轉(변전)된 것이다. 로마인도 자기 문자를 갖지 못했기 때문
에 선진 문명 사회의 문자를 빌려와서 사용할 수밖에 없었다.

문자를 갖지 못했던 민족이 외국의 문자를 빌려와서 그것을 자기
나라말을 표기하려고 할 때 表意文字(표의문자)는 필연적으로 表音文

字(표음문자)로 바꾸어 사용하게 된다. 로마인도 같다. 일반적으로 문자가 없는 민족이 선진국의 문자를 빌려올 때는 다음과 같은 세 가지 방법이 있다. 즉,

    (1) 그 문자가 원래 가지고 있는 모양(글자모양)과 소리(발음)및 뜻(의미)을 함께 받아들이는 방법

    (2) 그 문자가 본래 가지고 있던 뜻(의미)은 버리고, 자기나라의 말소리(발 음)를 표시하기 위해 발음만을 빌려오는 방법

    (3) 그 문자가 본래 가지고 있는 소리(발음)를 버리고, 뜻(의미)만을 표시하는 문자로써 빌려오는 방법 등이다.

이 세 가시 방법 중에서 (1)은 외국 문자를 외국 말괴 함께 가져오는 것이므로 자기나라 말을 표기하기 위한 방법으로서는 적절치 않다. 로마인은 (2)의 방법을 택한 것이다. 다시 말해, 「문자를 갖지 못한 로마인이 페니키아 문자를 빌려와서 로마의 언어를 표기하기 위해 표의문자를 표음문자로 바꿀 수밖에 없었다. 이리하여 로마인은 表意文字(표의문자)가 지니고 있는 의미는 버리고, 발음(表音)만을 빌려온 것이다. 이렇게 볼 때에 로마문자는 문자의 중요한 생명인 뜻(사상)전달이 불가능하게 되었고 발음만으로 만족하게 되었다. 이러한 면에서 살펴 볼 때 로마자는 漢字에 미치지 못한다. 또한 「表音(표음)」이 표음문자의 생명이라고 한다면, 시대에 따라서 발음이 변화하는데 따라서 문자도 바뀌어야 하는 것이다. 그럼에도 불구하고, 발음의 변화에 뒤따르지 못했다고 하는 것은 목적이 「표음」이 아니라 「表意(표의)」에 있었음을 인정해야 한다. 다시 말해, 언어와 표기가 긴밀한 관계를 갖고 있다면 발음뿐만 아니라 하나의 표기가 하나의 언어를 표시하는 것이므로 그 표기를 바꾸는 일은 문자의 기능을 저하시키는 결과를 가져오는 것이다.

　세계의 대표적인 2대 문자 시스템인 한자를 주체로 하는 表意文字
體系(표의문자체계)와 알파벳을 주체로 한 表音文字體系(표음문자체
계)를 비교해 보자. 특히 컴퓨터를 주축으로 하는 정보화 시대의 출현
은 이제 피할 수 없는 문화 현실이 되었고 또한 경제 사회의 국제화
에 의하여 세계는 더욱 긴밀해지고 있다. 이와 같은 정보화 사회에서
정보를 정확하게 전달할 수 있는 문자체계가 표의문자인가 표음문자
인가를 깊이 생각해 보자.

　1,000자 정도의 한자를 알고 있을 경우 어떤 신문, 잡지책도 읽을
수 있고 1,000자 한자의 어떤 글자를 보아도 쉽게 개념을 파악할 수가
있다. 한자와 한글이 섞여진 혼용문장을 읽는 속도는 놀라울 정도로
빠르다. 1초에 10자 정도는 가볍게 읽을 수 있다.

　漢字가 이렇게 빨리 익혀지는 원인은 어디에 있는가. 한자는 문자
임과 동시에 도형(그림)이기 때문에 쉽게 판독되고 오랫동안 기억된
다. 한자는 결코 어렵지 않다. 한번 배워놓으면 오랫동안 기억되고 한
자가 섞인 책을 읽는 속도는 놀라울 정도로 빠르다. 인간의 시각과 기
억력이 지니고 있는 특성을 가장 교묘하게 조직화한 것이 한자·한글
혼용문이고 이것은 인류가 생각해낸 가장 위대한 인간적인 情報用具
(정보용구)이다. 이것은 인간의 視覺(시각)의 본질을 해명해 보면 쉽
게 증명된다. 즉 圖形(도형)의 패턴(pattern) 認識理論(인식이론)이
확립되면 한자·한글 혼용문이야말로 인간에게 가장 적합한 문자시스
템이라는 사실이 분명하게 밝혀지는 것이다.

　예컨대 山은 산의 모양을 본떠서 생겨난 상형문자임으로 외우기 쉽
고 山을 산이라고 音讀(음독)할 뿐 아니라 뫼라고 訓讀(훈독)도 가능
하다. 따라서 山은 영문으로는 mountain이라고 하는 긴 표기법이 되
지마는 한자는 간결 정확하게 한 글자로 「山」이 된다.

문자의 기능은「視覺(시각)에 의한 사상의 전달」에 있다. 이 점에서 사상을 형성하는 단위가 되는 언어를 직접적으로 표현하고 있는 漢字가 가장 이상적인 문자라고 하는 사실이 여러 곳에서 증명되었다.「山, 川, 月, 花」… 라는 한자를 눈으로 보기만 하여도 그 문자가 목적하는 의미내용을 신속하고 확실하게 파악할 수 있다. 표음문자를 사용하는 영어로 표기하면「mountain, river, moon, flower」… 이고, 한자로는 한 글자로 표기되는데 영어로는 8자부터 4까지 「문자의 집합」으로 구성되고 이것을 읽어서 파악하는 기능은 한자에 훨씬 떨어진다.

또한 이들 단어를 구성하고 있는 문자는 표음문자이기는 하지만 그 문자는 결코 단어의 발음을 표시하고 있지 않다. 예컨대, 「mountain」이라고 하는 단어의 발음은 'mauntin'이라고 발음이 되는데 이것은 단어의 스펠링과 그 단어의 발음이 서로 다르다는 사실을 나타내고 있다. 따라서 로마문자는 표음문자이면서도 결코 표음적이 되지 못하고 있다.

이렇게 볼 때 표음문자로 그 우수성을 자랑하고 있는 로마문자는 결코 표음적이지도 않고, 문자의 발전단계에서 볼 때도 우수성을 지니고 있지도 않다. 표음주의자들이 「표음문자가 우수한 문자이다.」라고 주장하는 이유는 고대의 문자가 상형문자, 표의문자였고 한자를 제외하면 모두 멸망하여 버렸다는 사실, 로마문자는 유럽·미국 등의 인류 국가에서 사용하기 때문에 그 우수성을 인정해야 한다는 등의 논리이다.

멸망한 문자는 모두가 열등한 문자라고 하는 것은 옳지 않은 것이다. 민족의 멸망과 함께 문자도 멸망하였다. 레온·피이칸은 「이집트의 고대 문화는 표의문자를 버리고, 표음문자를 채용하였기 때문에 단절되었다.」고 주장하고 있다.

현재 세계의 선진국에서 사용되고 있는 로마자가 훌륭하게 보이는 것은 사실이다. 그렇다고 해서 로마문자가 뛰어난 문자라는 증거는 어

디에도 없다. 로마자가 표의문자에서 파생된 것은 사실이지만 그것을
발전이라고 보는 것은 문제가 있다. 그들은 로마자나 가나문자 등 표
음문자가 표의문자로부터 파생된 사실만을 가지고 발전이라고 보는데
그것이 어떻게 해서 표의문자에서 표음문자로 파생되었는가에 대해서
는 전혀 생각하고 있지 않다. 그것을 고찰해보면 파생이 발전인지 퇴
보인지 깊이 생각해 보아야 할 것이다.

지구상의 모든 문자는 예외 없이 표의문자로 탄생되었다. 그러나
그것을 원시적이고 발달되지 않은 문자라고 생각할 수 없다. 왜냐하면
문자는 우리들의 사상을 기록하기 위해서 고안된 것이기 때문에 당연
히 표의문자(表意文字)로 시작되는 것이 옳은 것이다. 그러나 그 어떤
표의문자도 모든 사물의 뜻을 완전하게 표하기에는 곤란한 것이다. 왜
냐하면 거의 무한에 가까운 사물 현상을 하나 하나의 고유 문자를 가
지고 그 사물을 표기한다고 하는 것은 불가능하기 때문이다. 여기에서
문자의 「兼用(겸용)」이 나타나는 것이다. 이 겸용에는 두 가지 종류가
있다.

하나는 「본 뜻을 移轉(이전)시켜 사용하는 방법」이다. 후한시대의
유명한 언어학자 許愼(허신)은 그가 집필한 『說文解字(설문해자)』에
서 이것을 「轉注(전주)」라고 하였다. 마치 마차가 굴러가듯(轉), 물이
흘러가듯(注) 문자의 뜻이 變轉(변전)한다는 것이다. 다른 하나는 표
음적 용법이다. 허신(許愼)은 『說文解字(설문해자)』에서 「假借(가차)」
라고 하였다. 「임시적으로(假) 발음을 차용해서(借) 사용한다」는 뜻이
다. 즉, 어떤 말을 표하는데 적당한 문자가 없는 경우 같은 발음이나
비슷한 발음의 문자를 임시(假)로 빌려(借)와서 사용한다는 뜻이다.

문자의 「표음적 용법」이 어떻게 해서 탄생한 것인가를 보면 표음적
용법은 문자의 기능에서 볼 때에는 결코 우수한 방법이라고 할 수 없

다. 따라서 표음적 용법은 이미 표의문자인 한자의 세계에서는 2000년 전의 옛날에 이미 사용되고 있었다. 이것은 표음문자를 우수하다고 주장하는 학자들이 표의문자인 한자의 발전과정을 너무나 등한시하는 경향이 있기 때문에 나타난 잘못이다.

## 4) 21세기의 漢字발전

국제 문자라고 하면 대부분의 사람들은 로마자라고 생각한다. 확실히 영어, 독일어, 프랑스어, 이테리어, 스페인어 등 유럽을 발상지로 하는 언어는 모두가 로마자로 표기하고 있고 그 밖의 언어, 예컨대 일본어와 중국어도 로마자로 표기가 가능하다. 그러나 이것은 단순히 발음(음성)의 표기가 가능하다는 뜻이지 로마자로 쓰여진 중국어는 중국어를 아는 사람에게는 이해되지만 중국어를 모르는 사람에게는 전혀 이해되지 않는다. 「국제 문자는 세계의 모든 이가 읽어서 이해되는 문자」라고 한다면 로마문자는 국제문자로서는 쓸 수 없는 글자이다.

현재 국제 문자라고 할 수 있는 것은 「1, 2, 3, ……」과 같이 아라비아 숫자만이 국제문자라고 할 수 있다. 아라비아 숫자는 로마자와 같은 표음문자가 아니고 표의문자이다. 때문에 한국인은 이것을 한국어로 읽고 영국과 미국사람들은 이것을 영어로 읽고, 중국인은 중국어로 발음하는데 세계의 모든 사람들이 자기 나라말로 아라비아 숫자를 읽을 수 있기 때문에 세계 각국의 모든 사람들이 아라비아 숫자를 써도 이것을 바르게 이해할 수가 있다.

그런데 아라비아 숫자와 같은 표의문자인 漢字는 어떤가. 본래 漢字는 중국어로 표현하기 위해서 만들어진 문자이다. 그러나 우리 한국인은 이것을 한국어로 표현하는 문자로 사용하고 있는데 「山」이라는 글자를 보면 한국인은 산이라고 읽는다. 이것은 한국인이 한자를 한국어로 읽을 수 있는 것과 같이 세계의 다른 사람들도 한자를 자기나라 말로 읽는 것이 가능한 것이다. 예컨대 영국, 미국 사람들은 「山」을 mountain이라고 읽고 프랑스인은 mont이라고 읽는 것이다. 이러한 이유로 한자야말로 국제 문자로서의 자격을 지닌 문자라고 생각하는 것이다.

미국의 언어학자 도오만 박사도 미국의 어린이들이 mountain이라고 하는 영어를 학습하는 것보다는 山이라고 하는 漢字를 학습하는 것이 훨씬 쉽다고 말하고 있고, 실제로 이러한 漢字 학습 효과는 실험결과 확인되고 있다.

따라서 앞으로서 세계에서 文字의 역할과 가능성으로 볼 때 漢字는 21세기의 세계文字로 발전할 것이고 그러한 징후는 중국사회의 발전과 함께 여러 곳에서 나타나고 있다.

(『한글+漢字문화』 제97호, 2007. 8.)

# IX. 漢字와 韓國民族文化

## 1) 漢字에 의한 東아시아文明의 도전과 응전원리

영국의 역사가 토인비는 그의 유명한 저서 『歷史의 硏究』에서 인류문명의 발전요인은 타문명의 挑戰(Challenge)에 대한 應戰(Response)이라 설명하고 있다.

東아시아 세계의 역사를 살펴볼 때 중국의 黃河文明의 도전에 대해 응전하지 못한 민족은 모두 자멸하고 말았다. 중국의 북방에서 大帝國을 건설한 匈奴, 突厥, 鮮卑등과 정복왕조를 세워 漢民族을 정복한 거란의 遼, 女眞族의 金, 몽골족의 元, 그리고 만주족의 淸나라 등이 그 좋은 예이다. 이들 북방민족과 정복왕조는 漢族과 대립하고 漢族을 위협하면서, 한때는 중국의 국토 일부 또는 全中國을 정복하여 漢族을 수백 년 동안 지배하였다.

漢族은 이들 북방민족의 남침을 막기 위해 필사의 노력을 기울여 대항하고 萬里長城을 쌓기도 하였다. 그러나 이렇게 漢族을 괴롭히고 정복하였던 北方民族은 지금은 완전히 멸망하고 없다. 몽골대제국을 건설한 成吉思汗(징기스칸)의 후손인 몽골족만이 현재 250만 명 정도 남아서 몽골인민공화국을 유지하고 있지만 그들의 장래도 확실하지 않다.

이와 같이 북방민족이 멸망한 원인은 어디에 있는가? 토인비의 이론을 빌리면 그 해답은 간단하다. 즉, 중국의 黃河文明의 挑戰에 대한 應戰을 하지 못한데 그 중요한 원인이 있다.

그러면 黃河文明이란 무엇인가? 그것은 東아시아 문명의 기본골격이 되는 漢字를 기반으로 한 儒敎, 佛敎 그리고 律令體制이다. 유교와 불교, 율령체제는 漢字를 母胎로 하여 성립되고 발전한 것이다. 東아시아 문명에서 漢字가 없었다면 유교, 불교, 율령체제는 존재할 수가 없다. 결국 중국의 黃河文明은 곧 漢字文明이고 이 漢字文明의 도전에 대해 중국의 북방민족은 슬기롭게 응전하지 못하였기 때문에 멸망해 버린 것이다.

黃河文明의 도전을 받은 우리민족은 어떠한가. 우리 조상들은 黃河文明의 도전에 대해 슬기롭게 응전하였고, 漢字를 수용하여 민족문화 발전의 동력으로 활용하면서 문화민족으로 발전하여 내려왔다.

그런데 지금 우리 사회의 문화현상은 어떠한가. "漢字는 어렵다", "漢字는 中國의 文字", "우리는 한글만 가지고도 문화생활은 충분하다"라는 옹졸한 민족주의에 사로잡혀 漢字가 이 땅에서 생명력을 잃어가고 있다. 이것은 대단히 위협한 문화현상이다.

## 2) 文明發展에서의 文字의 역할

서양고대 세계에서 위대한 문화를 창조한 로마제국이 사용하고 지금도 세계의 우수한 문자로 알려진 로마문자(알파벳)는 로마인이 만든 글자가 아니다. 로마文字는 페니키아문자를 빌려온 것이고 페니키아문자는 수메르문자에서 비롯된 것이다. 이렇게 볼 때 현재 전 세계 表音文字의 대표로 꼽히는 로마문자는 수메르문자에서 페니키아문자로 그리고 다시 로마문자로 발전한 것이다. 로마인도 자기 문자가 없었기 때문에 선진사회의 과학적인 문자를 빌려와서 사용하는 슬기를 발휘하여 로마제국의 文化土臺를 구축한 것이다. 여기에 로마人의 문화응전능력을 살필 수 있다.

고대사회에서 문자를 갖지 못한 민족은 선진문명지역의 문자를 수용하여 민족문화에 접목시켜 민족문화발전의 동력으로 활용하는 것이 문명의 발전단계설이다. 문자가 없는 민족이 선진문명지역의 과학적인 문자를 가져오지 못했거나 가져올 능력(文化收容能力)이 없는 민족은 역사와 문화를 창조할 능력을 상실하여 멸망할 수밖에 없다. 문명발전사에서 문자의 유무를 가지고 역사시대와 선사시대, 혹은 문명사회와 미개사회로 구분하는 것은 바로 문자가 역사창조의 원동력이 되기 때문이다.

흔히들 "국가는 망해도 민족은 멸망하지 않는다"라는 말을 하는 사란들이 있다. 이것은 역사를 잘 모르는 사람들의 주장이다. 나라가 망하는 것은 어느 시기에 갑자기 닥치기 때문에 쉽게 알 수 있다. 그러나 민족의 멸망은 잡자기 일어나지 않고 서서히 나타난다. 百年이 걸리는 경우도 있고 몇 百年의 시간을 거쳐 역사무대에서 사라진다. 黃河文明의 도전에 응전하지 못한 북방민족의 멸망은 그 좋은 역사적 교훈이다.


## 3) 漢字는 東아시아문화의 뿌리

우리가 漢字를 버려서는 안 되는 중요한 이유가 漢字가 바로 東아시아문화의 뿌리이기 때문이다. 이 뿌리를 제거하면 東아시아문화는 자멸한다. 한국은 역사상 동아시아문화권 속에서 발전하였고 漢字를 통하여 민족문화를 성장, 발전시켜 왔다. 선조들이 남겨 놓은 정신적 문화유산인 詩文集, 『三國史記』, 『高麗史』, 『朝鮮王朝實錄』 등 우리의

역사가 모두 漢字로 기록되어 있다. 退溪와 栗谷의 심오한 유학사상은
물론 우리 조상들이 연구한 四書와 五經의 유교 經典이 漢字로 쓰여
있다. 세계적 문화유산으로 자랑하는 海印寺의 八萬大藏經도 漢字로
되어 있다. 우리 조상은 漢字를 중국에서 빌려 오기는 하였어도 중국
식으로 그대로 漢字를 사용한 것이 아니라 우리 문화에 맞게 이를 변
형시켜 우리 것으로 만드는 지혜를 발휘하였다. 예컨대 하늘 天(천)이
란 漢字는 중국에서는 "톈"으로 발음하는데 우리는 "천"으로 변형시
켰다. 일본은 "덴"으로 바꾸어 사용하고 있다. 이렇게 漢字의 音을 우
리말로 변형시켰을 뿐 아니라 漢字가 가지고 있는 뜻도 우리 民族의
언어생활에 맞게 사용하였으니 天을 그 音은 "천"으로 변형시키고
"하늘"이란 뜻도 가지고 와서 우리의 사상을 표현하였다.

　중국의 天(톈)을 받아들여 "천"으로 변형시킨 것은 결코 쉬운 일이
아니다. 문화인류학에서는 이것을 문화수용 능력이라 한다. 토인비의
이론으로 보면 바로 응전에 해당된다. 우리 조상의 지혜는 東아시아의
그 어떤 민족에 비해 문화수용 능력(應戰能力)이 뛰어날 뿐 아니라
이렇게 중국의 黃河文明의 도전을 능숙하게 응전하여 우리 것으로 재
창조하고 이를 다시 日本에 전파하여 문자를 갖지 못한 고대일본 문
화의 발전을 도와주었다.

　그러므로 漢字를 지금 버린다는 것은 단순히 漢字라는 문자만을 버
리는 것이 아니라 우리 조상들이 일구어 놓은 문화적 뿌리를 송두리
째 버리는 것이다. 민족의 문화를 창조할 능력은 그 민족이 가지고 있
는 문화적 뿌리를 바탕으로 해야 비로소 가능 한 것이다. 한글이 결코
손색이 없는 우리의 보배임에는 틀림없지만 한글이 나타나기 수천년
전의 민족문화의 바탕이 漢字에 그 뿌리를 갖고 있기 때문에 漢字의
문화적 뿌리를 없애버리면 민족문화는 고사할 수밖에 없다. 이것은 인

류역사가 그 사실을 증명하고 있다. 거듭 강조하지만 漢字는 우리 민족에게는 단순한 문자의 의미를 뛰어 넘어 민족문화 전체의 깊은 혼이 담겨져 있는 문화유산의 성격을 지니고 있다. 漢字無用論의 위험성이 바로 여기에 있는 것이다.

## 4) 韓國民族의 漢字수용능력

지금 우리사회에서 "漢字는 어렵다" "어려운 漢字를 어린이에게 가르치는 것은 무리다"는 주장을 하는 분들이 있다. 이것은 우리 민족의 문화수용 능력이나 문화창조 능력을 과소평가한 매우 잘못된 생각이다. 앞에서도 지적했지만 우리민족은 漢字를 우리 것으로 변형하여 우리 몸에 맞게 재창조한 능력을 가지고 살아 왔다. 이렇게 볼 때 페니키아문자를 빌려와서 로마문자로 재창조한 로마人에 못지않은 문화창조 능력을 우리민족은 古代에 발휘하였다.

역사상 문자를 갖지 못했던 민족이 외국의 문자를 빌려와서 그것을 자기 나라말을 표기하려고 할 때 表意文字는 필연적으로 表音文字로 바꾸어 사용하게 된다. 로마인도 같다. 일반적으로 문자가 없는 민족이 선진국의 문자를 빌려올 때는 다음과 같은 세 가지 방법이 있다. 즉,

(1) 그 문자가 원래 가지고 있는 모양(글자모양)과 소리(發音) 및 뜻(意味)을 함께 받아들이는 방법

(2) 그 문자가 본래 가지고 있던 뜻(意味)은 버리고, 자기나라의 말소리(發音)를 표시하기 위해 발음만을 빌려오는 방법

(3) 그 문자가 본래 가지고 있는 소리(發音)를 버리고, 뜻(意味)만을 표시하는 문자로 빌려오는 방법 등이다.

이 세 가지 방법 중에서 (1)은 외국 문자를 외국 말과 함께 가져오는 것이므로 자기나라 말을 표기하기 위한 방법으로서는 적절치 않다. 로마인은 (2)의 방법을 택한 것이다. 다시 말해, 「문자를 갖지 못한 로마인이 페니키아 문자를 빌려와서 로마의 언어를 표기하기 위해 表意文字를 表音文字로 바꿀 수밖에 없었다. 이리하여 로마인은 表意文字가 지니고 있는 의미는 버리고, 表音만을 빌려온 것이다. 이렇게 볼 때에 로마문자는 문자의 중요한 생명인 뜻(思想)전달이 불가능하게 되었고 발음만으로 만족하게 되었다.

우리 조상은 외국문화(漢字)를 수용한 능력이 로마人에 결코 떨어지지 않는다. 그것은 漢字의 뜻(意味)을 가져와서 우리의 언어와 사상을 표현하였고, 다시 漢字의 音(發音)을 가져오기는 하였으나 중국식으로 그대로 사용하지 않고 우리말에 맞게 텐(天)을 "천"으로 변형시켜 사용함으로써 우리말의 뜻(意味)과 소리(發音)를 함께 나타내는 슬기를 발휘하였다. 東아시아문화권에서 멸망한 북방민족은 이와 같은 한자수용 능력이 없고, 자국문자를 만들어 이를 강요하였으니 돌궐문자, 여진문자, 몽골문자(八思巴文字), 淸의 만주문자는 민족의 멸망과 함께 문자도 그 생명력을 상실하였다.

## 5) 漢字를 버린 韓國人의 現相

漢字無用論을 주장하여 초등학교에서 漢字교육이 사라진지 한 世代가 지나가고 있다. 그 결과는 어떠한가. 北京大學이나 靑華大學, 그리고 上海의 復旦大學 그리고 日本의 유명 대학에 우리의 젊은이들이 유학하고 있다. 그들이 겪는 가장 어려운 문제는 漢字를 모르는데서

오는 수업지장이다. 우리가 만약 초등학교에서 1,000字 정도의 漢字를
정규과정에서 교육시켰다면 우리 젊은이들이 중국이나 일본 등 東아
시아지역에서 현재와 같은 어려움을 겪지 않고 漢字를 익히는데 시간
을 뺏기지 않을 것이다. 이와 같은 例는 東아시아문화권에 있으면서
漢字를 버린 몽골, 베트남의 유학생도 다를 바 없다. 그들은 중국이나
한국, 日本에 유학을 해도 漢字를 알지 못하기 때문에 유학생활은 난
관에 부딪치고 있다.

　漢字無用論을 주장하는 옹졸한 민족주의자들은 中·高等 학교에서
漢字를 가르치고 있으니 문제가 없다는 주장을 한다. 그러나 이것은
언어나 문자의 학습적령기를 모르고 하는 말이다. 5歲 이전에 모국어
를 학습 못하면 모국어를 익힐 수 없듯이 문자도 초등학교에서 학습
하는 것이 가장 효과적이다. 초등학교 2·3학년에서 1,000字 정도는
쉽게 익힐 수 있는데 이 시기를 놓치고 중학교 2·3학년에서 漢字를
학습하면 시간이 많이 걸릴 뿐만 아니라 학습효과는 훨씬 떨어진다.
초등학교 2·3학년에서 익힌 千字는 평생 잊지 않고 기억하지만 중
학교 2·3학년에서 익힌 漢字는 반복해서 사용하지 않으면 오래가지
않아 곧 잊어버리게 된다. 마치 초등학교 2·3학년에서 외운 산수의
九九段은 평생 잊혀지지 않으나 중학교에서 외운 구구단은 머릿속에
서 자연스럽게 튀어나오지 않는 것과 같은 원리이다.

　현재 簡字政策을 택한 중국에서도 문자정책의 갈등에 빠지고 있다.
漢字가 어렵다고 해서 본래의 漢字體를 쉬운 簡字體로 바꾸어 놓은
것이 오히려 漢字를 더 어렵게 만들어 버린 것이다. 그것은 중국의 대
학생들이 중국의 역사서나 經典, 文集등 모든 고전문화재가 簡字가 아
닌 原字로 되어 있기 때문에 古典을 읽으려면 다시 原字를 익혀야하
는 이중고에 시달리고 있다.

漢字는 어려서 익혀야 하는데 簡字는 알아도 原字를 다시 대학에서 학습하게 되니 그 학습효과는 떨어지기 때문에 학문 활동에 지장을 가져오고 있다. 이에 비하면 초등학교에서 原漢字를 익힌 日本이나 臺灣 학생들의 학습능력은 중국대학의 대학생을 훨씬 앞서고 그들은 原漢字를 초등학교에서 이미 학습하였기 때문에 簡字를 익히는 것은 대단히 수월하다.

현재 우리사회에서 漢字無用論이 계속되면서 모든 출판물에서 漢字가 자취를 감추고 우리는 결국 漢字를 모르는 漢字文盲이 되고 있다. 그러면 우리의 중요한 文化遺産인 『三國史記』, 『三國遺事』는 물론이고 儒教經典, 八萬大藏經의 연구는 우리 힘으로는 불가능하게 된다. 결국 중국이나 일본학자의 손을 빌릴 수밖에 없는 문화식민지가 되어 삼등 문화민족으로 전락하는 시기도 그리 멀지 않을 것이다. 더욱 심각한 것은 漢字를 母胎로 하고 있는 우리민족의 어휘 능력은 현저히 저하되어 문화창조 능력을 상실할 수밖에 없다. 민족의 언어와 언어의 바탕이 되는 어휘는 바로 그 民族의 문화창조 능력의 잣대가 되는 것이다.

초등학교 漢字교육에 대한 인식의 전환과 함께 시급한 대책을 마련해야할 중요한 시기에 우리가 서 있다.

(『한글+漢字문화』 제97호, 2007. 8.)

**七十自述**

# 나의 길 나의 학문

## ■ 作家를 꿈꾸던 淸師 시절

나는 1954년 3월 17일에 淸州師範學校(현 청주교육대학)를 졸업하였다. 도지사의 교사발령장을 가지고 槐山郡 淸安面 雲谷초등학교 교사로 부임한 것이 19세가 되던 4월 초의 일이다.

충북에서 괴산은 丹陽, 堤川과 함께 험한 오지로 알려져 있고 괴산군에서도 청안면 운곡리는 심산유곡으로 이름난 곳이다. 내가 이곳에 부임하게 된 것은 한가한 시골 초등학교 교사로 아이들을 가르치면서 읽고 싶은 책을 실컷 읽고 한편으로 서울에 있는 대학에 진학하기 위한 준비를 해볼까 하는 생각에서 벽지 근무를 자원했기 때문이다.

나는 지금도 淸州師範學校를 졸업한 것을 자랑으로 생각하고 있다. 그것은 우선 이 학교에 입학하는 것이 쉬운 일이 아니어서 어려운 관문을 통과했다는 나름대로의 자부심이 있었다.

당시 師範學校는 日帝의 師範學校 特待라는 선입견이 남아 있어서 師範學校에 入學하는 것이 마치 큰 벼슬이나 하는 것으로 여겨져서 부친께서도 나의 사범학교 입학을 기쁘게 여기셨다.

내가 졸업한 청안국민학교는 6학년이 3학급이었고 그 3학급의 우등생 3명이 淸師 입학시험에 응시하였다. 나는 지금도 淸師응시의 수험번호 107번을 잊지 않고 있다. 淸師는 충북에서는 특차로 학생을 선발하였기 때문에 여기에 제자를 입학시키는 일은 6학년 담임선생님들도 자랑으로 여겼다.

또 하나 청주사범학교를 자랑으로 생각하는 것은 학교 다닐 때는 잘 몰랐지만 清師재학 시절의 恩師님들은 당시 6 · 25동란으로 피란 내려온 碩學들이 이곳에서 임시로 교편을 잡고 있었기 때문에 지식욕에 목말라 있던 우리들에게는 많은 것을 깨우쳐 주셨다. 특히 安宅洙 교장님의 높은 인격에서 나오는 깊은 도덕적 교훈에 감동받은 바가 크다.

清師의 교훈 '文質彬彬'은 당시에는 그 뜻을 깊이 알지 못하고 단지 사람은 외모를 단정히 하고 마음을 바르게 가져야 한다는 것으로 이해하여 論語 雍也편의 참뜻은 잘 모르고 지냈다.

나는 사범학교 시절에는 作家를 꿈꾸었다. 초등학교 교편을 잡으면서 작가가 되어야 하겠다는 막연한 생각을 가지고 많은 소설을 탐독하였다. 당시에는 우리말로 된 작품은 그리 흔하지 않았기 때문에 漢字가 많이 섞여있는 日本作家의 소설과 철학서적을 읽었다. 다행히 나에게 많은 책을 읽을 수 있게 하여 준 분은 국어를 담당하신 任昌淳 선생님이었고 그분의 서재에서 책을 빌려다가 탐독하였다. 이때 나의 처녀작 『生의 伴侶』, 『어머니』 등이 학교의 校誌에 발표되었고 忠北日報에 내 글이 실리기도 하여 친구들의 칭찬도 받았다. 이때의 독서와 작품 활동이 후일 대학에 가서 학위논문을 쓰고 논문 활동을 하는 밑거름이 된 것을 후에야 알게 되었다.

그러나 나의 作家의 꿈은 사범학교 교지 편집장 시절을 거치면서 차츰 회의 속에 빠지게 되었다. 그 당시 사범학교의 교지는 ≪무지개≫란 제호로 고등학교의 교지로는 상당히 평이 좋았고 교지의 편집을 맡은 학생은 문예부원 10여 명이었다. 우리는 교지 이외에도 월간지로 학교소식도 전하고 학생들의 수필이나 시를 게제하는 팸플릿을 발간하기도 하였다. 문예반의 모임은 방과 후에 모여 반원이 읽은 책의 독후감이나 자작시 수필 등을 발표하고 토론하는 기회를 가졌다. 문예반 일을 하면서 나는 작가가 된다는 일이 쉽지 않다는 사실에 눈을 돌리게 되었다.

지금도 이 시절에 애송하던 李陸史의 詩 「絶頂」을 마음속으로 읊으면 時空을 超越하는 편안함이 있다.

> 매운 계절의 채찍에 갈겨 마침내 북방으로 휩쓸려오다
> 하늘도 그만 지쳐 끝난 高原 서릿발 칼날진 그 우에서다
> 어데다 무릎을 꿇어야 하나 한 발 재겨 디딜 곳조차 없다
> 이러매 눈감아 생각해볼 밖에 겨울은 강철로 된 무지갠가 보다

## ■ 서울師大 역사과 入學

내가 서울대학교 사범대학 역사과를 지망하게 된 것은 깊이 생각해서 결정한 일이 아니다. 우선 청주사범학교는 초등학교 교사 양성기관이기 때문에 대학진학과는 거리가 멀다. 사범학교의 교육과정은 일주일에 미술, 음악, 무용, 체육이 거의 반을 차지하고 이 밖에 교육학, 심리학, 학생지도 등으로 짜여 있어서 대학 진학을 위한 영어와 수학 과목은 학교당국에서도 제쳐 놓은 형편이다. 더욱이 졸업반에서는 6주간의 교육실습을 부속초등학교에서 이수해야 하므로 마지막 1년간은 초등학교 교사가 되기 위한 준비로 시간을 보내야만 했다. 이런 교육환경이기 때문에 대학을 가겠다면 그것은 전적으로 본인의 晝耕夜讀에 의존할 수밖에 없다.

또 하나 문제가 되는 것은 당시의 교육 제도는 사범학교를 졸업하면 2년간의 초등학교 교사 근무를 의무적으로 해야 하는 규정 때문에

있다. 대학을 가려면 2년 동안의 초등학교 교사를 거쳐야 한다. 단 사범대학에 진학하는 것은 이 규정에 해당되지 않는다. 2년간의 초등학교 의무 기간을 채우지 않아도 사범대학 진학은 허락되었다.

이와 같은 규정으로 나의 뜻과는 관계없이 사범대학 진학이 결정된 것이다. 역사과를 지망한 것도 많이 생각한 것은 아니다. 다만 사범학교 시절 역사를 가르쳐 주신 李鍾春 선생님의 역사시간이 흥미가 있었다. 특히 선생님은 역사학이 모든 학문의 기초라는 점을 강조하시고 에드워드 기본의 『로마제국 쇠망사』를 가지고 인류문명의 흥망을 철학적으로 전개시키면서 열강을 하신 모습이 지금도 눈에 선하다.

이리하여 대학은 꼭 가야 하겠고 쉽게 입학할 수 있는 학과로 아무도 지망하지 않을 것이라 생각하여 역사과를 택한 것이다. 그러나 나의 판단은 입학시험장에 가서야 잘못임을 알게 되었다. 별로 지망생이 없을 것으로 생각한 師大 역사과에 거의 8 대 1의 경쟁자가 모였기 때문이다.

1955년 4월에 서울대학교 사범대학의 용두동 캠퍼스 생활이 시작되었다. 그 당시의 서울은 6 · 25동란이 막 끝나고 각지에서 몰려드는 사람들로 활기가 넘치기는 해도 도시는 초라하기 이를 데 없고 지상에 궤도 전차가 요란한 소리를 내고 달리던 그런 곳이었다. 사범대학 1학년 시절은 전공과목보다는 교양, 교직 과목이 중심이었기 때문에 역사학에 대한 관심은 별로 없었다. 고달픈 대학생활과 서울생활의 지루함 그리고 학문에 대한 이렇다 할 열정도 없이 방황하였다. 마침 이때 대학생의 군 입대를 장려하기 위한 學保兵제도가 생겨 학보병으로 군에 입대를 결심하였다. 지금 생각해도 군에 입대한 것은 다행한 일로 생각된다. 나는 11사단 13연대에서 군복무를 하였다. 당시 학보병은 복무 기간이 2년(1957.7~1959.7)의 특전이 있었으나 그 대신 모두가 최전방에 배치되어 고된 훈련생활을 겪게 되었다. 나는 군 복무로 많은 것을 경험하였고 특히 나의 소극적인 성격을 적극적이고도 도전적인 성품으로 바꾸어 주었다. 군대생활을 거치면서 지금까지 경험하지 못한 男性세계를 적나라하게 알게 되었으며 규율과 非情함을 바탕으로 하면서도 집단생활의 활력이 나의 성격을 과감하도록 만들어 준 것이다.

군복무를 마치고 복학을 했을 때 대학이 많이 바뀌었고 낯설기까지 하다는 것을 느꼈다. 입학을 같이 한 동기생은 이미 4학년이 되어 졸업 준비를 하고 있고 후배들 틈에 끼여 강의를 듣게 되니 고참학생으로 취급되어 자연히 외톨박이로 내학생활은 겉돌게 되었다. 이러한 대학 분위기는 나의 대학생활을 다른 쪽으로 끌고 갔다. 나는 대부분의 시간을 서울대학 중앙도서관에서 보냈다. 당시 文理大 캠퍼스에 안에 있던 중앙도서관은 열람실이 거의 滿席이 될 만큼 꽉 차고 학생들의 공부열기도 대단하였다. 물론 거기에는 상당수의 고시생이 촌각을 다투어 수험준비를 하는 것을 보면서 내가 하는 공부와는 거리가 있구나 생각하였다. 지금 한국의 법조계나 경제계를 주름잡고 있는 인사들의 면면이 중앙도서관에서 고시공부를 하던 친구임을 생각할 때 감회가 새롭다.

## ■ 東洋史전공의 선택

서울 師大 역사과 入學은 우연에 의한 것이라면 東洋史전공은 내 뜻이 반영된 것이다. 나는 역사 중에서도 어느 분야를 택하여 졸업논문을 쓸 것인가에 대해 고심을 하였다. 西洋史를 택하기에는 나의 外國語 실력이 부족한 것이 마음에 걸리고 國史는 선택하는 친구가 많아서 아무도 하지 않는 東洋史를 선택하기로 마음먹었다.

여기에는 어렸을 때 익힌 漢文실력을 써먹을 수 있을 것 같고 사범학교 시절에 더듬거리면서 읽은 日本語版 小說실력을 되살릴 수 있을 것이라 생각되었다. 그 위에 은사 蔡義順 선생님의 인간적인 영향도 적지 않았다. 채희순 선생님은 京城帝大 史學科에서 宋代의 兵制를 졸업논문으로 발표하시고 師大에서 우리를 가르쳐 주셨는데 人間的인 매력이 있고 마음을 터놓고 이야기를 할 수 있는 분이다. 특히 宋代史를 전공으로 택하는 데 채 선생님의 영향이 컸다.

이 당시 서울 師大는 '月曜講座'를 설치하여 월요일마다 한국사회의 지도급 유명 인사를 초청하여 학생들의 교양과 학문에 대해 좋은 강의를 들려주었다. 어느 월요강좌에 강사로 오신 高大의 兪鎭午 博士께서 "사람은 어떤 전공을 선택하든 최선을 다하면 반드시 좋은 결과를 얻을 것이다. 나(유진오 박사)는 만약 법학이 아니고 생물학을 전공했더라도 현재의 유진오는 되었을 것이다"라는 말씀에 감명을 받았고 오래도록 기억에 남았다.

나의 師範大學 졸업논문은 「北宋仁宗代의 財政政策」— 范仲淹의 改革을 中心으로— 이다.

그런데 사범대학의 졸업을 앞두고 나는 두 가지 선택의 岐路에 서게 되었다. 師大生이 걷는 보통의 길인 중등교육의 교사직을 택할 것인지 아니면 대학원에 진학하여 공부를 더 할 것인지의 갈림길이었다. 당시의 나는 학문에 대한 열정이라기보다는 現實에 安住하지 않고 새로운 世界에 도전하고 싶은 그런 생각이 내 마음을 대학원 진학 쪽으로 이끌었다. 사실 서울대학교 大學院 시험에 실패하였다면 아마 나는 고등학교 역사교사로 끝났을지 모른다. 왜냐하면 師大 出身으로 大學院에 진학하여 學問의 길을 간다는 것은 일반대학을 나온 사람들보다는 많은 제약이 따르기 때문이기도 하고 또 고등학교 교사의 임명을 받았기 때문에 고등학교 교사로 안주하고 싶은 유혹도 없지 않았다.

다행히 대학원에 入學이 되었고 이제는 제대로 공부를 해야 하겠구나 하는 생각을 갖게 되었다. 그러나 대학원에서 강의를 듣고 공부를 하면서도 뚜렷하게 학자가 되고 대학교수가 된다는 생각은 실감이 나지 않았다. 다만 남이 걷지 않는 길을 간다는, 약간은 신선한 모험을 즐기는 그런 느낌을 품고 대학원 생활을 계속하였다.

1964년에 서울大學校大學院에서 碩士論文 北宋 仁宗代의 對西夏政策」으로 학위를 받았다. 學部 시절부터 北宋의 仁宗代에 대해 관심을 가졌고 특히 范仲淹의 財政改革의 바탕에는 軍事費支出의 억제가 중요한 몫을 한다는 사실과 군사비 증가의 해결책이 西夏問題해결이라는 사실에 근거하여 學位논문을 쓰게 되었다. 이것은 후에 내가 王安石改革에 관심을 갖게 되는 동기가 된 것이다.

대학원 수료 후 여러 곳을 전전하고 기약 없는 강사생활을 거치면서 學問과 人生 그리고 삶에 대한 깊은 고뇌에 빠진 것이 한두 번이 아니었다. 나는 지금도 학위를 받고 자리를 못 잡고 방황하는 학문 同志들의 고통을 생각하면 마음이 아프다. 우리 사회가 아까운 人材들을 팽개치고 있는 것 같다. 學位를 받은 능력 있는 젊은이들에게 국가가 갈 곳을 마련해 주어야 人材가 死藏되지 않을 것이다.

다행히 公州大學 史學科 安承周 교수의 友情의 도움을 받아 公州大學에 자리를 잡고 10년간(1973~1982) 자유로운 학문 활동을 할 수 있었고 다시 誠信女大에서 정년 때(2000년)까지 교수생활을 하면서 후학을 가르치고 論文을 쓰고 大學行政에도 참여하면서 하고 싶은 공부를 할 수 있었던 것은 행복한 人生을 보냈다고 생각한다.

### ■ 東京大學과 宋代官僚制研究

나의 학문의 길에 많은 변화가 있었다면 日本의 東京大學 생활을 빼놓을 수 없다. 1973년 4월부터 75년 2월까지 2년 동안 東京大學 東洋史學科에서 연구할 기회를 가졌다. 당시로서는 海外에 나간다는 것은 사람들의 부러움을 사는 일이었고 東京大學의 생활은 나에게 몇 가지 의미 있는 연구 활력을 주었다.

東京大學의 아카데믹한 분위기가 내 마음을 사로잡았다. 도서관, 연구실, 그리고 까마귀 떼가 날아드는 古木의 무성한 대학 캠퍼스가 마음을 가라앉게 하였다. 책을 읽어도 좋고 앉아서 사색을 하여도 시간이 가는 걸 별로 느끼지 않았다. 東大에서 그리 멀지 않은 東洋文庫에서 시간을 보내기도 하고 좀 지루하면 東洋文庫 건너편에 있는 江戶 시대의 領主의 정원으로 유명한 六義園을 산책하기도 하였다.

또 하나 東京生活에서 빼놓을 수 없는 것이 乃乃木(요요기)지하철 역에서 멀지 않은 東豊書店에서 책을 사는 일이다. 東豊書店主人은 대만에서 東京大學에 유학 왔다가 중국서적을 판매하면서 學位를 단념한 젊은이인데 나하고는 시간 가는 줄 모르고 이야기를 나누었고 여기서 宋代關係의 책들을 많이 구입하였다. 東豊書店과 함께 나의 발길을 끄는 곳이 神田(간다)와 神保町(진보죠)의 古書店街이다. 古書도 많지만 옛것을 귀하게 여기고 그래서 값도 만만치 않은 고서점가의 분위기가 日本이 文明國임을 일깨워 주었다. 文明과 야만의 차이는 역사와 전통의 有無에 있다고 늘 생각하였기 때문에 日本의 곳곳에 역사가 있고 전통을 귀하게 여기는 이들의 문명의식에서 부러움을 느끼곤 하였다.

東京大學生活을 하면서 宋代官僚制에 대해 관심을 갖게 된 것은 다행스러운 일이다.

이 당시 日本學界의 宋代史 연구 분위기는 東京大學과 京都大學이 주도해 나가면서 여러 부분에서 두 大學의 연구의 기본 방향이 달랐다.

時代區分문제, 宋代 地主佃戸制問題, 宋代社會의 性格 등 다방면에 걸
쳐 定說이 다르고 學者의 주장하는 바가 相異하다. 따라서 宋代의 시대
적 성격을 구명하기 위한 日本學界의 의욕적인 연구업적에도 불구하고
그 結論이 각기 다른 점은 이 시대의 기본구조로 파악되어야 할 官僚
制研究에 대한 研究導出이 先行되지 못한 것이 아닌가 하는 생각을 갖
게 되었다. 따라서 宋代사회를 전체적으로 파악하고 사회구조를 종합적
으로 규명하는 文臣官僚制에 대한 총체적 검토가 필요하다고 나름대로
판단하였다. 이를 위해서는 중앙집권적 文臣官僚制의 성립배경, 宋初官
僚의 성격, 官僚의 昇進경로, 판료의 조직형태, 그리고 文臣官僚制성립
의 중요한 요소가 되는 科擧制 등등의 연구가 앞으로 다루어 나가야
할 문제라고 생각되었다. 그리하여 이 方面에 대한 연구자의 論文과 著
書를 읽고 關係되는 史料수집에 많은 시간을 보내게 되었다.

東京에서 돌아와 1976년에 東國大學校 대학원 박사과정에 입학하여
82년에 「宋代官僚制研究」로 학위를 받았다. 東京大學 시절부터 中國의
역사를 움직여 내려온 일관된 요소 가운데 官僚制는 특수하면서도 보
편성을 지닌 共通의 分母라는 데 문제의식의 초점을 두어 왔다.

中國을 官僚制的 社會로 규정지을 수 있는 것은 皇帝를 피라미드의
頂点으로 하고 官人에 의하여 社會가 지배되고 유교국가의 통치원리
를 기본으로 하면서 국가체제가 일관성을 지니고 운영되어 내려왔다
고 하는 사실에 근거한다. 이러한 官僚制는 단지 중국의 정치체제에만
국한시켜 고려할 문제가 아니고, 중국의 사회와 경제, 그리고 문화전
반에 밀접한 관계를 가지고 발전되어 왔다. 따라서 중국의 관료제에
대한 올바른 이해 없이는 中國史의 어느 분야의 연구도 쉽게 접근하기
어렵다는 것이 본인의 생각이다.

宋代官僚制 연구 論文을 쓸 때마다 慶北大學의 高奭林 교수를 의식

하였다. 高 교수는 宋代土地制度에 대해 치밀한 연구를 하였고 그의 성격 또한 섬세한 분이여서 나는 논문을 발표할 때마다 高 교수에게 보내고 나의 論文에 대한 評을 부탁하였고 따라서 항상 긴장하면서 논문을 완성하였다. 切磋琢磨가 꼭 필요한 학문연구에서 切磋나 琢磨를 하는데 그것을 評해 줄 수 있는 벗이 있다는 것이 얼마나 고마운 일인가는 高 교수가 일찍이 세상을 떠난 후에 절감하였다.

## ■ 東洋史槪論의 刊行

대학에서 東洋史개론을 강의할 때마다 강의 시간 속에서 동양사에 등장하는 수많은 人名이나 地名, 國名, 사건들을 일일이 판서를 하면서 강의를 끌고 나가는 일이 힘들었고 한 학기를 마칠 때는 항상 강의 분량이나 내용에 대해 自愧心을 느끼는 일이 한두 번이 아니었다. 그래서 학생들이 읽고 동양사를 공부하는 데 도움이 될 뿐 아니라 강의하는 교수에게도 한국동양사학계의 연구업적과 관련시켜 가면서 참고할 수 있는 개론서가 필요하다고 생각하여 東洋史槪論을 쓰게 되었다. 지금까지 17刷라는 학술서적으로는 드문 경우랄 만큼 많은 부수가 판매되어 출판사 쪽에서 개정판을 요구하여 개정판을 내어 놓게 된 것은 큰 기쁨이 아닐 수 없다.

본인은 선배 동료교수들의 추천에 의해 1994년부터 2년간 東洋史學會 會長의 일을 하면서 學問的 同志들과 함께 學問과 友情의 交詢을 하게 된 것을 더 없는 보람으로 생각한다. 이와 함께 宋代史연구를 좀 더 조직적으로 활성화하기 위하여 학회지 ≪宋遼金元史硏究≫를 간행하게 된 것은 學問同志들의 협조로 이루어진 宋代硏究의 큰 진전으로 생각한다.

1996년 3월부터 每月 두 번째 土요일 오후에 誠信女大의 역사자료실에서 宋遼金元史 모임을 갖고 硏討會를 정기적으로 계속하였다. 처음에는 그간 접하기 어려웠던 中國大陸學界의 論著를 검토하고 새로운 자료들을 影印하여 나누어 읽기로 하고 각자가 소장하고 있는 史料를 공개하여 교환하면서 서로의 연구에 도움을 주기도 하였다. 이러한 과정에서 學位論文을 제출하였거나 준비 중에 있는 연구자의 논문을 중심으로 자유로운 토론과 비판을 가하는 시간을 갖게 되었고 여기에서 연구자의 문제의식과 토론자의 비판이 이 모임을 뜻있는 방향으로 이끌어 가게 되었다. 모임이 거듭될수록 주변의 관심이 높아지고 발표내용 또한 깊이를 더하여 갔다. 이러한 연구 모임의 結實로 ≪宋遼金元史研究≫誌를 발간하게 된 것은 뜻 깊은 일이고 창간호 이래 호를 거듭하면서 어려운 여건 속에서도 八輯을 刊行(2003년 8월)한 것은 학문적 보람으로 생각된다. 특히 本人의 정년을 기념하여 ≪宋遼金元史研究≫ 4號(2000년 9월)와 『宋代史研究論叢』을 刊行하여 준 同學들의 학문적 정성에 대해 영원히 잊을 수가 없다.

2000년 8월에 성신여대를 정년으로 마치고 檀國大學校에서 초빙교수로 일하게 된 것은 정년 후의 허탈함을 메우는 데 淸凉劑가 되어 주었다.

古稀를 넘기고 나니 세월이 너무 빨리 지나갔음을 실감한다. 作家를 꿈꾸던 文學少年이 宋代官僚制연구로 방향전환을 한 人生歷程을 되돌아 볼 때 감회 또한 깊다. 나보다 먼저 떠난 親友들을 떠올리고 잊혀져 가는 과거와 實存하는 현재의 고독을 다독거리면서 人生의 긴 旅路의 종착지가 어디쯤일까 바라보고 있다.

(2007년 7월 九里 仁昌서재에서)

# |책 끝머리|

80년대 초에 『宋代官僚制硏究』를 단행본으로 출간한 이후 여러 곳에 흩어져 있는 글들을 묶어서 총서로 간행하게 되었음을 기쁘게 생각한다.

본서는 필자가 그 동안 여러 학술지에 발표한 논문을 모아서 엮어본 것이다. 학자에게는 좋은 논문을 발표하는 일은 무엇보다 중요한 일이다. 논문을 발표할 때의 가졌던 문제의식을 지금 와서 다시 검토해보니 부끄러운 점이 한 두 가지가 아니다. 시대가 많이 변하고 더욱이 韓·中관계가 개방된 현재의 학문적 환경을 생각하면 필자가 공부하던 당시는 마치 벽촌에서 호롱불을 앞에 놓고 독학을 하는 것에 비교가 되기도 한다. 이 책의 출판은 그 당시를 회상하고 그래도 同學들에게 약간의 보탬이 되리라는 기대감으로 선뜻 출판의 용기를 갖게 되었다. 同學여러분의 지도와 편달을 바라는 마음 간절하다.

본서를 출간함에는 많은 분의 도움을 받았다. 어려운 한국의 출판여건 속에 본서 간행을 선뜻 응해주신 한국학술정보의 채종준사장님과 출판관계자 여러분들께 거듭 감사의 뜻을 표한다.

아울러 활판으로 발표되었던 논문을 컴퓨터 조판으로 깨끗이 재구성하는데 애써주신 부산 경성대학교의 대학원 학생과 학부 학생 여러분의 노고에 고마움을 표한다.

또한 본서 간행에는 경성대학교의 金俊權 교수의 헌신적인 노력이
없었다면 출간하기 어려웠다. 師弟의 돈독한 정을 이 책 출간에 다시
한 번 느끼면서 김준권 교수에게 감사를 전한다.


2007년 10월
九里 仁昌 서재에서
申 採 湜 씀

• 저자 •

신채식  • 약 력 •
서울대학교 사범대학 역사과졸업
서울대학교 대학원 동양사학과 석사
일본 東京대학교 대학원 연구
동국대학교 대학원 문학박사
공주대학교 교수
성신여자대학교 교수, 대학원장
단국대학교 초빙교수
한국 동양사학회 회장

• 주요논저 •
「宋代文臣官僚의 陞進」
『宋代官僚制硏究』(三英社)
『文化史槪論』(法文社)
『中國과 東아시아世界』(국학자료원)
『東亞史上의 王權』(한울아카데미)
외 다수

신채식 저작집 IV

# 東아세아문화와 漢字문화

| | |
|---|---|
| • 초판 인쇄 | 2008년 1월 5일 |
| • 초판 발행 | 2008년 1월 15일 |
| • 지 은 이 | 신채식 |
| • 펴 낸 이 | 채종준 |
| • 펴 낸 곳 | 한국학술정보㈜ |
| | 경기도 파주시 교하읍 문발리 513-5 |
| | 파주출판문화정보산업단지 |
| | 전화 031) 908-3181(대표)·팩스 031) 908-3189 |
| | 홈페이지 http://www.kstudy.com |
| | e-mail(출판사업부) publish@kstudy.com |
| • 등 록 | 제일산-115호(2000. 6. 19) |
| • 가 격 | 33,000원 |

ISBN  978-89-534-7930-2 94910 (Paper Book)
          978-89-534-7931-9 98910 (e-Book)
ISBN  978-89-534-7922-7 94910 (Paper Book set)
          978-89-534-7923-4 98910 (e-Book set)